CHRISTEN IM UMBRUCH

MIT GLAUBE, LIEBE, HOFFNUNG
IM 21. JAHRHUNDERT

D1640958

profi books

Walter Dürr – Christen im Umbruch
© Verlag profibooks
    profimusic gmbh
    Via Grügee
    CH-6874 Castel San Pietro
    E-Mail: verlag@profibooks.ch
    Online: www.profibooks.ch

Umschlaggestaltung: Manuel Dürr
Lektorat: Die Korrigierer, Berlin
Satz: profibooks und Manuel Dürr
Fotos: fotolia.de
Druck: Schönbach-Druck, Erzhausen

ISBN 10: 3-909131-03-4
ISBN 13: 978-3-909131-03-7

1. Auflage 2012

Bibelzitate sind von folgenden Bibelübersetzungen:
Einheitsübersetzung, 1980
Schlachter, 2000
Revidierte Elberfelder Bibel (Rev. 26), 1985/1991/2008
Lutherbibel, Revidierte Fassung von 1984

STIMMEN ZUM BUCH

Seit ich Walter Dürr kenne, war das immer seine Frage: „Wie kann konkretes Christsein im Umbruch zwischen Moderne und Postmoderne gelingen, und zwar als kollektives Zeugnis der Gemeinde?" Wieder schreibt er nicht nur als bestens verständlicher Theologe, sondern auch als pastoraler Praktiker, eingewurzelt im christlichen Gemeinschaftsleben und zu Hause in der alltäglichen Bewährung. Die müde Gewordenen, lädt Walter Dürr ein, sich durch eine biblisch begründete, solide Neubuchstabierung der Heilsgeschichte im Glauben wieder zu verwurzeln. Wer die Perspektive verloren hat, darf sich neu von der, auf uns zukommenden, endzeitlichen Hoffnung für das Reich Gottes inspirieren lassen. Alle sind eingeladen noch radikaler zu lieben. Das geht nur, wenn uns das tragende Fundament der Liebe des Dreifaltigen Gottes neu bewusst wird. Diese Liebe soll unser Leben zum priesterlichen Dienst verwandeln, indem wir liebend zur Einheit des Gottesvolkes beitragen und die Gesellschaft auf das Reich Gottes hin zu transformieren. Alles, was aus dieser Liebe praktisch getan wird, bleibt von ewiger Wirkung. Ich freue über dieses Buch. Es erschließt die großen Zusammenhänge neu und macht Mut. Ein geistlicher Kompass für zweifelnde und kritische Gottsucher.

Johannes Fichtenbauer, Leiter ENC (European Network of Communities) und im Exekutiv-Komitee von Towards Jerusalem Council II.

„Walter Dürr schreibt aus dem Leben heraus. Die Fragen, die seine Bekannten aufwerfen sind DIE Fragen der Menschen heute. Wie gehen wir mit diesen um? Die Antwort umreisst Walter Dürr aufgrund der verschiedenen von ihm gewählten Zugänge und kommt zum Schluss: Das Reich Gottes ist nahe herbeigekommen. Walter Dürr schreibt eindrücklich von diesem Glauben an einen Gott der Liebe, der sich dem Menschen zu allen Zeiten hinwendet; von dieser allumfassenden Liebe, die der Mensch erleben und weitergeben kann; von dieser einmaligen Hoffnung auf die Wiederkunft Jesu, die jeden Tag erfüllt wird, wenn sich unsere schwache Hoffnung erfüllt, und wir sehen, wie Gottes Liebe Veränderung, ja Transformation um uns herum schenkt. Die Hoffnung bleibt, dass noch vor der Wiederkunft Jesu der westliche Kulturkreis eine Heimsuchung Gottes erleben darf. Ja, Herr Jesus, komme bald! Maranatha!"

Martin Bühlmann, Leiter der Vineyard Bewegung in Deutschland, Österreich und der Schweiz

„Nun aber bleiben Glaube, Hoffnung, Liebe, diese drei – doch am größten unter ihnen ist die Liebe (1 Kor 13,13)." Walter Dürr folgt, nicht nur im Titel seines Buches, den Prioritäten des Apostels Paulus. Das christliche Leben schließt für ihn die Verantwortung des Denkens ein. Er gibt uns ein Buch *für heute*, für unser noch junges Jahrhundert. Aufmerksam beobachtend und analysierend nimmt der Autor die oft widersprüchliche und verunsichernde Situation des *Umbruchs* zwischen Moderne und Postmoderne in den Blick und gibt Orientierungshilfen.

Auch in der Buchform spürt man die konkrete Zuwendung zum Menschen. Dieses Denken geht aus der gemeinsamen Erfahrung des Glaubens hervor und lädt ein zum gemeinsamen christlichen Zeugnis. Mit Walter Dürr lesen wir nicht nur Texte, sondern unser Leben, unsere Welt, geleitet von einer großen Verheißung: „Jetzt schauen wir in einen Spiegel und sehen nur rätselhafte Umrisse, dann aber schauen wir von Angesicht zu Angesicht. Jetzt erkenne ich unvollkommen, dann aber werde ich durch und durch erkennen, so wie ich auch durch und durch erkannt worden bin (1 Kor 13,12).“

Barbara Hallensleben, Professorin der Dogmatik und Theologie der Ökumene an der Universität Freiburg i.Ue

Dr. Walter Dürr ist nicht nur ein Theologe, sondern ein Prophet unserer Zeit. Dieses Buch ist ein Muss für jeden gläubigen Menschen, der Gesellschaftsverantwortung ernst nimmt, für jeden, der seine Umgebung mitgestalten will, für jeden, der sich nicht einfach von populären Strömungen treiben lässt und sich eine eigene Meinung bilden will.
Für alle Menschen, die nicht in einem christlichen Ghetto oder einer Subkultur leben wollen. Menschen, deren Leben auf Erden zählen muss.

Gianni Gaeta, Seniorpastor der LIFE Church Wien und Leiter des Gemeindenetzwerks LIFE Church

VORWORT

Seit über 15 Jahren treffen wir uns als eine Gruppe von Freunden unter dem Namen „Nehemia-Team" (siehe Kapitel 6) zum regelmässigen Austausch. Dabei ist Walter unser „Hoftheologe". Und wir lieben ihn, weil er uns immer wieder aufzeigt, wie wir uns mit unseren Engagements und Projekten in den Bereichen Wirtschaft, Politik und Bildung genau in Gottes Plan bewegen können.

Als Nehemia-Team ermutigten wir Walter, die schon lange geplante Dissertation zu schreiben. 2004 war es dann so weit: Wir hatten einen Dr. Walter Dürr unter und einen 400-seitigen „Schmöker" vor uns. Nachdem sich die meisten von uns, die nicht über den IQ von Walter verfügen, in diesem wissenschaftlichen Werk irgendwo festgebissen hatten, brachten wir Walter schonend bei, dass er die Kerngedanken seiner Dissertation in einem Buch einer breiteren Öffentlichkeit zugänglich machen sollte. Dieses Buch halten wir nun in den Händen. Danke Walter!

Das Buch hat zwei Quellen: Zum einen ist das Wichtigste aus der Dissertation aufgearbeitet. Die zahlreichen Fussnoten, die „Angebote zur Vertiefung" am Ende der einzelnen Kapitel und das Literaturverzeichnis am Schluss zeugen von den breit erarbeiteten Grundlagen und sind für den interessierten Leser wertvoll. Zum anderen ist es das jahrzehntelange Wirken von Walter als Leiter von JmeM (Jugend mit einer Mission) Biel, als Gründer und Leiter der Landeskirchlichen Gemeinschaft Biel, als Mitinitiant der Schulkooperative Biel (die ein wesentlicher Anstoss zur Gründung der SalZH war) und sein Engagement mit anderen Gemeindeleitern für die Region Biel und weltweit. Mit den beiden Schulen SLT (Strategisches Lebenstraining) und

SBG (Schule für biblische Geschäftsprinzipien) sowie den Transforum-Konferenzen hat er zudem über Jahre Menschen über diese Kreise hinaus geprägt. Sein Optimismus und seine Frische bezeugen, dass seine Theologie Hand und Fuss haben muss und dass er mit Katrin eine tolle Frau zur Seite hat.

„Christen im Umbruch" beginnt mit einem Befreiungsschlag aus unseren unbewussten Denkmustern und zeigt auf, welche Auswirkungen diese auf das Leben von uns Christen haben können. Nachdem diese Gedankengebäude ins Wanken gebracht werden, wird die Realität Jesu Christi als das Zentrum der Welt und der Geschichte installiert.

Walter Dürr blickt mit dem Leser immer wieder durch das Kreuz hindurch hin zum auferstandenen Christus. Dieser Blick hin auf den auferstandenen Herr, der gesiegt hat und sowohl heute als auch morgen mit und durch uns auf der Erde seinen Einfluss geltend machen will, ist für mich der entscheidende und wegweisende Beitrag dieses Buches.

Jesus spricht im Markusevangelium vom Geheimnis des Reiches Gottes (4,11). Dieses Geheimnis entdecken wir in dem Masse, wie sich die Gewissheit der Auferstehung Jesu in uns festigt und zu einem Umbruch in unserem Denken und Handeln führt.

David Schneider, Schulalternative Zürich SalZH

DANKE!

Dieses Buch war von Anfang an ein Teamprojekt und damit ein Ausdruck einer lebendigen Gemeinschaft. Dabei haben mich die jüngeren Mitarbeiter, inklusive meiner Söhne, immer wieder liebevoll, aber bestimmt daran erinnert, wie „modern" ich in meinem Denken und Leben doch immer noch bin, wie geprägt von der Zeit bis 1989. Die angeregten Gespräche darüber waren für beide Seiten lehrreich und spannend und dieses Ringen ist auch im Text eingeflossen. Ich danke an dieser Stelle besonders der Jahu-Gemeinschaft (insbesondere dem Leitungsteam) und dem Nehemia Team für die zeitliche und finanzielle Freistellung für dieses Projekt. Doch noch wichtiger war der gemeinsame Weg in den letzten Jahren, die Umsetzung in der eigenen Gemeinschaft sowie die Reflexion im Nehemia Team, was denn dies alles für die Schweiz und den deutschsprachigen Raum bedeuten könnte.

Ich danke insbesondere Pia Colombo für das Organisieren, Sara Steingruber, Simon Dürr, Johann Alberts, Corinne Wiesmann, Daniel Ellenberger fürs Mitdenken und Korrekturlesen, dann Manuel Dürr und Roger Lustenberger für die Gestaltung und das Layout. Ich will meiner Frau Kathrin danken für ihr Verständnis für das Projekt und all die guten Tischgespräche in der Familie über die Themen dieses Buches. Dabei will ich es nicht verpassen, Simon besonders zu danken, von dem viele Ideen und Impulse gekommen sind, die in dieses Buch eingeflossen sind.

Zum Schluss danke ich unserem Vater im Himmel für die Gnade zu diesem Buch; möge es einen kleinen Teil dazu beitragen, dass Sein Reich kommen kann.

Walter Dürr, Februar 2012

INHALTSVERZEICHNIS

CHRISTLICHES LEBEN IN EINER TURBULENTEN ZEIT

Es braucht nicht viel Fantasie und keine besondere Beobachtungsgabe, um festzustellen, dass wir in einer Zeit der tiefgreifenden Veränderung leben. „Umbruch" ist schon beinahe zu einem Modewort geworden. Doch: Wer oder was bricht um? Was steckt hinter diesen Umbrüchen? Und wo stehen wir als Christen in dieser turbulenten Zeit? Kämpfen wir ums Überleben oder gelingt es uns, einen positiven Einfluss zu nehmen?

Täglich werden wir mit neuen Fragen konfrontiert, die wir nicht leichtfertig zur Seite schieben können. Gleichzeitig können wir auch nicht auf die Antworten von gestern zurückgreifen – diese sind zwar an und für sich nicht schlecht, beantworten aber die Fragen von heute nicht mehr. Wir müssen uns also mit den Herausforderungen unserer Zeit auseinandersetzen.

Aus diesem Grund stelle ich Dir nun drei Freunde vor, die mit heutigen Fragen zu mir gekommen sind. Für sie und für Menschen in ähnlichen Situationen schreibe ich dieses Buch.

LUKAS, MARKUS UND JOHANNA HABEN ECHTE FRAGEN ...

LUKAS – RINGT MIT DEM GLAUBEN

Lukas, 23 Jahre alt, ist christlich aufgewachsen, geht schon seit er sich erinnern kann in eine Gemeinde und studiert heute an der Universität in Bern Geschichte und Biologie. Er findet es schwierig, die Sonntagspredigten mit dem zu vereinbaren, was ihm wochentags an der Uni vermittelt wird. Das Schlimmste daran ist aber, dass er sich in dieser Spannung von vielen in seiner Gemeinde nicht verstanden fühlt. „Manchmal scheint es mir so, als möchten die Christen um mich nicht, dass ich allzu viel denke und studiere. Sie sehen darin bloss eine Gefahr für meinen Glauben", erzählt er etwas bedrückt.

Andererseits fühlt er sich auch bei den Diskussionen mit seinen Kollegen an der Uni nie richtig wohl. Er merkt, dass sich einige ihrer Grundannahmen nicht mit dem vereinbaren lassen, was er zutiefst glaubt. Gleichzeitig beeindruckt ihn aber ihre Argumentationsweise und, so empfindet er, ihr freier und „undogmatischer" Geist. Manchmal, wenn er besonders schlagkräftige Argumente gegen seinen Glauben hört, kommen in ihm dumpfe Zweifel auf. „Wenn ich ehrlich bin, habe ich mir diese Fragen auch schon selbst gestellt, doch in der Jugendgruppe wurde so etwas nie diskutiert." Dazu kommt, dass sein eher ungefestigter Glaube kaum einen Einfluss auf seine praktische Lebensführung hat, obwohl er es sich eigentlich wünschen würde. Wenn er dann einige seiner christlichen Kollegen beobachtet, die sich vom Glauben losgesagt haben und ihre neue „Freiheit" in vollen Zügen zu geniessen scheinen, fühlt er sich oft einsam.

Nun sitzen wir gemeinsam im Bahnhofbuffet in Bern und trinken einen Kaffee, während Lukas mir seine theologischen Fragen stellt: *„Wie gehe ich damit um, dass die Bibel scheinbar so viele Widersprüche enthält? Ist Paulus wirklich so frauenfeindlich, wie es scheint? Wie kann ein Text, der vor einigen Tausend Jahren in einem ganz bestimmten kulturellen Kontext geschrieben wurde, heute noch Antworten auf unsere Probleme geben? Muss ich Glaube und Wissenschaft, Gemeinde und Universität trennen oder kann ich mit gutem Gewissen und aus guten Gründen beide in mein Leben integrieren? Ist der Glaube eben doch nur ein vages Vorstadium des Wissens, also unsicher, und deshalb auch nur zur persönlichen Erbauung gedacht?"*

Während Lukas spricht, merke ich, dass es nun drei Reaktionsmöglichkeiten gibt: Ich könnte die Fragen erstens einfach ignorieren, weil ich der Meinung bin, dass diese nur den Glauben gefährden. Dann ermutige ich ihn, eher einen Beruf im Sozial- oder Gesundheitswesen zu studieren, da sich diese am ehesten mit dem christlichen Glauben vereinbaren lassen und er dort von solchen Fragen nicht gleich bedrängt wird. Zweitens: Ich schlage ihm vor die Bereiche zu trennen! Dann ist er von Montag bis Samstag „wissenschaftlich" oder „politisch" und am Sonntag Christ, also „geistlich". Dadurch wird das Christsein zu einer ganz privaten Sache, die nicht mit dem öffentlichen Leben in Verbindung gebracht werden kann und soll. Drittens kann ich versuchen, ihm den mühsamen Weg lieb zu machen und ihm zu helfen, seinen Glauben und sein Denken zu vereinbaren, auch wenn dies mit Anstrengung und Arbeit verbunden ist. Er muss bereit sein, Bücher zu lesen und den Dialog zu suchen, damit sein kindlicher Glaube zu einem reifen Glauben wachsen kann.

MARKUS –
SEHNT SICH NACH BEGRÜNDETER HOFFNUNG

Am Transforum[1] in Biel spricht mich Markus an. Er ist 45 Jahre alt, leitet seine eigene Firma und ist Kirchgemeinderat einer evangelischen Kirchgemeinde am Genfer See. Er ist verheiratet und Vater von zwei Kindern. Markus hat für sein Unternehmen, das er anfangs als seine Lebensberufung sah, keine Vision mehr. Auch im Engagement für die Kirche kommt er an seine Grenzen. Der Pfarrer und der Ältestenrat der Kirche begegnen ihm mit Routine und Perspektivlosigkeit. Irgendwie scheint es mit dem Gemeindeaufbau nicht weiterzugehen: Die meisten Jugendlichen sieht man nach der Konfirmation nie mehr im Gottesdienst und für viele Gemeindemitglieder scheint der Glaube eher Dekoration als „Mitte des Lebens" zu sein.

Dabei fing damals alles so verheissungsvoll an: Mit 18 Jahren bekehrte er sich aus der Drogenszene zu einem lebendigen Glauben an Jesus Christus. Es war die spannendste Zeit seines Lebens mit vielen Erlebnissen und geistlichen Erfahrungen. Die neugefundene Beziehung zu Jesus veränderte sein Leben so stark, dass er den Eindruck hatte, bald würde in der Schweiz, ja sogar in ganz Europa die grosse Erweckung ausbrechen. Vielleicht wäre dann sogar eine Erneuerung der Gesellschaft möglich! Während dieser Zeit des Aufbruchs hörte er den Ruf, eine Firma aufzubauen, um so Gott zu dienen. (Schliesslich hatte ihm sein geistlicher Mentor gesagt, Arbeit sei eine Form der Anbetung.) Darüber hinaus war er motiviert, sich für den Dienst in der christlichen Gemeinde zur Verfügung zu stellen.

Doch jetzt, ein Vierteljahrhundert später, ist Markus ziemlich ausgelaugt und ernüchtert. Er erzählt mir von geistlichen „Wellen und Trends", die er kommen und gehen sah. Viele seiner

Freunde, die sich damals mit ihm bekehrt haben, sind heute nicht mehr im Glauben unterwegs, und wenn er sich selbst betrachtet, merkt er, wie lange es dauert, bis seine geistlichen Erkenntnisse ihn verändern, geschweige denn in seinem Unternehmen Fuss fassen. „Als Geschäftsmann weiss ich eigentlich, wie man Ziele setzt und diese auch erreichen kann. Doch manchmal frage ich mich, ob es sich überhaupt lohnt, meine ganze Energie in den Glauben und in die Firma zu investieren!", sagt er müde.

Einerseits engagiert sich Markus tatkräftig für die Einheit der Christen in seiner Region. Doch während er sich so sehr eine ökumenische Bewegung wünscht, merkt er, dass es bereits in seiner eigenen Gemeinde Streitigkeiten um das richtige Bibelverständnis gibt, die ihm unlösbar scheinen. Andererseits ist Markus beruflich sehr herausgefordert. Er muss den vielen Ansprüchen seiner Firma immer wieder gerecht werden und ist mittlerweile so erschöpft, dass ihm jedes neue Projekt zu viel wird. Zu guter Letzt kommen die persönlichen Infragestellungen. Seine Kinder sind in einem intensiven Alter und seine Frau bräuchte dringend seine Unterstützung, doch leider fehlt ihm oft die Zeit. Das alles wächst ihm über den Kopf, es kommt ihm vor, als wäre er mitten in einer „Midlife Crisis". Plötzlich hält ihn nichts mehr zurück und die Fragen sprudeln ungehindert aus ihm heraus:

„Macht es Sinn, den Glauben und das Unternehmen verbinden zu wollen? Lohnt es sich, immer wieder zu reflektieren und zu versuchen nach biblischen Werten zu handeln? Warum, bitte, soll ich mich mit Ethik und Bibel auseinandersetzen, wenn alle andern nur dem Profit nachjagen? Wo zeigt sich eigentlich die biblische Hoffnung auf die Neuschöpfung der ganzen Erde? Wenn ich meine Situation betrachte, dann sehe ich herzlich wenig da-

von. Macht die ganze Sache vom Reich Gottes auf dieser Erde überhaupt einen Sinn? Welche Rolle hat die Kirche in unserer Gesellschaft? Würde es in unserer Region einen Unterschied machen, wenn unsere Kirchgemeinde nicht mehr da wäre? Was, bitteschön, ist nach fast 2000 Jahren Kirchengeschichte besser geworden? Fast 30 Jahre lang bin ich nun schon engagierter Christ und trotzdem kämpfe ich selbst noch mit elementaren charakterlichen Problemen. War das so gemeint? Gibt es etwas, das ‚nach' dem Glauben kommt? Ist es möglich, dass ein Babychrist zu einem reifen Vater oder einer Mutter in Christus wird?"

Wie Markus resignieren viele Geschäftsleute, Pfarrer oder Kirchgemeinderäte in Bezug auf die Transformation ihres Geschäfts, ihrer Kirchgemeinde und ihrer Stadt. Sie suchen eine Hoffnung, die sie durch die Brüche des Lebens und Umbrüche der Gesellschaft trägt, die das ganze Leben prägt und dem anbrechenden Reich Gottes entspricht, doch wissen nicht, wo sie die nötigen Hoffnungsressourcen finden können.

JOHANNA – EIN HUNGER NACH GOTTES LIEBE

Johanna, 35, ist Lehrerin an einer Sekundarschule in Luzern. Seit vielen Jahren engagiert sie sich in der katholisch-charismatischen Erneuerung, unter anderem als Seminarleiterin zum Thema „Leben im Heiligen Geist". Daneben ist sie auch politisch engagiert: Sie arbeitet für ihre Partei in der Sozialkommission mit. In ihrer Schule ist sie bestrebt, den Schülerinnen und Schülern nicht bloss den Stoff zu vermitteln, sondern auch Weisheit in der Verarbeitung und der Umsetzung des Schulstoffes. Johanna will die jungen Menschen in ihren Gaben fördern und ihnen helfen ihre Berufung zu finden.

Doch an ihrer Schule ist sie mit dramatischen Situationen konfrontiert, in denen junge Menschen schwerwiegende Entscheidungen treffen müssen. Da ist z. B. Miroslav aus Kroatien, der von seinen Kollegen täglich gemobbt wird, Tina, die kurz vor ihrem Schulabschluss schwanger wird und sich überlegt, ob sie abtreiben soll oder nicht, und Nils, der letzte Woche von der Polizei abgeholt wurde, weil er auf dem Pausenplatz eine Schlägerei angezettelt hatte. Dazu kommen die 13 Schüler, die letzten Sommer die Schule abgeschlossen haben, ohne eine Lehrstelle zu finden. Diese Menschen und die dahinterliegenden persönlichen und gesellschaftlichen Probleme liegen Johanna schwer auf dem Magen. Sie will mit ihrem Beruf dem Allgemeinwohl dienen, will Menschen Halt und Perspektive geben und sie für das Leben ausrüsten.

Als Christin fragt sie sich zusätzlich, wie sie ihren Schülern auf spürbare Art und Weise die Liebe Gottes weitergeben kann. Immer wieder entdeckt sie schockiert, dass diese ein sehr negatives Bild vom Christentum haben. Die Schüler nehmen Christen grundsätzlich als ausgrenzend und verurteilend wahr. Auch selbst findet sie, dass viele Christen durch ihre Worte und ihr Verhalten ein sehr negatives Bild des Glaubens vermitteln. Da Johanna in ihrem Lehreralltag sieht, dass ein allzu scharfes Wort dramatische Auswirkungen auf das Leben eines Kindes haben kann, hat sie Mühe mit Menschen, die immer Recht haben wollen und dabei lieblos und kalt sind, besonders wenn sich diese Menschen Christen nennen.

Ihr Beruf und die Auseinandersetzungen mit den Schicksalen der jungen Menschen bringen Johanna immer wieder an ihre eigenen Grenzen. Sie fühlt sich oft überfordert und fragt sich, wo sie die Liebe „tanken" kann, die sie jeden Tag weitergeben möchte. Zudem merkt Johanna, dass auch sie immer wieder falsch reagiert und Mühe hat, anderen zu vergeben.

Diese Johanna sitzt nun mit meiner Frau und mir am Esstisch. Während wir gemeinsam essen, stellt sie uns einige Fragen: *„Wie können Christen die Liebe ausleben, zu der sie berufen sind? Wie kann ich vom Glauben an Jesus Christus und von der christlichen Hoffnung so geprägt werden, dass die Liebe zu Gott und zum Nächsten in mir real wächst? Kann meine Liebe mehr sein als nur Ausfluss von menschlichem Mitgefühl? Wie können verschrobene Gottesbilder korrigiert werden, sodass ich und andere die Liebe Gottes annehmen können? Wie soll ich mit den Verhärtungen meiner Schüler umgehen, wenn sie die Liebe Gottes scheinbar gar nicht wollen? Wie funktioniert eigentlich der Weg der Versöhnung? Wie bekomme ich die Kraft und die Liebe, die ich für meine Aufgabe immer wieder brauche?"*

Nachdem die Fragen alle gestellt sind, erzählen wir uns gegenseitig von unseren Erfahrungen und Erkenntnissen, wir suchen nach Wegweisern und Antworten und vertiefen uns bis in die frühen Morgenstunden in unser Gespräch.

Natürlich habe ich die Namen und die Wohnorte von Lukas, Markus und Johanna geändert, doch die Fragen sind mir als Pfarrer und Referent tatsächlich gestellt worden. Dieses Buch soll Christen mit ähnlichen Fragen erste Antworten geben. Zugegeben, die Antworten werden bloss vorläufig, teilweise unangenehm und wahrscheinlich auch anstrengend sein. Dies ist kein Buch der schnellen und oberflächlichen Rezepte. Vielmehr wollen wir uns im Detail mit unserer Zeit auseinandersetzen.

Nur wenn wir uns der gesellschaftlichen Umbrüche bewusst sind und wissen, wie diese sowohl das Christentum als auch jeden einzelnen Menschen prägen, können wir uns aktiv am

Gestalten der Zukunft beteiligen und echte Antworten auf die Fragen unserer Zeit bereithalten.

UMBRUCH UNSERER WELT

Der gesellschaftliche Umbruch, in dem wir uns befinden, der sogenannte Umbruch von der Moderne in die Postmoderne, bringt tief greifende Veränderungen mit sich. Technologien und innovative Ideen verändern unser Alltagsleben und unsere Beziehungen auf bedeutsame Art und Weise. Nie zuvor konnte man so leicht an Informationen gelangen oder sich derart einfach mit Menschen auf der ganzen Welt vernetzen wie übers Internet. Durch die Medien werden wir heute in Echtzeit über Naturkatastrophen und andere Probleme, z. B. Wirtschaftskrisen, Staatsüberschuldung, Arbeitslosigkeit, Grippewellen, Konflikte um Land und Ressourcen, Flüchtlingswellen, Familiendramen usw. informiert. Die schiere Masse an Informationen ist erdrückend und kein Mensch kann all diese Berichte auf ihren Wahrheitsgehalt hin überprüfen. So bietet das Internet den idealen Nährboden für jegliche Art von Verschwörungstheorie: Waren die Amerikaner wirklich auf dem Mond? Hat das CIA den Angriff auf die Twin Towers befohlen? Ist die Erde am Ende doch flach? An die Stelle von überprüfbaren Tatsachen treten Meinungen und Ideologien, das heisst, die Unterscheidung zwischen objektiven Fakten und subjektiven Deutungen ist nicht mehr möglich. An die Stelle der einen „objektiven" Wahrheit treten viele „subjektive" Wahrheiten.

Diese Entwicklungen machen auch vor der Kirche nicht Halt. Wenn ich in diesem Buch über die Kirche schreibe, dann sind damit grundsätzlich alle Menschen gemeint, die ihr Leben auf der Grundlage des Glaubens an Jesus Christus aufbauen, unabhängig von ihrer Konfession, Denomination oder den Gottes-diensten, die sie besuchen. Natürlich unterscheidet sich die Art und Weise, wie wir aufgrund unserer unterschiedlichen Herkunft auf die aktuellen Veränderungen reagieren, doch diese Unterschiede dürfen letztendlich nicht wichtiger sein als die uns verbindende Grundlage, die durch den Glauben an Jesus Christus gelegt ist.

In unseren Kirchen finden wir also oft die Trends unserer Gesellschaft in leicht abgeänderter Form wieder. Leider ist gerade die mangelnde Einheit der Christen auch ein Ausdruck dessen, was sich in der Postmoderne zuspitzt: Jeder schafft sich seine eigene Welt und wählt sich die Zutaten für seinen Glaubenscocktail selbst aus. Sich allzu lange an einen Ort zu binden, wird im Zeitalter der Mobilität als öde empfunden. Wenn man sich nämlich ständig neu definieren und erfinden will, kann man sich auch nicht festlegen, denn man weiss nicht, ob das Umfeld in einem Jahr „noch stimmen würde". Wer seine persönlichen Überzeugungen der Gemeinschaft zuliebe zurückstellt, begeht Verrat am eigenen Innersten, und wer auf sein eigenes Recht verzichtet, wird den geistlichen Leitern, die ihre Machtansprüche mit frommen Worten kaschieren, auf den Leim gehen. Die Kirchen, in denen solche Tendenzen zu beobachten sind, reagieren **mit Anpassung an die uns umgebende Kultur** und auf die Veränderungen der Zeit.

Andere Christen und Gemeinden praktizieren das Gegenteil: den **Rückzug aus der „bösen" Welt**. Solche Kirchen verharren dann in ihrer Struktur, ihrer Institution oder ihrer Tradition. Vielleicht verdammen sie noch aus der Ferne, was in der Gesellschaft nicht gut ist, doch kulturell haben sie keine Stimme mehr, die gehört wird. Man ist der Idee auf den Leim gegangen, dass der Glaube im öffentlichen Gespräch keine Rolle mehr spielen darf. Als Privatsache können die Menschen ihn zwar noch ausleben, doch nicht in der Öffentlichkeit. Das heisst übersetzt: Der Glaube soll keine Auswirkungen auf die Politik, die Schulbildung oder den Arbeitsalltag haben. Die verschiedenen Kirchen gestalten diesen Rückzug sehr unterschiedlich. Die einen beschränken sich einfach auf den kuscheligen Kreis der Gleichgesinnten, andere reduzieren die gute Nachricht auf einen zukünftigen Himmel, ohne Auswirkungen auf das Jetzt.

Geradezu ernüchternd wird es, wenn wir uns die Frage stellen, wie die Christen von der Gesellschaft (Aussensicht) wahrgenommen werden. Es ist kein Geheimnis, dass in der Presse oft schlecht über Christen und Kirchen berichtet wird. Trotzdem sind wir immer noch so mit uns selbst beschäftigt, dass wir nicht wahrnehmen, wie „die anderen" über uns denken. Die Amerikaner David Kinnman und Gabe Lyons haben eine soziologische Studie durchgeführt, in der untersucht wird, was Andersdenkende über Christen denken.[2] Obwohl die Untersuchung in den USA durchgeführt wurde, sind die Resultate mindestens teilweise auf unseren Kontext übertragbar. Die Studie zeigt, dass Christen mit ihrem Lebensstil auf Ablehnung stossen, weil sie als arrogant, rechthaberisch und heuchlerisch wahrgenommen werden. Natürlich ist diese Kritik nicht völlig gerechtfertigt, trotzdem müssen wir sie ernst nehmen. Wenn unser schlechtes Image ein Hindernis ist, die gute Nachricht von Jesus Christus auf attraktive Weise zu verkünden, dann sollten wir uns fragen, wie wir anders leben können, damit diese Vorurteile nicht zementiert werden und wir wieder neu mit den Menschen in unserem Umfeld ins Gespräch kommen können. Die Studie weist übrigens darauf hin, dass dieses Bild nicht nur unter Andersdenkenden verbreitet ist. Auch viele junge Christen finden die Kirchen rechthaberisch und die Kirchenstrukturen überholt.

Das schlechte Image hängt noch mit etwas anderem zusammen: Wenn wir uns als Christen ins öffentliche Geschehen einbringen, beziehen wir oft Position *gegen* etwas. Nur selten setzen wir uns *für* etwas ein. Der pensionierte Sektenexperte und Pfarrer Georg Schmid schreibt dazu in seinem Buch *Plädoyer für ein anderes Christentum:* „Die enragierten, wütenden, kämpfenden Christen sind zumindest in der westlichen Welt die erfolgreichsten Antimissionare. Wo sie auftraten und auftreten wird das bereits schon latente (= verborgene W. D.) Vorurteil gegen diesen christlichen Glauben zur absoluten Gewissheit. Die Mischung aus Selbstbespiegelung und Arroganz macht das Christentum auf Jahre hinaus schlicht ungeniessbar."[3] Das sind harte Worte. Doch anstatt darüber zu diskutieren, ob sie zutreffen oder nicht, sollten wir zuerst hinhören. Der Kritik gegenüber offen zu sein und sich daraufhin zu engagieren, ist nicht nur eine gute christliche Reaktion, sondern bereits Teil der Lösung. Wenn wir herausfinden wollen, wie wir als Christen in dieser Zeit des Umbruchs leben sollen, dann beginnen wir mit einem Schritt in Richtung Demut.

Nach dieser Darstellung des Istzustandes bleibt uns immer noch die Frage, wo wir konkrete Antworten finden können. Wenden wir uns dazu dem Apostel Paulus zu, der den damaligen Christen in Korinth schrieb, wie sie als Nachfolger Christi leben sollten. Die damalige Zeit weist **erstaunliche Ähnlichkeiten** zu unserer Zeit auf. Gleich wie sich unsere Reisemöglichkeiten ständig verbessern, ermöglichten damals die Strassen und Seewege des Römischen Reichs eine nie zuvor dagewesene Mobilität und damit eine weite Verbreitung von Gütern und Göttern. Durch die schiere Grösse des Römischen Reichs kam es zu einer bedeutenden Durchmischung verschiedenster Kulturen. Ähnlich wie in unserer postmodernen Buffetkultur – „Nimm dir, was dir passt, und mische es, wie du willst!" – kombinierten die Römer die Götter der eroberten Völker mit ihrer eigenen Götterwelt. Das Motto „Brot und Spiele" nahm einen Teil unserer heutigen Unterhaltungskultur bereits vorweg. Zudem hatten auch die ersten Christen Imageprobleme in der römischen Kultur und Herausforderungen in Bezug auf die Einheit.

CHRISTSEIN IM BEWEGTEN KORINTH

In diese Zeit hinein verkündete Paulus: „Jesus Christus ist der Herr der ganzen Welt." Damit sagte er gleichzeitig, Cäsar sei *nicht* Herr – eine sehr gefährliche Aussage. Der römische Kaiser wurde nämlich damals wie ein Gott verehrt, sein Bildnis war überall zu sehen. Von der kleinsten Münze bis zur imposantesten Statue sagte alles: „Cäsar ist der Herr der Welt, er bringt der Erde den Frieden!" Für Paulus bestand hingegen kein Zweifel daran, dass dem auferstandenen Christus die Herrschaft bereits gehöre. Er proklamierte, die Herrschaft der sich verschenkenden Liebe Gottes habe endgültig über die unterdrückerische Macht der römischen Gewalt triumphiert. Seine Botschaft war: Durch Christus ist der wahre Friede gekommen. Dies stand im Gegensatz zum „Frieden Roms", der durch brutale Unterdrückung aller Feinde erzwungen und mit Härte durchgesetzt wurde. Das Kreuz, an dem Christus die Welt mit Gott versöhnte, war das damalige Symbol für den schändlichsten Tod, den sich das Römische Reich für die Hinrichtung jener auserkoren hatte, die sich gegen die Herrschaft und Ausbeutung Roms wehrten. Ausgerechnet dieses Kreuz wurde zum Ort, an dem die Liebe den Tod besiegte.

Das Römische Reich hatte keine Probleme mit Religionen, die sich nur auf die Privatsphäre beschränkten. Wer sich auf einen unpolitischen, zurückgezogenen und innerlichen Glauben beschränkte, der nichts mit dem konkreten Lebensalltag zu tun hatte, wurde nicht verfolgt. Solange die uneingeschränkte Herrschaft Cäsars nicht öffentlich infrage gestellt wurde, liess man die Menschen und ihre Religion gewähren. Doch der Glaube, zu dem Paulus die ersten Christen aufforderte, war aus der Sicht Roms politisch brisant und sehr gefährlich. Die Botschaft des Apostels war nämlich gleichzeitig ein Aufruf an alle Menschen, alle Lebensbereiche unter die Herrschaft Jesu Christi zu stellen. Das bedeutete für die ersten Christen, dass sie dem Kaiser nicht mehr als Gott huldigen konnten und ihm nicht die Opfer darbringen wollten, die von den Bewohnern des Reiches verlangt wurden. Dadurch setzten sie sich ärgsten Verfolgungen und schlimmsten Verleumdungen aus. Doch ausgehend von der Auferstehung Jesu und der Verkündigung der Königsherrschaft Christi gestalteten und durchdachten die ersten Christen ihr ganzes Leben vollkommen neu. Zu dieser Zeit waren Unverbindlichkeit oder „Namenschristentum" noch nicht bekannt. Spannend ist dabei: In nur dreihundert Jahren hatten genau diese Christen die imperiale römische Macht subversiv, das heisst von innen her, durchdrungen und durchsäuert. Trotz den Verfolgungen vermehrten sie sich in dieser Zeit so sehr, dass der Glaube schliesslich zum prägenden gesellschaftlichen Faktor wurde.

Doch woher kam diese unglaubliche geistige Kraft der ersten Christen? Peter Wick, Professor für das Neue Testament an der Universität Bochum, sieht einen Schlüssel dazu in der Lehre

des Apostels Paulus. Paulus hat den ersten Christen auf nach-
vollziehbare Weise erklärt, was es bedeutet, Christus nachzufolgen. Aufgrund der erwähnten Parallelen zwischen der damaligen Zeit und heute wollen wir uns in diesem Buch im Detail
mit den Antworten des Apostels Paulus auseinandersetzen und
entdecken, wie wir diese ins Jetzt übersetzen können. Konkret
lassen sich folgende drei Schwerpunkte benennen: „Mit den
Begriffen **Glaube**, **Hoffnung**, **Liebe** kann Paulus seine Botschaft zusammenfassen. Diese Trias bildet den Kern seiner
Theologie"[4] und sie soll uns auch den Rahmen für dieses Buch
geben.

GLAUBE ALS FUNDAMENT

Um den ersten Christen in Korinth den Zusammenhang zwischen dem Glauben und der Hoffnung zu erklären, verwendet
Paulus das Bild vom Hausbau.

> *„Denn einen anderen Grund kann niemand legen als den,*
> *der gelegt ist: Jesus Christus."*
> 1 Kor 3,11

Jesus Christus ist für Paulus das Fundament jedes Einzelnen,
der sich auf die christliche Wahrheit einlassen will. Das gleiche
Prinzip gilt für jede Gemeinschaft und jede Kultur. An diese
Stelle gehören die reformatorischen Aussagen: „Glaube allein,
Christus allein, Gnade allein." Der Glaube ist ein Geschenk Gottes und ist für den Menschen, ohne dass er etwas dazu tun
muss, das Fundament des Lebens, des Sterbens und des ewigen
Lebens. Glauben beinhaltet also das Vertrauen, dass im Tod
und in der Auferstehung Jesu die Erlösung bereits geschehen

ist. Gott selbst hat als Bauherr das Fundament gelegt. Paulus erklärt uns nun, dass jeder Mensch in Eigenverantwortung sein „Lebenshaus" auf diesem Fundament aufbauen soll. Er muss sich dabei zwar an die Regeln der Baukunst halten, hat jedoch die Gestaltungsfreiheit des Bauherrn. Der Mensch soll also seine Glaubensfreiheit – innerhalb des Rahmens der *Gebote Gottes* – leben. Jeder Einzelne, jede Gemeinschaft und jede Kirche wird ein anderes Gebäude auf dieses Fundament aufbauen. Das Fundament kann nicht beeinflusst werden, es ist „von oben geschenkt." Doch unsere Entscheidungen, unsere Reaktionen, unser Lebensstil und vor allem unser Denken (oder auch das fehlende Denken!) beeinflussen, wie wir unser Lebenshaus bauen. Der Mensch, dem der Glaube geschenkt wurde, ist selbst dafür verantwortlich, wie er darauf weiterbaut!

Das gute an dieser Botschaft ist: Was wir jetzt tun, zählt! Keine Tat, sei sie noch so klein, die wir im Namen des Glaubens und der Liebe vollbracht haben, wird in Gottes neuer Welt verloren sein. Alles, was wir jedoch aus Selbstsucht und ohne Liebe getan haben, wird vorher verbrennen.

HOFFNUNG ALS LEBENSGESTALTUNG

In der Alltagsprache hat das Wort *Hoffung* oft eine schwache Bedeutung. Wenn ich sage: „Ich hoffe, er vergisst das nicht", bedeutet dies: „Ich bin mir nicht sicher, ob er wohl dran denken wird." Im Kontrast dazu ist die biblische Hoffnung eine feste Zuversicht. Sie ist in dem begründet, was Gott in der Vergangenheit schon getan hat. Weil Jesus Christus von den Toten auferweckt wurde – d. h., einer ist schon von den Toten zurückgekehrt! –, hoffen wir auf die leibliche Auferstehung der Toten. Weil in der Auferstehung Christi die Neuschöpfung schon begonnen hat, hoffen wir auf die Wiederherstellung aller Dinge (Apg 3) und die Neuschöpfung der ganzen Welt.

Die Hoffnung der Christen hat zwei Stossrichtungen. Auf der einen Seite hoffen und erwarten wir die Auferstehung der Toten, die Wiederkunft Jesu Christi und die Wiederherstellung aller Dinge. Gott wird alles, was zerbrochen ist, wieder herstellen, alles Unrecht aufheben und jeden Schmerz heilen. Wir warten darauf, dass Gott Himmel und Erde einmal erneuert. Das gibt uns eine Gelassenheit und einen tiefen Frieden: Was auch immer im Moment passiert, es ist nicht das Letzte. Weder Diktatoren, Mörder noch skrupellose Manager haben das letzte Wort.

Diese Zukunftserwartung prägt andererseits das Verhalten und die Ethik der Christen im Jetzt. Ohne diese Hoffnung ist der Glaube sinnlos. Paulus bringt diesen Gedanken folgendermassen auf den Punkt: *„Wenn Tote nicht auferweckt werden, dann lasst uns essen und trinken; denn morgen sind wir tot"* (1 Kor 15,32). Weil Jesus auferstanden ist, ist seine transformierende Kraft schon jetzt wirksam. Christen und christliche Gemeinschaften sind „Agenten des Himmels" mitten in dieser Zeit. Sie glauben, hoffen und erleben, dass Gottes Reich bereits im Anbruch ist. Christlicher Lebenswandel orientiert sich also radikal an dem, was aus der Zukunft auf uns zukommt, und ist bereit, sich jetzt und hier auf den Kommenden hin zu verändern.

LIEBE ALS DAS HÖCHSTE

Der Glaube steht auf der Gnade Gottes, die er uns in der Vergangenheit gezeigt und geschenkt hat. Die Hoffnung richtet das Leben auf das kommende Reich Gottes aus. Die Liebe jedoch ist für Paulus die Frucht des Glaubens und der Hoffnung, die sich in der Gegenwart zeigt. Sie richtet die Gläubigen in der Gegenwart auf die Geliebten, das heisst auf Gott und den Nächsten, aus.

Das sogenannte „Hohelied der Liebe" im 13. Kapitel des ersten Korintherbriefs wird gerne an Hochzeiten zitiert. Dabei wird oft die Sprengkraft dieser Worte übersehen. Denn zuerst einmal beschreibt Paulus in diesen Versen das Wesen der göttlichen Liebe. Gott liebt seine Kinder. Gott ist Liebe. Er „erträgt alles, glaubt alles, hofft alles, duldet alles." Seine Liebe ist unverbrüchlich. Das Leben Jesu war radikal von dieser Liebe durchdrungen. Weil wir so bedingungslos von Gott geliebt sind, fordert die Bibel uns auf, diese Liebe genauso radikal und bedingungslos weiterzugeben. Doch Paulus hält nüchtern fest, dass jemand Glaube haben kann ohne Liebe. Das ist zwar unnatürlich, aber möglich. Gleichermassen kann man Hoffnung haben ohne Liebe, doch auch das ist nicht fruchtbar. Aber niemand kann echte Liebe haben ohne Glauben und Hoffnung, darum ist die Liebe auch das Grösste für Paulus. Weil sie selber von Gottes Liebe beschenkt und erfüllt sind, können die Jünger aus Liebe auch weitaus mehr tun, als die Gebote ihnen vorschreiben. Die zweite Meile, die andere Wange, die Feindesliebe – die Botschaft der Bergpredigt ist vielmehr als ein blosser moralischer Appell. Denn die Liebe fasst das ganze alttestamentliche Gesetz zusammen. So hat Jesus gesagt: „Liebe Gott und liebe deinen Nächsten wie die dich selbst." Augustinus spitzt später in seiner Auslegung des Galaterbriefes diese Aussage folgendermassen zu:

„Liebe nur, dann tue, was du willst!"

Denn auch nach Augustinus ist das Ziel von Glaube und Hoffnung nicht das äusserliche Einhalten von Geboten. Das Ziel ist vielmehr, dass wir aus unserem Inneren heraus, also aus Liebe, richtig handeln. Denn wer wirklich liebt, kann die Gebote nicht mehr missachten. Liebe nur, so wie Gott liebt, dann kannst du tun, was du willst.

PARALLELEN ZUR HEUTIGEN KIRCHE

Paulus verkündet die frohe Botschaft, dass Jesus Christus der wahre Herr der ganzen Welt ist. Er fordert die ersten Christen dazu auf, diesem Jesus nachzufolgen, so wie Jesus seine Jünger berufen hat, ihm nachzufolgen. Das bedeutet nichts anderes, als dass sie ihm auch in seiner Berufung folgen, und das Gleiche gilt auch für uns. In Johannes 20,21 sagt Jesus: „Friede sei mit euch! Wie mich der Vater gesandt hat, so sende ich euch." Und weiter: „Empfangt den Heiligen Geist." Hier sehen wir, was unsere Berufung als Nachfolger Christi ist: Was Jesus für Israel war und tat, sollen wir gemeinsam in der Kraft des Heiligen Geistes für unsere Welt sein und tun. Wie Jesus zu Israel gesandt war, um die Kranken zu heilen und damit zurück in die Gemeinschaft zu holen, so sind wir als Gemeinschaften in diese Welt gesandt. Wie er die Trauernden tröstete, Worte der Ermutigung und des Lebens sprach, ein Freund der Zöllner und Prostituierten war und die Menschen liebte bis ans Ende, so ist es unser Auftrag, unser Leben so zu gestalten, dass Gottes Liebe zu den Menschen kommen kann. Wie er Missstände anprangerte, Hoffnung und Versöhnung brachte, so sind auch wir berufen, in unserer Zeit gemeinsam und in der Kraft des Heiligen Geistes Versöhnung zu leben, Hoffnung zu verbreiten und in

Wort und Tat zu verkünden, dass Jesus Christus der wahre Herr ist und nicht „Geld, Sex und Macht".

Der **Glaube** an Jesus Christus ist die Grundlage, auf der das christliche Leben aufbaut. Sein Leben, sein Tod und seine Auferstehung sind das Fundament unseres Glaubens. Ohne die Auferstehung wäre das Christentum gemäss Paulus sinnlos. Jesus ist uns also nicht nur ein Vorbild, das wir bewundern sollen, sondern er hat uns allen den Weg der Nachfolge ermöglicht.

Gleichzeitig ist das christliche Leben von der **Hoffnung** geprägt. Gottes neue Welt, den neuen Himmel und die neue Erde erwarten wir in Hoffnung. Wir sind dazu berufen, schon jetzt so zu leben, wie es der zukünftigen Welt entspricht. Wenn wir das tun, so kann durch den Heiligen Geist ein Stück von Gottes Zukunft in unsere Gegenwart einbrechen. Wenn wir also im Glauben gegründet sind, in dem, was Jesus in der Vergangenheit bewirkt hat, und in der Hoffnung auf Gottes neue, zukünftige Welt gefestigt sind, dann ermöglicht uns dies, durch den Heiligen Geist, ein Leben der **Liebe** zu leben. Dadurch erfüllen wir unseren wichtigsten menschlichen Auftrag, nämlich ins Ebenbild Gottes hineinzuwachsen. Denn Gott ist Liebe und wenn wir Gott und unseren Nächsten wirklich lieben, erfüllen wir das höchste Gebot.

Genau darum geht es in diesem Buch. Es geht um die Wahrheit des Glaubens, den Weg der Hoffnung und das Leben in der Liebe. Und darum, welchen Unterschied Glaube, Hoffnung und Liebe im Leben von Menschen wie Lukas, Markus und Johanna machen können.

TEIL EINS
DIE WAHRHEIT DES GLAUBENS

Was in der Einleitung bereits erwähnt wurde – der intellektuelle und gesellschaftliche Umbruch des 21. Jahrhunderts –, soll nun genauer betrachtet werden. Im ersten Kapitel dieses Buches, *Glaube und die Erneuerung des Denkens*, geht es konkret darum, zu zeigen, inwiefern die Aufklärung und insbesondere die letzten 200 Jahre der Moderne unsere Kultur und das europäische Christentum geprägt haben. Zudem wollen wir entdecken, welche Herausforderungen und welche Perspektiven sich mit dem Aufkommen der sogenannten Postmoderne eröffnen. Der Umbruch in die Postmoderne ist eine Gelegenheit, die Denkmuster, die uns prägen, zu erkennen und unser Denken zu erneuern.

Des Weiteren wollen wir untersuchen, inwiefern Christen mit dem Glauben, den sie während der letzten 200 Jahre gelebt haben, der Moderne auf den Leim gegangen sind. Im Vergleich dazu werden wir uns damit auseinandersetzen, wie Jesus mit den verschiedenen religiösen Kulturen seiner Zeit umgegangen ist und wie er mit seiner Reich-Gottes-Botschaft alle jüdischen Gruppierungen herausgefordert hat, ihren Glauben zu vertiefen und zu erneuern. Jesus hat uns vorgelebt, uns nicht von den verschiedenen gesellschaftlichen Gruppierungen oder politischen Richtungen vereinnahmen zu lassen, sondern sie alle auf den Versöhnungsweg einzuladen. Darum geht es im zweiten Kapitel, *Glaube und christliche Gemeinschaft*.

Wenn nun unsere westliche Kultur und auch unser Denken erneuert werden sollen, müssen wir entdecken, auf welcher Grundlage dies geschehen kann. Wie kann unsere „christliche Kultur", unser Umgang miteinander als Christen, tief gehend erneuert werden? Kann das Wort Gottes noch einmal zur prä-

genden Kraft für das christliche Leben und unsere Gemeinschaften werden? Dies ist das Thema des dritten Kapitels,
Glaube und Gottes Wort.

Mein Freund Lukas hat mich gefragt: Ist es wirklich so, dass das
Denken dem Glauben schadet? Oder dass der Glaube das Den-
ken behindert? Wie kann ich als Student Glaube, Leben und
Studium auf gesunde Art und Weise verbinden? Vielleicht fin-
den wir auf dem Weg durch die folgenden drei Kapitel einige
Antworten auf seine Fragen.

EINS: GLAUBE UND DIE ER-NEUERUNG DES DENKENS

DAS LEBENDIGE OPFER

„Bringt euch Gott als lebendiges Opfer dar, ein Opfer völliger Hingabe, an dem er Freude hat. Das ist für euch der **‚vernunftgemässe' Gottesdienst**. Passt euch nicht den Massstäben dieser Welt an. Lasst euch vielmehr von Gott umwandeln, damit **euer ganzes Denken erneuert** wird. Dann könnt ihr euch ein sicheres Urteil bilden, welches Verhalten dem Willen Gottes entspricht, und wisst in jedem einzelnen Fall, was gut und gottgefällig und vollkommen ist."

Röm 12,1 f.

Es gibt Christen, die davon überzeugt sind, dass der Glaube besonders gross ist, wenn man möglichst wenig denkt. Sie sind der Meinung, dass uns das Denken davon abhält, „nur noch zu glauben." Auch Lukas hat solche Ratschläge von gut meinenden Freunden bekommen. Paulus widerspricht dieser Überzeugung in Römer 12: Wer nicht eigenständig denkt und seine Gedanken ständig von Gott erneuern lässt, der wird ein Opfer seiner Umgebung und deren Denkweise.

Als Voraussetzung dafür, dass das Denken erneuert werden kann, ermutigt Paulus die Christen in Rom, ihren Leib als ein *lebendiges Opfer* vor Gott zu bringen. Da normalerweise bei einem Opfer das Opfertier getötet und dann auf dem Altar Gott dargebracht wird, stellt sich uns die Frage: Weshalb sollen wir unseren Leib als **lebendiges Opfer** vor Gott bringen? Wenn wir davon ausgehen, dass Paulus mit „Leib" nicht nur den Körper meint, sondern unser ganzes Sein, alle Bereiche unseres Lebens, dann sagt uns dieser Vergleich, dass wir uns ihm vollständig hingeben sollen. Dabei geht es nicht darum, dass unser Körper sterben muss und hier eine Leibfeindlichkeit propagiert wird. Vielmehr bedeutet dieses Bild, dass wir unseren „alten Menschen" als Opfer Gott hingeben, damit der „neue Mensch" in uns zum Leben kommen kann. Das heisst, dass der sündige Teil unseres Wesens „ausgezogen" wird, wie ein alter Mantel, damit wir den neuen, christusähnlichen „anziehen" können. Dieses Bild lässt sich auf Jesu Tod und Auferstehung zurückführen: Mit Jesus stirbt unser alter Mensch am Kreuz und mit ihm aufersteht unser neuer Mensch im Heiligen Geist und wir werden zu erneuerten Menschen.

Unser ganzes Leben soll ein „Opfer völliger Hingabe" sein, formuliert Paulus weiter. Was wir sind und haben, soll Gott geweiht sein und für ihn eingesetzt werden. Das ist unser „vernünftiger Gottesdienst"! Wenn Paulus davon spricht, Christus nachzufolgen, fordert er uns nicht zu religiösen Übungen oder frommen Aktivitäten auf. Vielmehr spricht er ganz konkret die **Erneuerung unseres Denkens und Lebens** an.

Im zweiten Vers von Römer 12 erklärt Paulus, wie wir Gott mit unserer Vernunft dienen können: „Passt euch nicht den Massstäben dieser Welt an."[5] Hier spricht Paulus unter anderem die Denkvoraussetzungen an, welche das Handeln in einer Kultur prägen. Wenn Paulus nach Rom schreibt, kennt er das „Schema dieser Welt" genau: der Kaiserkult, das römische System des Friedens durch Unterwerfung, die vermeintliche moralische Überlegenheit der römischen Kultur, die Sklaverei und die moralische Dekadenz der Kultur. Heute haben wir ein anderes „Schema", da sich vorherrschende Denkvoraussetzungen je nach Zeit und Kultur verändern.

Denkvoraussetzungen prägen und beeinflussen nicht nur unsere bewussten Gedanken, sondern auch unser Unbewusstsein. Wir denken nicht mehr an sie, wenn wir denken. Das heisst, Sie werden Teil des nicht mehr hinterfragten Verständnisrahmens unseres Denkens. Wir können dann die Dinge um uns nicht mehr unvoreingenommen betrachten und beurteilen. Bei Sprachen verhält es sich ähnlich. Wenn ich z. B. nur die englische Sprache beherrsche, bin ich mir des Reichtums anderer Sprachen und Kulturen nicht bewusst. Ich kann nur im englischen Kulturkreis reden und leben. Wenn ich hingegen nur Deutsch verstehe, finde ich eine englische Komödie ohne Untertitel nicht so lustig wie ein Amerikaner. Ich muss den Wortschatz und die Grammatik einer Sprache kennen, damit ich mich verständigen kann. Die eigene Sprache spreche ich aber, ohne mir ständig bewusst zu sein, welche grammatikalischen Regeln ich anwende. Oft fällt es mir darum auch schwer, die Regeln und Muster, die ich anwende, anderen zu erklären. Ein chinesisches Sprichwort sagt dazu: „Wenn du etwas über das Wasser lernen willst, dann sprich nicht mit einem Fisch darüber." Warum? Weil er keine Ahnung vom Wasser hat. Er bewegt sich nur in seiner Unterwasserwelt und kennt darum nichts anderes. Nur wer zusätzlich zum Wasser auch die Luft oder das Leben an Land kennt, kann das Wasser sinnvoll beschreiben.

Für Paulus ist darum klar: Wenn die Christen in Rom ihre römischen Denkmuster erkennen und überwinden wollen, müssen sie mit Gottes Hilfe ihr Denken erneuern (Röm 12,2). Er hat am eigenen Leib erfahren, was es heisst, wenn Gottes Offenbarung zum Massstab für das Leben eines Menschen wird. Nach seiner Begegnung mit dem Auferstandenen musste er sein ganzes pharisäisches Denksystem erneuern lassen. Erst nachdem sein Denken erneuert und an den biblischen Massstäben ausgerichtet wurde, konnte er den Willen Gottes erkennen und tun. Erneuerung ist für Paulus immer eine ganzheitliche Angelegenheit. Sie berührt sowohl das tägliche Leben als auch das Denken. Einerseits nehmen wir uns „jedes Wort, das aus dem Munde Gottes kommt" (Mt 4,4) zu Herzen und andererseits lassen wir dieses Wort zum Massstab unseres Denkens werden. Denn auch die Denkarbeit, mit der wir uns mit den vorherrschenden Weltanschauungen auseinandersetzen und uns eine biblische Weltanschauung[6] erarbeiten, ist ein Akt der Anbetung – wir bringen uns ganzheitlich als „Opfer völliger Hingabe."

DIE MAUER IM KOPF

Ein Erlebnis aus dem Jahre 1986 hat mir gezeigt, welchen Einfluss Denkvoraussetzungen haben können. Drei Jahre vor dem Mauerfall in Berlin reisten meine Frau Kathrin und ich für ein Seminar mit einer christlichen Gruppe in die damalige DDR. Wir fuhren mit unserem BMW durch Westberlin und kamen dann zum Checkpoint Charlie. Da dies die Tage des Kalten Kriegs waren, wurden wir an der Grenze gefilzt. Jeder Koffer wurde ausgepackt, jede Musikkassette – ja, das gab es damals noch! – wurde angehört, um zu prüfen, ob wir keine Propaganda dabei hatten. Schlussendlich mussten wir Kathrins Tanzkleider, die sie für einen Tanzworkshop mitgebracht hatte, und die Kassetten mit der entsprechenden Musik an der Grenze zurücklassen. Endlich bei unserem Hotel angelangt, trafen wir unseren Gastgeber. Er winkte uns nahe zu sich heran, begrüsste uns vorsichtig und bat uns, leise zu sprechen. „Wenn ihr euch im Zimmer unterhaltet, solltet ihr immer das Wasser laufen lassen – wegen der Wanzen", legte er uns nahe. Bevor er

wieder verschwand, erzählte er uns einiges über den Spitzel-
staat und das Leben der Christen in der DDR. Wir kamen uns
vor wie Geheimagenten in einem James-Bond-Film. Als wir
dann am nächsten Tag von unserem Hotel in Ostberlin die ein-
einhalbstündige Reise zu unserem Treffpunkt antraten, wech-
selten wir mehrere Male die S-Bahn. Wir wollten nicht, dass
uns jemand folgte und unsere Freunde Schwierigkeiten mit der
Stasi bekommen würden.

Während heute viele Menschen solche Szenarien nur noch aus
Filmen kennen, prägte diese Realität damals unsere ganze
Welt. In der Schweizer Armee sprach man vom „roten Feind
aus dem Norden" und man fürchtete sich vor einem Krieg zwischen dem Westen und dem Osten. Es wurde diskutiert, ob
mehr Raketen zur Verteidigung benötigt würden oder ob man
doch lieber einseitig abrüsten sollte. Ja, es war das Zeitalter der
Kämpfe: Kämpfe um die ideologische und politische Vorherr-
schaft, Kämpfe zwischen Kommunismus und Kapitalismus,
Kämpfe zwischen Ost und West.

Am Ende unserer Zeit in der DDR erlebten Kathrin und ich einen Schock. In den vielen Gesprächen mit den Seminarteilneh-
mern wurde klar, was unsere Freunde glaubten und wofür sie
einstanden. Sie hatten einen starken persönlichen Glauben an
Jesus Christus, waren gegründet in der Hoffnung auf das ewige
Leben und wollten, dass dieser Glaube ihr Leben prägte. Doch
gleichzeitig waren sie Bürger der DDR und hatten Teile der
damaligen Ost-Weltanschauung so verinnerlicht, dass sie nicht
mehr hinterfragt werden konnten. Unser Schock bestand darin,
dass diese Gläubigen keine Hoffnung mehr hatten, dass sich
ihre Situation jemals verändern könnte. Die Berliner Mauer
war im Kopf dieser Geschwister verankert – und zwar „für immer." Für sie war es *undenkbar* geworden, dass die Mauer je-

mals fallen könnte. Die trennenden Betonblöcke wurden zu
einer nicht mehr hinterfragten Denkvoraussetzung. Sogar als
US-Präsident Reagan in Berlin in Richtung Moskau sagte: „Herr
Gorbatschow, reissen Sie die Mauer ein", schüttelten sowohl im
Westen als auch im Osten viele Menschen den Kopf. Doch im
November 1989 geschah das, was über Jahre für unmöglich
gehalten wurde: die Mauer fiel. Vor unseren Fernsehern wur-
den wir Zeugen davon, wie Weltgeschichte geschrieben wurde.

Die Berliner Mauer ist für mich ein Bild dafür geworden, dass
Weltanschauungen wie Mauern in unserem Denken sein können, die wir nicht mehr erkennen und daher auch nicht hinterfragen können. Wer sich nicht vorstellen kann, dass diese Welt
auch anders sein könnte, hofft nicht auf Veränderung. Wenn
wir bloss die Informationen verarbeiten, die uns die Medien,
die Mächtigen dieser Welt oder die Algorithmen von Google
unterbreiten, sind wir stark manipulierbar. Dann haben wir
keine Möglichkeit, ausserhalb der vorherrschenden Weltanschauung zu denken. Ein Freund von mir sagte einmal: „People
never miss, what they don't know." („Was man nicht kennt,
fehlt einem auch nicht.")

Ich habe aber gute Neuigkeiten für uns: Wir haben die seltene
Chance, in einer Zeit des weltanschaulichen Umbruchs zu leben. Nachdem während der letzten 200 Jahre die **Moderne** die
dominierende Weltanschauung Europas war, hat sich während
der letzten Jahrzehnte eine heftige Kritik an der Moderne verbreitet, die sogenannte **Postmoderne**. Wir erleben heute ein
seltenes Phänomen in der Geschichte, nämlich wie eine Weltanschauung die andere infrage stellt. Das gibt uns als Kirche
die Gelegenheit, die vorherrschenden Weltanschauungen
überhaupt erst zu erkennen, ja, sie in kritischer Distanz zu be-

trachten und unseren eigenen Denkrahmen, unsere „Prägung"
zu hinterfragen.

Die Kirche hat es während der letzten 2000 Jahre wie keine
andere Institution geschafft, „den Wechsel von Gesellschaften,
das Brodeln von Staaten und die Sturmfluten von Epochen"[7] zu
überleben und dabei auch eigenständig zu bleiben. Wilde Zeiten sind also Herausforderung und gleichzeitig Chance für die
Kirche. Lesslie Newbigin schreibt dazu:

> „Uns ist nicht aufgetragen, dieser Welt konform zu sein,
> vielmehr sollten wir transformiert sein, durch die Erneu-
> erung unseres Sinnes (Röm 12,2). Gott gebraucht die
> Umbrüche und das Schütteln der Geschichte, um Sein
> Volk ab und zu aus dieser Konformität mit der Welt her-
> auszuschütteln."
>
> Lesslie Newbigin

Für uns stellt sich die Frage, ob wir fähig sind, uns als Kirche in
dieser Zeit des Umbruchs neu zu positionieren und unser Denken zu erneuern. Wenn wir uns wünschen, dass unser Glaube
unsere Gesellschaft und die vorherrschenden Weltanschauungen positiv beeinflussen kann, müssen wir den Geist unserer
Zeit und seine Auswirkungen auf die Kirche kennen ...

WOHER WIR KOMMEN: DIE MODERNE

Woher kommt denn nun unsere westliche Kultur, unser euro-
päisches Denken? Was ist diese sogenannte **Moderne**, die uns
in den letzten 200 Jahren so tief geprägt hat und die heute so
vehement von der Postmoderne bekämpft wird? Drei zentrale
Merkmale der Moderne sollen dazu kurz dargestellt werden:
Fortschrittsglaube, Glaube an die Vernunft, die Freiheit und die

Identität des Menschen. Dann werde ich zeigen, wie das Denken in der Moderne auch die Christen prägte.

FORTSCHRITTSGLAUBE

Die Entdeckung des eigenständigen Denkens in der Aufklärung, die Erfolge in der Wissenschaft, die Industrialisierung und die evolutionäre Weltdeutung lösten im 19. und zu Beginn des 20. Jahrhunderts eine noch nie dagewesene Aufbruchsstimmung aus. Der Zukunftsoptimismus war schier grenzenlos. Nun konnte alles nur noch besser werden! Das Goldene Zeitalter war angebrochen, das Licht der Vernunft über dem Westen aufgegangen und man konnte, ja, musste der ganzen Welt den westlichen Fortschritt bringen!

Die Menschen waren davon überzeugt, dass materieller Fortschritt produziert werden kann, wenn man sich nur im Denken anstrengt und die Ergebnisse des Denkprozesses in Wissenschaft und Technik umsetzt. 1889 fand in Paris zur 100-jährigen Feier der französischen Revolution eine Weltausstellung statt. Der neu gebaute Eiffelturm galt als Symbol der menschlichen Schaffenskraft und des technischen Fortschritts. Man wollte das „Reich der modernen Menschen" auf die Erde bringen. Zwar stritt man sich heftig über das Endziel der Gesellschaft – Sollte es ein kapitalistisches oder ein sozialistisches „Paradies" sein? –, doch war man fest von der Möglichkeit des Fortschritts überzeugt. Man glaubte, dass die Evolution uns alle nach Utopia führen würde. Der Westen erzählte grosse Geschichten, sogenannte Metaerzählungen, darüber, wie der Mensch aus dem dunklen Mittelalter ins helle Licht der Aufklärung gelang. Nun sollte durch den Kolonialismus die restliche

Welt mit den Vorteilen der Moderne und des Fortschritts „gesegnet" werden.

GLAUBE AN VERNUNFT UND WAHRHEIT

Die Voraussetzung für den Fortschrittsglauben der Moderne schuf die Aufklärung mit ihrem absoluten Glauben an die menschliche Vernunft. Da man glaubte, der vormoderne Mensch sei rückständig und brauche Erleuchtung (= Aufklärung), betrachtete man das fehlende Wissen als das Hauptproblem des Menschen. Das Problem bestand also vor allem in einem **Informationsdefizit**. Dementsprechend bestand die Antwort der Moderne darin, durch Bildung, Forschung und Technik mehr und bessere Informationen zu vermitteln.

Für die Menschen der Moderne war die **Wahrheitsfrage** zentral: Was ist wahr und was ist wirklich geschehen? So wurde die Moderne zur Zeit der ideologischen Auseinandersetzungen in Bezug auf die grossen Ziele und die Erzählungen des Westens: Wo gehen wir hin? Wie kann die Erde für möglichst viele Menschen zum Paradies werden?

GLAUBE AN DIE FREIHEIT
UND IDENTITÄT DES MENSCHEN

In der Moderne glaubte man, der Mensch sei nicht nur vernünftig und damit zum Fortschritt begabt, sondern auch frei. Dies bedeutete, dass er die Ziele seiner Lebensreise als Kapitän seines Schicksals selbstständig festlegen konnte. **Selbstbestimmung** und somit auch Selbstverwirklichung wurden zum höchsten Gut, Fremdbestimmung wurde verpönt.

Man ging von einer **Identität** des Menschen aus, die sich im Lauf der Zeit nicht veränderte. Man glaubte fest an das starke Ich. Dieses setzte sich zwar aus vielen Erlebnissen und Gedanken zusammen, hielt aber doch das Zepter in der Hand und bestimmte die eigenen Überzeugungen und Handlungen. Da man von einer eindeutigen Identität ausging, glaubte man auch an einen konkreten Lebensauftrag, der sich nicht verändert.

CHRISTEN IN DER MODERNE

Wie hat nun diese Weltanschauung die Christen geprägt und was waren die Kernaufgaben der Kirche während der Moderne? Die Kirche war primär **Vermittlerin der Wahrheit durch die Verkündigung**. Dazu kam die Seelsorge, also die Hilfe zum praktischen Anwenden der Wahrheit im eigenen Leben. Es gab auch andere Bereiche des kirchlichen Lebens, doch diese hatten nie dasselbe Gewicht wie die Informationsvermittlung durch die Verkündigung.

Leider haben viele Christen während der Moderne **die Wahrheitsfrage missverstanden**. Wenn Jesus nämlich im Johannesevangelium sagt: „Ich bin der Weg, die Wahrheit und das Leben", dann ist diese Wahrheit zuallererst nicht eine abstrakte Logik, sie ist vielmehr personale Wahrheit: Jesus ist die Wahrheit. Zudem steht sie in Verbindung mit der persönlichen Nachfolge (Weg) und der gelebten Liebe (Leben). Während der Moderne kamen aufgrund der Betonung der Wahrheit die Liebe und die Anwendung der Lehre im Leben der Christen oft zu kurz.

Vom Gedankengut der Moderne geprägt, verhielten sich viele Christen so, als hätten sie die ganze Wahrheit gepachtet, als gäbe es kein Geheimnis des Glaubens mehr und als könnten sie von anderen Menschen, sowohl Christen als auch Nichtchristen, nichts mehr lernen. Dies ist wohl einer der Gründe dafür, warum Christen noch heute manchmal als „arrogant und belehrend"[8] empfunden werden. Basierend auf den modernen Grundannahmen wird nämlich das Evangelium der Welt, und somit den sogenannten Ungläubigen durch Konfrontation mit unzähligen Argumenten vermittelt. Dies basiert auf der Annahme, etwas überspitzt formuliert, dass die Christen die Wahrheit gefunden haben und die anderen nicht. Wer sich nicht bekehrt und damit den Christen Recht gibt und ihre Informationen annimmt, liegt also grundsätzlich falsch.

Der Glaube der Moderne, dass der Mensch durch Nachdenken und Bildung die Welt in den Griff bekommen kann, bewirkte auch bei einigen christlichen Gruppierungen einen Optimismus in Bezug auf die **Gegenwartsbewältigung**. Man glaubte, durch Nachdenken und das Hochkrempeln der Ärmel, die Probleme dieser Welt lösen zu können, sodass es bald keinen Hunger, keine Krankheiten und keine Ungerechtigkeiten mehr geben würde. Zudem entwickelte sich ein Optimismus in Bezug auf die **Geschichtsforschung**. Im Lichte der Vernunft wollten Theologen herausfinden, was Jesus von Nazareth wirklich gesagt und getan hatte. Man wollte mit dem Aberglauben und den Traditionen der Menschen aufräumen und zurück zum historischen Kern der biblischen Schriften gelangen. Die Aussagen der Kirche genügten nicht mehr.

UMBRUCH IN DIE POSTMODERNE

„Es gab eine Zeit, in der der Glaube sich gegen die Vernunft wehren musste. Es kommt eine Zeit, und sie ist schon da, wo der Glaube der Vernunft zur Hilfe kommen muss."

Kardinal Christoph Schönborn[9]

Im Jahre 1972 publizierte der *Club of Rome* den umstrittenen Bericht über die Grenzen des Wachstums. Die überzeugende These lautete: *Die Erde ist ein begrenzter Lebensraum und erlaubt kein unbegrenztes Wachstum.* Diese Einsicht zog dem modernen Fortschrittsoptimismus den Teppich unter den Füssen weg. Nur ein Jahr später veröffentlichte Jean-François Lyotard im Auftrag der kanadischen Regierung die Studie *Das postmoderne Wissen.* Er hielt darin fest, dass kein Fundament für die Bildung und die Gesellschaft mehr vorhanden sei. In seiner Publikation stellte er die Frage, was mit den Schulen geschehen würde, wenn in der Gesellschaft kein Fortschrittsglaube mehr vorhanden sei. Dieser sei schliesslich die Grundlage des Bildungssystems. Lyotard sprach als erster vom „postmodernen Zustand" in der Bildung und der Philosophie.

KEIN BOCK MEHR AUF ZUKUNFT

Damit sind wir bei der **postmodernen Kritik an der Moderne** angelangt. Während man sich in der Moderne noch über die grossen Ziele stritt, sagt die Postmoderne: Grosse Ziele sind von Menschen konstruiert und müssen deshalb durchschaut und abgebaut, das heisst, dekonstruiert werden. Ziele sind eigentlich nur versteckte Machtansprüche, denn alle Heilsversprechen der grossen Erzählungen haben, wie uns die Geschichte zeigt, immer zu totalitärer Unterdrückung geführt. Tatsächlich haben im 20. Jahrhundert viele „Heilsbringer", unter anderem auch Hitler und Stalin, ihre grossen Ziele verkündet. Sie haben auf moderne Weise „die Wahrheit" proklamiert und waren bereit, andere Menschen zu bekämpfen und notfalls aus dem Weg zu räumen, um ihre eigene „Wahrheit" wahr werden zu lassen. Der Fortschritte hatte sie nicht besser gemacht, sondern nur noch effektiver in der Zerstörung! Deshalb sagt die Postmoderne: Gebt die grossen Ziele und Zusammenhänge auf, lasst uns in unseren Zielsetzungen realistischer sein und das Leben von Moment zu Moment geniessen. Die Postmoderne glaubt nicht mehr an den evolutionären Fortschritt der westlichen Welt und hat damit eine wesentliche Säule der Moderne aufgegeben.

DIE VERNUNFT DER REINEN KRITIK?

> „Die Vernunft zieht alles vor den Gerichtshof, der sie selbst ist, an dem sie selbst Ankläger, Richter und Verteidiger sein soll."
>
> *Jürgen Werbick*[10]

Während der Moderne war die Vernunft der Massstab, nach dem sich alles richten musste. Es gab nichts, was nicht kritisch beurteilt werden sollte. Die Vernunft spielte die Rolle der Anklägerin und sagte, was alles schiefgelaufen war. Zugleich war sie die Verteidigung und schlussendlich die Richterin, die das gültige Urteil fällte. Mit diesem Programm wurden zuerst die Kirche und die Tradition, dann die Monarchie und die staatlichen Autoritäten und zum Schluss die Familie und alle anderen Institutionen dekonstruiert. Als alles kritisiert worden war, blieb nur noch etwas, das kritisiert werden konnte: die Vernunft selbst. Wenn nun die Vernunft selbst auf den Prüfstand der Kritik kommt, kann auch sie den Kriterien, anhand derer sie alles andere gemessen hat, nicht standhalten. Damit schafft sie sich selbst ab und wir sind mitten in der Postmoderne angelangt. In anderen Worten heisst das: Die Kritik, die alles andere kritisiert hat, wendet sich nun gegen sich selbst und bleibt sich die Antworten genauso schuldig. Wir haben also nicht mehr die *Kritik der reinen Vernunft*, die Kant postuliert hat, sondern die *Vernunft der reinen Kritik*.

Die Postmoderne sieht das Defizit der Menschen vielmehr im Leben als im Denken. Informationsbeschaffung stellt kein Problem mehr dar, da man durch das Internet jederzeit und überall an die nötigen Informationen gelangt. Da es aber an Weisheit mangelt, die nötig wäre, um die Informationsflut überhaupt zu unterscheiden und praktisch anzuwenden, interessiert sich der postmoderne Mensch vielmehr für die praktische Umsetzung: „Gib mir nicht deine Theorie (Information), sondern zeige mir, wie du lebst. Zeige mir, was in deinem Leben wirklich funktioniert." Menschen in der Postmoderne sind nicht mehr wahrheits-, sondern erlebnisorientiert. Sie wollen nicht mehr Expertenwissen, sondern persönliche Erfahrung. Kirchlich gesprochen kommen wir von der Betreuungskirche (durch Experten) zur Beteiligungskirche (Gemeinschaft). Auch Christen in der Postmoderne wollen leben, mitwirken und dazugehören. Die Erfahrungen, die wir mit unserer Clique machen, vermitteln uns ein Gefühl von Identität und Dazugehörigkeit.

WER BIN ICH?

Die dritte Frage betrifft die Freiheit und die Selbstbestimmung des Menschen. Heute fragt man sich: Bin ich wirklich frei? Bin ich wirklich der Kapitän meines Lebensschiffes? Bleibt meine Identität immer gleich oder bin ich in jedem Lebensbereich ein anderer, sei es nun in der Schule, im Abendverkehr, in der Familie oder im Ausgang? Die Antwort, welche die Postmoderne auf diese Fragen gibt, zeigt sich bei Madonna, die als Ikone der Postmoderne bezeichnet werden kann. Sie erfindet sich immer wieder neu und setzt sich auf unterschiedlichste Weise in Szene. Sie spielt jede ihrer Rollen mit Lust und identifiziert sich trotzdem nie verbindlich mit ihnen. Sie verkörpert das, was Richard Rorty, ein führender Philosoph der Postmoderne, sagt: „Das Ich hat kein Zentrum." Das heisst, dass es gar kein Ich gibt, das immer gleich bleibt.[11] Solche Aussagen haben konkrete Konsequenzen und sind nicht bloss abstrakte Philosophie. Wenn es nämlich wahr ist, dass das Ich kein Zentrum hat, kann ein Verbrecher, der sein Verbrechen vor fünf Jahren begangen hat, heute nicht mehr dafür verantwortlich gemacht werden. Schliesslich ist er nicht mehr derselbe, der er damals war.

CHRISTSEIN
AN DER DOPPELTEN WEGKREUZUNG

Christen im Umbruch leben heute an einer doppelten Wegkreuzung. Einerseits befindet sich unsere Gesellschaft an der Kreuzung von *Moderne* und *Postmoderne*, wie gerade beschrieben wurde. Andererseits gab es für Christen schon immer die Wegkreuzung von *Glauben* und *Unglauben*. Letzteres ist die Kreuzung, an der eine nicht christliche Kultur mit einer Weltdeutung, die Gott verneint, auf eine Kultur trifft, deren Fundament der Glaube an Gott und sein Wort ist. Als Christen an dieser doppelten Wegkreuzung können wir erkennen, welche Aspekte der Kritik der Postmoderne an der Moderne ins Schwarze treffen und welche eine neue Reihe von Problemen eröffnen. Das ist eine einzigartige Chance.[12]

KEINE FREMDEN GÖTTER

Wenn ich einen Teil der geschaffenen Welt zu einem absoluten Massstab oder als meinen Referenzpunkt für die Welt erkläre, habe ich – philosophisch gesprochen – eine Verabsolutierung gemacht. Biblisch gesprochen habe ich einen Götzen kreiert. Die Moderne hat eine ganze Reihe von Götzen produziert: Die **Freiheit** des **Einzelnen**, die **Vernunft**, die grossen **Ziele**, die **Effizienz** und die **Wissenschaftsgläubigkeit**. Diese Dinge sind an sich nicht schlecht. Wir sind sicher dankbar für die Fortschritte in Wissenschaft, Medizin und Technik, welche die Moderne hervorgebracht hat. Wir wollen auf keinen Fall zurück ins Mittelalter oder in irgendeine andere „gute alte Zeit" und sind daher nicht anti-modernistisch. Zum Problem werden diese neuen Errungenschaften und Erkenntnisse erst, wenn sie vergöttert (verabsolutiert) werden.

Die Postmoderne hilft uns, dies zu erkennen. Dafür können wir ihr dankbar sein. Durch sie merken wir, wie sehr wir uns der Denkweise der Moderne angepasst haben, wie sehr auch wir Christen der Moderne auf den Leim gegangen sind. Doch die Postmoderne bringt nun ihrerseits neue Götter hervor: **Pluralismus**, **Relativismus**, **Unterschiedlichkeit**, **Gemeinschaftlichkeit**, ökologisches **Gleichgewicht** usw. Auch diese müssen wir als das erkennen, was sie sind, denn mit fliegenden Fahnen von der Moderne ins Lager der Postmoderne zu wechseln, wäre nichts anderes, als das **unkritische Vertauschen der modernen Götzen mit den Götzen der Postmoderne.** Damit wären wir weiterhin „der Welt gleichförmig", wie Paulus es ausdrückt, einfach einer anderen Welt.

Christen im Umbruch müssen darum erkennen, dass der Götzendienst nicht nur in biblischen Zeiten ein Problem war, sondern uns auch heute immer wieder herausfordert. Wir sind nie vor der Gefahr gefeit, den Werten dieser Welt gleich zu werden. Das Zitat von Paulus aus Römer 12 spricht uns also direkt an. Wir müssen immer wieder genügend Abstand von unserer eigenen Kultur nehmen, damit wir sie kritisch betrachten und die jeweiligen Götzen erkennen können. Dabei geht es nicht darum, uns von unserer Kultur zu trennen. Das wäre gar nicht möglich. Vielmehr sind wir aufgefordert, unsere Gleichförmigkeit mit der Welt zu erkennen und unser Denken kontinuierlich erneuern zu lassen. Wir Menschen haben nicht die Wahl, ob wir glauben oder nicht glauben wollen, denn jeder Mensch hat gewisse Denkvoraussetzungen, die er im Glauben annimmt und die zur Grundlage seines Denkens werden. Wir können einzig und allein entscheiden, **an wen** und **an was** wir glauben wollen.[13]

DEN PENDELSCHLAG ERKENNEN

Wenn wir ein klassisches Konzert besuchen, sind wir beeindruckt von den vielen verschieden Instrumenten die zu einer *Harmonie* finden. Jedes Instrument spielt dabei eine einzigartige Rolle. Doch nur im Miteinander entsteht musikalisch ein ausbalancierter Klang. Wenn sich nun ein einzelnes der Instrumente dominant vordrängt und viel zu laut spielt, geschieht dies immer auf Kosten der anderen Instrumente und des gesamten „Sounds".

So ähnlich funktioniert das menschliche Denken. Wenn ein einzelner Aspekt überbetont oder gar verabsolutiert wird, wird automatisch ein anderer unterdrückt oder zumindest zu wenig beachtet. Wenn ich also die Freiheit des Individuums überbetone, werte ich gleichzeitig die Gemeinschaft und die Solidarität ab. Oder je mehr ich das Materielle erhebe, desto tiefer rückt das Geistige. Das Gleiche gilt natürlich auch umgekehrt. Es ist ähnlich wie bei einem natürlichen Pendelschlag, geht man in ein Extrem, kommt irgendwann die Gegenbewegung ins andere Extrem. Als Christen im Umbruch müssen wir lernen, von beiden Weltanschauungen zu profitieren, ohne uns dabei hin und her treiben zu lassen.

Jedes Denken braucht das vernünftige Gespräch. Wir haben **keine Alternative** dazu. Die Vernunft hilft uns, eine gemeinsame Sprache zu finden, das heisst, Worte zu gebrauchen, die uns bei der Kommunikation unterstützen und uns Gehör verschaffen. Wenn wir die Vernunft „verteufeln" und abschaffen wollen, wie es die Postmoderne möchte, hört am Ende jedes Gespräch auf. Andererseits dürfen wir die Vernunft nicht „vergöttern", wie es in der Moderne geschehen ist.[14] Die Moderne behauptet: „Ich bin im Besitz der absoluten Wahrheit." Die Postmoderne hinterfragt diese Aussage: „Glaubst du tatsächlich noch an absolute Wahrheiten? Hast du nicht kapiert, dass alles, was für dich wahr sein mag, für mich nicht unbedingt stimmen muss? Jede Wahrheit ist relativ!" Darauf fragt die Moderne listig: „Bist du dir *absolut* sicher?", und die Postmoderne bleibt sprachlos, denn auch sie hat etwas verabsolutiert, nämlich den Relativismus.[15]

Kardinal Schönborn prägte den Satz: „Es kommt eine Zeit, in welcher der Glaube, das heisst auch das christliche Denken, der Vernunft zu Hilfe kommen muss.“[16] Dies ist nun der Fall. Es ist unsere Herausforderung als Christen in dieser Zeit des Umbruchs, dass die Vernunft ihren richtigen Stellenwert findet und sie weder verabsolutiert noch absolut relativiert wird. Wenn die Moderne überzeugt war, sie habe die ganze Wahrheit und könne deshalb alle anderen belehren, dann können wir von der Postmoderne Demut und Bescheidenheit lernen, jedoch ohne dadurch die Wahrheitsfrage abzuschaffen. Wenn auf der andern Seite die Postmoderne in der Gefahr steht, alles zu hinterfragen, sodass sogar die Vernunft selber auf dem Spiel steht, dann wollen wir die Postmoderne vor der „Diktatur des Relativismus“[17] warnen und an den Ast erinnern, auf dem sie sitzt.

Die Aufgabe der Christen im Umbruch liegt also weder im Rückzug in die Moderne noch in der Anpassung an die Postmoderne. Wir müssen vielmehr lernen, neu und vertieft in die Heilige Schrift einzutauchen und sie zu studieren. Hier lernen wir den Massstab kennen, mit dem wir Moderne und Postmoderne sowohl **kritisch** als auch **dankbar** beurteilen können. Das bedeutet natürlich, dass wir die Schrift nicht mehr nur als erbauliches Andachtsbüchlein oder als historische Textsammlung lesen. Vielmehr geht es darum, die Geschichte Gottes mit der Welt zu kennen, unsere Rolle darin wiederzufinden und die erhaltene Offenbarung dann auch in die Praxis umzusetzen. Mehr dazu später.

WAS IST UNSER ZENTRUM?

„Wer für alles offen ist, ist nicht ganz dicht."
Michael Schmidt-Salomon[18]

Die Moderne hat den einzelnen Menschen und seine Erkenntnismöglichkeiten im Sinne der Aufklärung verabsolutiert.[19] Die Postmoderne dekonstruiert zwar diese Grundlagen, hat aber selbst nichts Echtes anzubieten ausser Hoffnungslosigkeit („Es hat alles keinen Sinn!"), Teilnahmslosigkeit („Alles ist gleichgültig!") usw. Als einen möglichen Ausweg aus dem Dilemma betont die Postmoderne nun die Gemeinschaft. Doch es ist nicht schwer zu erkennen, dass auch die „neuen" Werte der Postmoderne bloss menschliche Konstrukte sind, die nicht halten werden, was sie uns versprechen.[20]

Was kann aber das Zentrum unseres Lebens und Denkens sein, wenn weder das Individuum noch die Gemeinschaft diese Rolle übernehmen können und wir trotzdem nicht verzweifeln wollen?

Als Christen im Umbruch setzen wir einen Schöpfergott voraus, der transzendent, also selbst nicht Teil der Schöpfung ist. Dieser Gott bringt sich liebevoll in das Geschehen dieser Welt ein. Er ist dem einzelnen Menschen nahe und dadurch auch immanent. Wenn wir einen liebenden, leidenden, sich mitteilenden Gott voraussetzen, haben wir ein „göttliches" Zentrum, das nicht menschlich konstruiert ist. Falls wir jedoch, aus welchen Gründen auch immer, diese Denkvoraussetzung ablehnen, bleibt uns nichts anderes übrig, als einen Teil der Schöpfung zu unserem Zentrum zu machen. Um dieses Zentrum drehen sich dann unser Leben und unser Denken. Doch wenn wir einen Blick in die Vergangenheit werfen und wirklich ehrlich sind, müssen wir zugeben, dass keiner der Teile der Schöpfung, die von Menschen zum Zentrum gemacht wurden, seine Versprechen halten konnte.

MENSCHEN MIT ERNEUERTEM DENKEN

Versetzen wir uns noch einmal ins Zeitalter des Kalten Kriegs. Um zu verhindern, dass die UdSSR in Polen einmarschierte, rief General Jaruzelski in Polen 1981 das Kriegsrecht aus. Aufgrund des möglichen Einmarsches der russischen Armee herrschte in Polen eine Atmosphäre der Angst und der Hoffnungslosigkeit. Gleichzeitig formierte sich aber eine immer mächtiger werdende Bürgerbewegung, die freie Gewerkschaft *Solidarność*, unter der Leitung von Lech Wałęsa. Als Vorsitzender von *Solidarność* trug dieser schliesslich massgeblich zum friedlichen Übergang Polens in die Demokratie bei. 1990 wurde er zudem der erste demokratisch gewählte Staatspräsident Polens. Er regierte bis 1995. Doch was sind die Hintergründe dieses friedlichen Übergangs in die Demokratie?

Der damalige Papst, Johannes Paul II, war ein Pole. Er schenkte dem polnischen Volk wieder einen Glauben. Die Menschen waren erneut davon überzeugt, dass es Zustände gibt, die man nicht einfach annehmen muss und die sich ändern lassen. Sowohl Papst Johannes Paul II. als auch Lech Wałęsa haben kurze Zeit später einen wesentlichen Beitrag zum Fall der Berliner Mauer geleistet.

„Jugend mit einer Mission Biel" hatte damals Kontakte mit der Oasis-Bewegung in Polen. Oasis war eine Erneuerungsbewegung innerhalb der katholischen Kirche, und wir organisierten einen Hilfsgütertransport aus der Schweiz, um die Christen in dieser schwierigen Zeit mit Lebensmitteln und Kleidern zu unterstützen. Gleichzeitig führten wir in einer katholischen Kirchgemeinde ein geistliches Wochenende durch, was natürlich illegal war. Offiziell brachten wir Nahrung und Kleidung, inoffiziell brachten wir Schulungsmaterial und Ermutigung. Doch wir begegneten in Polen nicht einer schwachen, mutlosen Gruppe von Christen, sondern einer Reich-Gottes-Bewegung, die uns tief beeindruckte.

Am eindrücklichsten war die Begegnung mit dem Priester und Gründer der Bewegung, Vater Franciszek Blachnicki. Wir hatten das Vorrecht, ihn an diesem Wochenende kennenzulernen und mit ihm in seinem VW-Bus quer durch Polen nach Warschau zu fahren. Während einigen Stunden Fahrt hatten wir die Gelegenheit, einem Glaubenshelden unserer Zeit zuzuhören. Blachnicki stand damals ständig im Konflikt mit der kommunistischen Partei. Sein Einfluss und sein Glaube waren den Atheisten konstant ein Ärgernis und die Regierung versuchte, ihn so gut wie möglich zu bremsen. Zum Beispiel stellte die Regierung dem Haupthaus von Oasis die Versorgung mit Kohle und Benzin ab. Bei den kalten Wintern und den grossen Distanzen in Polen entwickelte sich dies zu einem ernsthaften Problem. Doch nicht für Blachnicki, denn für diesen Mann war der Kommunismus überflüssig, **die Mauer existierte in seinem Kopf bereits nicht mehr**! Er instruierte die fünfzigtausend Mitglieder der Oasis, ihm je ein Kilo Kohle per Post ins Mutterhaus der Oasis zu senden. Dies geschah dann auch, sodass die lokale Postversorgung zusammenbrach und die kommunistische Partei die Blockade aufheben musste.

Blachnicki war sich im Glauben sicher, dass dieses menschenverachtende System nicht überleben konnte. Es gelang ihm, die vorherrschende Weltanschauung zu durchschauen und ihre Schwächen zu sehen, obwohl er selbst darin lebte. Für ihn gab es keinen Zweifel daran, dass das Reich Gottes stärker war als jedes andere Reich. Sein Denken war durch das Lesen, Studieren und Verinnerlichen der Heiligen Schrift erneuert und von der biblischen Hoffnung geprägt. Er kümmerte sich keinen Deut um die Einschränkungen, welche die Partei ihm immer wieder auferlegte. Obwohl die Mauer damals physisch noch existierte, war sie in seinem Kopf bereits gefallen. Wo andere Menschen von Angst und Hoffnungslosigkeit getrieben waren und die Existenz der Mauer stillschweigend akzeptierten, herrschte bei Blachnicki Hoffnung. Unser Team war damals von seiner „verkörperten Hoffnung" tief berührt. Später erfuhr ich, dass die Oasis-Bewegung einen wesentlichen Teil des geistlichen Rückgrats der *Solidarność*-Gewerkschaft darstellte.

AUF DEN PUNKT GEBRACHT

- Der Glaube ist weit mehr als eine religiöse Empfindung. Er ist vielmehr eine Gesamtorientierung des Lebens. Unser Glaube prägt die Art und Weise, wie wir die Welt verstehen und wie wir unser Leben führen. Es lohnt sich, auch wenn es manchmal anstrengend scheint, die eigene Weltanschauung zu durchleuchten und nach dem Glauben auszurichten, denn die Folgen unseres Denkens beeinflussen unser eigenes Leben und das der anderen, im Guten wie im Schlechten.
- Wer anders denkt, wird anders leben. „Mauern im Kopf" gibt es heute noch, akzeptieren wir sie oder leben wir so, als wären sie bereits eingestürzt?
- Christen im Umbruch werden sich bewusst, dass es nicht nur um eine richtige Weltanschauung geht, sondern auch um die richtige Demut, denn nach Paulus ist

all unsere Erkenntnis bloss Stückwerk (also dürfen wir nicht so tun als wäre unsere Meinung der Weisheit letzter Schluss) und ohne eine liebevolle, lernbereite Art sind wir nur „dröhnendes Erz".

GLAUBE, HOFFNUNG, LIEBE

- Der **Glaube** ist eine Gesamtorientierung des Lebens.
- Die **Hoffnung** zeigt, dass unsere Welt auch ganz anders sein könnte.
- Die **Liebe** motiviert zur Denkarbeit, denn meine Erkenntnis ist Stückwerk und damit nie abschliessend. Das gilt nicht nur für Christen, sondern für alle Menschen.

FRAGEN

Ein paar Fragen zum Weiterdenken oder fürs Gespräch:
- Welche Beispiele für „Mauern im Kopf" kommen mir in den Sinn? Welche Denkbarrieren oder Tabus gibt es heute?
- Wir haben Lukas im Eingangskapitel kennengelernt. Was ist wohl seine „Mauer im Kopf"? Wie könnte er sie loswerden?
- Lukas fühlt sich wie in einem Spagat zwischen Glauben und Denken. Was hilft ihm aus seinem Dilemma?
- Was geschieht, wenn Glaube und Denken nicht mehr voneinander abgeschottet werden, sondern sich gegenseitig bereichern können?

ANGEBOT ZUR VERTIEFUNG

Zum Thema „Biblisch-Christliche Weltanschauung":

- Goheen, Michael W. & BARTHOLOMEW, Craig G., *Living at the Crossroads.* An Introduction to Christian Worldview, Grand Rapids, 2008. Sie setzen sich sehr intensiv mit unserem Thema auseinander. Leider ist das Buch zur Zeit des Druckes noch nicht in deutscher Sprache herausgekommen.
- Eine Hinführung zum Thema, die in deutscher Sprache erhältlich ist: MILLER, Darrow L. & GUTHRIE, Stan, *Wie sollen wir denn denken?* Leitfaden für eine christliche Weltanschauung, Lüdenscheid, 2004.

Oder folgende Kurse:

- *Strategisches Lebenstraining. Ein 2-jähriger Selbststudienkurs in Gruppen.* Weitere Infos unter: www.mbs-slt.bucer.ch
- Schule für biblisch-christliche Weltanschauung von Jugend mit einer Mission. Weitere Infos hier: www.sbcw.de/deutsch/index.html

ZWEI: GLAUBE UND CHRISTLICHE GEMEINSCHAFT

1989 reisten Kathrin und ich nach Südafrika. Wir waren von Don Price, dem Leiter von Jugend mit einer Mission (JMEM) Südafrika, eingeladen worden, um dort an einer Jüngerschaftsschule zu lehren. Während dieser Zeit durfte ich einmal mit dem leidenschaftlichen Hobbypiloten Don nach Durban fliegen. In der Luft überliess er mir sogar das Steuer des Flugzeugs, was für mich ein absolut abenteuerliches Erlebnis war. Als wir nun gemeinsam in der Abendsonne über die Wolken flogen, fragte ich Don, wie es wohl mit Südafrika weitergehen würde. Damals war nämlich die Theologie der Apartheid in Südafrika fest verwurzelt und wurde besonders von der niederländisch-reformierten Kirche vertreten. Diese war überzeugt davon, Gott selber wolle die Rassen getrennt haben. Die Schwarzen wurden darum in die Townships verbannt. Sie durften zwar Gottesdienste feiern, jedoch nicht zusammen mit Weissen. Durch die Unterdrückung der Schwarzen und das Unrecht, das ihnen von den Vertretern des Systems angetan wurde, war die Lage in Südafrika explosiv. Zunehmend mehr Menschen wehrten sich gegen die Apartheid. Andere gewichteten die Angst vor einer kommunistischen Revolution stärker und drückten gegenüber dem Unrecht ein Auge zu viel zu.

Dons Antwort auf meine Frage war klar und deutlich: „Nelson Mandela ist die einzige Hoffnung zur friedlichen Überwindung der Apartheid." Nur durch ihn würde Südafrika nicht in ein Chaos oder sogar in ein Blutbad stürzen. Er sei der Einzige, der einerseits die Unterstützung der schwarzen Bevölkerung habe und andererseits den Charakter, um diesen Übergang konstruktiv zu gestalten. Diese Antwort erstaunte mich, weil Nelson Mandela von einigen frommen Gruppen als linker, radikaler Terrorist bezeichnet wurde und damals noch im Gefängnis war. Doch offensichtlich hatte Mandela ein Bild von der Welt, wie sie sein könnte. Er war bereit, für diese Hoffnung einen grossen Preis zu bezahlen.

Heute kennen wir das Ende dieser Geschichte und haben uns schon an das eigentlich Aussergewöhnliche gewöhnt. Doch damals waren die Umstände in der Welt und in Südafrika ganz anders! Als ich später Mandelas Biografie las, war ich von diesem Mann, trotz allem Allzumenschlichen, das es natürlich auch bei ihm gab, tief beeindruckt. Ich staunte darüber, wie er bereit war, für seine Hoffnung auf Veränderung ins Gefängnis zu gehen, und zwar ganze 27 Jahre lang. In diesen Jahren erlitt er viel Unrecht und lernte, mehr als die meisten von uns es je lernen werden, seine weissen Brüder und Schwestern „in Liebe zu ertragen."

Was würde geschehen, wenn wir Christen uns ebenso ertragen könnten wie Nelson Mandela seine weissen Unterdrücker? Welche Auswirkungen hätte es, wenn wir konkrete Schritte der Versöhnung aufeinander zu machen würden? Ich bin überzeugt, dass dies die Voraussetzung dafür ist, dass wir als Christen unseren Auftrag in dieser Welt erfüllen können.

ZUNEIGUNG ODER ABGRENZUNG?

Christen zeichnen sich oft nicht durch Liebe und Einheit aus, sondern eher durch Abgrenzung und Vorurteile, natürlich immer im Namen der „Wahrheit". Besonders in der Moderne wurde der „richtige" Glaube oft zu einem Anlass der Trennung, weil „die anderen" ja nicht den richtigen Glauben hatten. Theologische und kulturelle Vielfalt wurde als Bedrohung empfunden, man war grundsätzlich lieber unter sich. Das gilt übrigens nicht nur für die Frommen, auch die Liberalen sind z. T. ganz schön von sich selber überzeugt.

Das Bild „Deesis" aus der *Hagia Sofia* in Istanbul, ehemals Konstantinopel, wies uns als Pfarrer und Verantwortliche in meiner Heimatstadt Biel einen anderen Weg.

Auf dem prächtigen Mosaik aus dem 11. Jahrhundert ist Jesus Christus als Weltrichter zu erkennen. In der linken Hand das Wort Gottes, die rechte Hand im Gestus des Richters, als Herr der ganzen Welt. Zu seiner Rechten ist Johannes der Täufer, der „höchste" im ersten Bunde (Mt 11,11), zu seiner Linken Maria, die Erste, die sich Gott im zweiten Bunde mit den Worten „mir geschehe nach deinem Willen, Herr" zur Verfügung stellte.

Das Zentrale an diesem Bild ist ihre Zuneigung zu Christus. Je weiter sie sich Jesus zuneigen, desto näher kommen sie ihm. Aus dem physischen Zuneigen wird mehr und mehr eine Herzenszuwendung, sie werden immer christusähnlicher, ohne aber ihre Originalität zu verlieren. Das Erstaunlichste geschieht nun „wie von selbst." Je mehr sich Johannes und Maria Jesus Christus zuneigen, desto näher kommen sie sich auch gegenseitig, ohne jedoch ihre eigene Position verlassen zu müssen. Johannes steht in seiner Tradition und Geschichte, die er nicht verleugnen kann und soll. Auch Maria steht für ihren eigenen Weg und ihre Erfahrungen mit Gott. Beide erfüllen ihre Aufgabe in der Zuneigung, in der Annäherung an Jesus, aber sie können ihren eigenen Weg zu Jesus nicht mehr in Abgrenzung von anderen Christen definieren. Vielmehr wird deutlich, dass die Menschen, die sich Jesus zuneigen, sich auch unvermeidlich gegenseitig näherkommen. Wenn Jesus wirklich unsere Mitte ist, dann kommen wir sogar denen näher, die sich auf völlig andere und vielleicht in unseren Augen sogar falsche Art und Weise Jesus nähern. Doch das ist dann nicht unsere Verantwortung, das dürfen wir dem Herrn überlassen.

Als Pastoren und Gemeindeleiter in Biel haben wir über dieses Bild nachgedacht und sind zum Schluss gekommen, dass wir so etwas anstreben wollen. Mit andern Worten, es geht uns um eine „Ökumene der Herzen", nicht um eine Ökumene der offiziellen Papiere und Strukturen! Zentral ist dabei die Beziehungsebene und nicht eine blosse „intellektuelle Übereinstimmung". Theologisch ist damit ausgedrückt, dass die Beziehung zu Jesus zuerst kommt, das Nachdenken darüber („Theologie") danach.

Theologie ist damit nicht unwichtig (!), aber doch sekundär zum Glaubensakt.

In Biel träumen wir von einem Kirchenfest, an dem alle Kirchen und christlichen Gemeinschaften teilnehmen: die Migrationskirchen, die Landeskirchen und alle Freikirchen – so breit wie nur möglich. Wir sind davon überzeugt, dass es ein unglaubliches Zeugnis ist, wenn alle, die sich selbst als Christen bezeichnen, gemeinsam ein Fest der „Zuneigung zu Jesus" feiern. Damit wird klar, dass es dabei um Ihn und sein Reich geht und nicht um Eigenwerbung oder Profilierung der einzelnen Kirchen.

Im Verlauf der Gespräche mit den Verantwortlichen der Kirchen ist jedoch bald sichtbar geworden, wie gross die kulturellen Unterschiede zwischen den verschiedenen Gruppen sind. Wir mussten uns die Frage stellen: Handelt es sich „nur" um kulturelle Andersartigkeiten oder bestehen so tief gehende Differenzen zwischen uns, dass wir gar kein Fest miteinander feiern können, ohne dabei unsere eigenen Überzeugungen verleugnen zu müssen?

Die reformierten Landeskirchen waren zum Beispiel darum besorgt, dass das gemeinsame Fest keine Evangelisationsveranstaltung würde. Daraufhin erwidern einige der Freikirchen: „Wenn Christus nicht verkündigt werden kann, dann werden auch wir nicht mitmachen." So brachte uns dieses Kirchenfestprojekt auch mitten in das Spannungsfeld von Rückzug und Sendung. Im gemeinsamen Gespräch versuchten wir nun über echte Differenzen und allfällige Missverständnisse ins Gespräch zu kommen, um beide so weit wie möglich aus dem Weg zu räumen.

Mir wurde durch diese Gespräche noch einmal klar, dass wir Christen nicht nur bei andersdenkenden Menschen ein Imageproblem haben. Wir haben auch eine ganze Reihe von Problemen untereinander, die uns voneinander trennen können. Wir meinen zu wissen, was die anderen falsch machen oder „falsch" glauben. Deshalb nehmen wir uns das Recht, nicht mehr auf Paulus zu hören, und wollen die Andersgläubigen nicht mehr „in Liebe ertragen." Doch mit dieser Methode kommen wir nicht aus unserer christlichen Sackgasse heraus und die Welt hat weiterhin allen Grund, über unsere internen Grabenkämpfe zu spotten.

Nach den Worten Jesu werden uns Andersdenkende erst dann zuhören, wenn wir uns als Christen einander zuneigen und demonstrieren, dass wir alle denselben Herrn haben (vgl. Johannes 17) – auch wenn wir theologisch immer noch sehr unterschiedlich denken. Das wäre ein echtes Zeugnis und die beste Art von „Evangelisation", die wir uns wünschen können!

MODERNE CHRISTEN UND IHRE KULTURELLEN UND RELIGIÖSEN PRÄGUNGEN

Im Ringen um das Thema *Evangelisation* bzw. um die „*christliche Verkündigung*" haben wir als Bieler Leiter verschiedene Verhaltensmuster von Christen in der Moderne betrachtet. Dabei hat uns das Buch von Gabe Lyons[21] geholfen, in welchem er für eine nicht christliche PR-Firma verschiedene *Marktsegmente* der Christen beschreibt. Seine Charakterisierungen wollen wir uns jetzt genauer ansehen, weil wir dadurch uns selbst und einander besser verstehen können.

„Die Christen" bilden keine homogene Gruppe, sondern sind genauso unterschiedlich wie die Menschheit insgesamt. Innerhalb des Christentums gibt es eine enorme Bandbreite, es gibt grosse Spannungen und Widersprüche. Es bräuchte Hunderte von Unterscheidungen, um dieser Vielfalt auch nur annähernd gerecht zu werden. Aber gewisse Grundtendenzen sind bei den meisten Gruppierungen vorhanden. Gabe Lyons hat diese in **fünf Typen** zusammengefasst, die bewusst etwas übertrieben dargestellt sind. Jeder Typ, d. h. jede kulturelle Ausprägung des Christentums, hat gewisse Stärken, aber auch einige Schwächen. Nur wenige Menschen vertreten einen dieser Typen in Reinkultur, die meisten von uns finden sich in einer Mischung verschiedener Ausprägungen wieder. Wir wollen hier also nicht neue Labels einführen, sondern vielmehr unsere eigenen Stärken und Schwächen erkennen, sodass wir uns als Christen gegenseitig besser verstehen und zu einem besseren Umgang miteinander finden können. Die fünf Typen ordnet Gabe Lyons in seiner Analyse der „christlichen Marktsegmente" **zwei Hauptgruppierungen** zu. Er unterscheidet die **Separatisten** von den **Kulturchristen**.

DIE SEPARATISTEN

Die Separatisten betonen alle die Sammlung in der Gemeinde und damit den Rückzug aus der Welt. Sie sind zudem mit der Aussage der Moderne, der Glaube sei blosse Privatsache, nicht einverstanden, sondern fühlen sich verpflichtet, die Welt mit ihrem Glauben zu konfrontieren. Lyons definiert hier folgende Typen: die **Insider**, die **Kulturkämpfer** und die **Evangelisten**.

DIE INSIDER

Als christliche Insider bezeichnet Lyons jene Menschen, welche ihre Freizeit mehrheitlich unter Christen verbringen, ohne sich mit der restlichen Welt auseinanderzusetzen. Sie erfreuen sich am Gottesdienst, am christlichen Chor, dem Hauskreis und der

Jugendgruppe, vermeiden es aber, Zeit mit „den Sündern" zu verbringen. Die Motive für ihren Rückzug und ihre fast gänzliche Trennung von der Welt sind grundsätzlich gutzuheissen: Sie möchten sich nicht auf negative Weise beeinflussen lassen, sie sehnen sich nach Reinheit und Integrität in einer Kultur, in der diese Werte grösstenteils Mangelware sind. Doch die Entscheidung, getrennt von der Kultur zu leben, führt oft dazu, dass die Insider eine richtende Haltung gegenüber anderen Menschen einnehmen: „Ich bin nicht so wie die. Mit solchen Menschen will ich nichts zu tun haben." Je mehr Zeit Insider mit Insidern verbringen, desto fremder werden die Aussenstehenden und desto fremder werden sie selbst für die Menschen der Welt. Wie bereits erwähnt, ergab Lyons Studie *UNchristlich*,[22] dass 87 % der Menschen, die nicht Insider sind, Christen als richtend, distanziert und herablassend empfinden. Diese Menschen meinen, dass die meisten Christen negativ über alle denken, die sich nicht in ihren Kreisen aufhalten.

DIE KULTURKÄMPFER

Als nächste Gruppe erwähnt Lyons die *Kulturkämpfer*. Diese glauben, dass das „christliche Abendland" und das Christentum untrennbar miteinander verbunden sind. Sie sind überzeugt, man müsse mit aller Kraft gegen den Säkularismus ankämpfen. Sie protestieren, schreiben fleissig Leserbriefe und demonstrieren im Namen Gottes, der Bibel oder ihrer Kirche. Oft sind sie vehement gegen jede Veränderung und „das Neue", da es möglicherweise den Unglauben fördern könnte.
Kulturelle Kämpfer – viele davon sind ernsthaft und haben gute Absichten – halten politische Kompromisse für Verrat an den eigenen Überzeugungen. Sie engagieren sich eifrig in der Poli-

tik, weil sie mit der modernen „Privatisierung des Glaubens" nicht einverstanden sind und es ihr Anliegen ist, dass das christliche Abendland nicht untergeht und seine Werte erhalten bleiben. Kulturkämpfer verurteilen jegliche Form von Sünde, die sie sehen. Doch vor lauter Einsatz für die Wahrheit bleibt dann oft die Liebe auf der Strecke. Obwohl die Anliegen der Kulturkämpfer zwar verständlich und oft ehrenhaft sind, wissen sie schlichtweg nicht, wie sie sich öffentlich für die Ideale ihres Glaubens einsetzen könnten. So werden im Einsatz für die richtige Sache oft Menschen verletzt und lieblos verdammt.

Ich selbst bin mit 17 Jahren Christ geworden und war damals noch Paukenspieler in einer Bieler Faschingsgruppe. Am Faschingssonntag beteiligten wir uns am Strassenumzug durch Biel. Dabei begegneten mir Christen, die gegen den Fasching und das Maskentragen demonstrierten. Ich kannte einige von ihnen, war jedoch maskiert und spielte nach Leibeskräften. Auch wenn ich heute die Anliegen dieser Christen besser verstehe, bleibt doch die Frage, ob Christen, die auf diese Weise demonstrieren, den maskierten Menschen die Liebe Gottes vermitteln können oder nicht? Ich jedenfalls fühlte mich damals schlichtweg abgelehnt.

Obwohl es ein hohes Gut ist, sich für christliche Werte einzusetzen, dürfen wir dabei nicht Methoden anwenden, die im Widerspruch zur Botschaft der Liebe, die wir wortreich verkündigen, stehen. Jesus hat uns nie gesagt: „Wenn jemand respektlos mit euch umgeht, dann dürft ihr es ihm gleich tun." Oder: „Menschen, die christliche Werte angreifen, müsst ihr nicht anständig behandeln." Vielmehr hat er uns aufgetragen, unsere Feinde zu lieben.

DIE EVANGELISTEN

Eine weitere Gruppe von Christen ist vor allem damit beschäftigt, „Menschen zu retten". Für die Evangelisten gibt es nämlich nichts Wichtigeres, als Menschen zum Glauben zu führen. Das ist für sie praktisch die einzig legitime christliche Aktivität auf Erden. Auch Evangelisten meinen es gut und wollen Christus gehorsam sein, indem sie Seelen gewinnen und den Missionsauftrag (Matt 28) erfüllen. Auch wenn es eine wunderbare Berufung ist, den Menschen von Jesus zu erzählen, so ist leider für viele Evangelisten alles andere zweitrangig. Die Auswirkungen ihrer Kommunikationsart auf die Mitmenschen interessiert sie zum Beispiel nicht in gleichem Masse wie die „Frucht", welche ihre Evangelisation produziert. Es kümmert sie nicht, dass sich immer wieder Menschen bei ihren „Verkaufsveranstaltungen" nicht ernst genommen fühlen. So kann im Extremfall diese Evangelisation mehr demjenigen dienen, der evangelisiert, als demjenigen, der die gute Nachricht hören sollte.

Als ich mich vor einigen Jahren in irgendeiner Fussgängerzone von einer religiösen Gruppe belästigt fühlte, erinnerte ich mich an den Satz von Jesus, dass wir die Menschen so behandeln sollen, wie wir selbst von ihnen behandelt werden wollen. Mir wurde damals klar, dass für mich die Zeit für der Konfrontationsevangelisation endgültig vorbei war.

DIE KULTURCHRISTEN

Ganz anders als die *Separatisten* verhalten sich zwei weitere Typen von Christen: die Anpasser und die Wohltäter. Diese fasst Lyons unter dem Begriff *Kulturchristen* zusammen.

DIE ANPASSER

Die Anpasser identifizieren sich zwar persönlich mit dem Glauben des Christentums, besonders in Bezug auf die Traditionen und die kulturellen Gepflogenheiten, doch im Lebensvollzug vermischen sie sich lieber mit der vorherrschenden Kultur und dem Mainstream. Sie wollen als „normal" und nicht als „extrem" bezeichnet werden und engagieren sich oft stark im öffentlichen Raum und in der Politik, doch nicht speziell für den christlichen Glauben. Die Anpasser wollen sein wie alle andern und ja nicht mit den Separatisten, insbesondere den Kulturkämpfern, verwechselt werden.

Für die Anpasser braucht es in der Regel keine persönliche Entscheidung, ob sie katholisch oder reformiert sein wollen. Sie haben ihre religiösen Überzeugungen meist von ihren Eltern „geerbt", d. h., dass sie grösstenteils in einer Familie aufgewachsen sind, zu welcher der christliche Glaube einfach dazugehört.

In den letzten Jahren habe ich auch einige Freikirchen gesehen, die sich mehr und mehr auf diese Anpassungsmentalität eingelassen haben. Sie haben ihre Gottesdienste total umgekrempelt, um möglichst besucherfreundlich zu sein. Natürlich ist es eine feine Sache, gesellschaftlich relevant zu sein. Doch die zentralen Inhalte des Glaubens dürfen nicht auf dem Altar der gesellschaftlichen Akzeptanz geopfert werden. Ich habe nichts gegen Starbucks ähnliche Kirchencafés oder eine Sonntagsschule, die an den Europapark erinnert, und auch nichts gegen soziales Engagement oder Umweltschutz. Aber spätestens dann, wenn die grundlegenden christlichen Inhalte, wie zum Beispiel das regelmässige Abendmahl oder die Bibellehre, vernachlässigt werden, sollte man über die Bücher gehen. Die persönlichen geistlichen Disziplinen, wie Gebet, Busse und das persönliche Bibellesen, gehören zum Fundament jedes christlichen Lebens, besonders dann, wenn es kulturell relevant gelebt werden soll.

DIE WOHLTÄTER

Damit kommen wir zur letzen Gruppe unserer Betrachtung der kulturellen Segmente der Christenheit: die Wohltäter. Diese setzen ihren Schwerpunkt auf die guten Werke und wollen damit die Welt verbessern. Die Bibel sagt uns zwar deutlich, dass der Glaube ohne Werke tot sei, doch für die Wohltäter besteht manchmal die Gefahr, dass die guten Taten den Glauben und die Beziehung zu Gott ersetzen, anstatt sie zu bereichern. Die Wohltäter setzen sich zwar für das Gute in der Welt ein, doch oft fehlt dabei die packende Erzählung der guten Nachricht, die ihren guten Werken ursprünglich zugrunde lag.

Viele der europäischen Kulturchristen sind in den Landeskirchen aufgewachsen und haben heute Mühe, noch einen Sinn in ihrem Glauben zu finden. Die heutige Kirchenkrise verunsichert viele der „traditionell" Gläubigen, sodass die Zukunft der Institution Kirche alles andere als klar und gesichert aussieht. Während sich die Separatisten oft zu sehr zurückziehen und absichern, stehen die Kulturchristen in der Gefahr, sich zu stark anzupassen und deshalb keinen erkennbaren Unterschied in dieser Welt zu bilden.

SAMMLUNG UND SENDUNG

Die fünf Typen zeigen uns die verschiedenen Positionen der Christen auf. Weil sich diese Positionen so grundlegend voneinander unterscheiden, können wir nun auch nachvollziehen, dass viele Streitigkeiten der modernen Christen auf dem unterschiedlichen Verhältnis zur Welt und ihrer Kultur basieren. Als Christen im Umbruch sollten wir versuchen, von allen fünf Typen das Beste zu bewahren. Denn weder die Separatisten noch die Kulturchristen können die drängenden Probleme der Welt so angehen, wie es unserer Berufung durch Jesus entspricht. Jesus hat uns den Auftrag gegeben, sowohl in der Sammlung als auch in der Sendung zu leben. Er sammelt uns in Gemeinschaften, um uns auszurüsten, und er sendet uns direkt in diese Welt.

Wie nun gezeigt wurde, betonen Kirchen im deutschsprachigen Raum tendenziell einen Teil dieses Auftrags mehr als den anderen. Für die Freikirchen ist der Rückzug aus der Welt und die Sammlung um Jesus wichtig. Für sie stellt sich deshalb die Frage, wie die versammelten Christen wieder in die Gesellschaft „hinaus" gelangen. Landeskirchen hingegen verstehen sich stärker in der Sendung, d. h. im Dienst an der Welt. Sie haben sich damals zum Beispiel stärker gegen die Apartheid in Südafrika eingesetzt und sind auch heute oft engagierter in politischen Fragen. Dabei sind sie jedoch der Säkularisierung stärker auf den Leim gegangen als die Freikirchen. Für sie stellt sich daher die Frage, wie man sich der Welt annähern kann, ohne dabei zu „salzlosem Salz" (Mark 9,50) zu werden.

Um unseren Auftrag in der Sammlung **und** der Sendung besser zu verstehen, müssen wir uns Jesus selbst vor Augen führen. Nach N.T. Wright haben wir nämlich den Auftrag, für die heutige Zeit das zu sein und zu tun, was Jesus damals für Israel war und tat.[23] Jesus lebte die vollkommene Balance: Sein Leben unterschied sich deutlich von dem, was um ihn herum geschah, und doch war er bewusst und mit jeder Faser seines Wesens Teil seines Volkes.

JESUS UND SEINE AUSEINANDERSETZUNGEN

Jesus wurde während der Zeitenwende in Palästina geboren. Die Kultur war einerseits stark von der griechischen Sprache bestimmt, eingeführt durch Alexander den Grossen. Andererseits herrschten inzwischen die Römer als Besatzungsmacht in Palästina. Sie prägten das ganze öffentliche Leben mit ihren Machtdemonstrationen und einem Kulturimperialismus erster Güte. Für die Juden, die aus dem Exil zurückgekehrt waren und nun unter römischer Herrschaft lebten, waren die Römer Heiden, welche den Glauben an den einen Gott, den Schöpfers des Himmels und der Erde, aufs Gröbste verletzten. Die Gegenwart der Römer war ein ständiges Ärgernis für ihre „Reich-Gottes-Erwartung". Sie beschäftigten die Fragen: „Wann, Gott, wirst Du uns erlösen und **dein Reich auf die Erde bringen**? Wann wirst Du das ganze Volk aus dem Exil ins Heilige Land zurückführen?"[24]

Zwar gab es einen jüdischen König, nämlich Herodes, doch der war eine Marionette der Römer und darüber hinaus war er offensichtlich kein Nachkomme Davids. Damit war er, für alle erkennbar, ein illegitimer König. Er hatte zwar die Römer, aber längst nicht alle Juden hinter sich. Weil auch Herodes der Grosse wusste, dass er kein Nachkomme Davids war, musste er seine Macht anders etablieren. So trug er, mit Erlaubnis der Römer, zur Vollendung eines Tempels bei und setzte selbst Priester ein. Doch die Herrlichkeit Gottes, welche gemäss dem Propheten Hesekiel den älteren Tempel vor der Verschleppung ins Exil verlassen hatte, war nie mehr sichtbar in den Tempel des Herodes zurückgekehrt.

Ein weiteres Ärgernis war, dass die Römer den Glauben der Juden zur Privatsache erklärten. Jeder durfte glauben, was er

wollte, solange er gleichzeitig anerkannte, dass der römische
Kaiser der Herr, d. h., dass Cäsar der Kyrios ist. Die Römer
waren schlau genug, den Juden gewisse Zugeständnisse zu gewähren: „Ihr erhaltet einen Freiraum für euren Glauben, ihr
dürft sogar einen Tempel bauen, wenn ihr die Vormachtstel-
lung des Kaisers anerkennt und eure Steuern bezahlt." Sobald
aber die Juden die Regelungen nicht einhielten, sorgten die
römischen Legionen für „Ruhe und Ordnung". So erwies sich
die sogenannte *Pax Romana* als ein sehr gewalttätiger Friede.
Israel befand sich also in der Situation, dass eine heidnische
Besatzungsmacht nicht nur mit brutaler militärischer Unterdrückung und wirtschaftlich horrenden Steuern, sondern auch
kulturell, nämlich mit fremden Göttern und religiösen Symbolen, ihr Leben prägte. Im Grossen und Ganzen sahen sie nur
zwei Möglichkeiten, um auf diese Situation zu reagieren, nämlich fromme Absonderung oder liberaler Kompromiss. Diese
zwei Grundhaltungen der jüdischen Gesellschaft lassen sich mit
den von Lyons definierten Gruppierungen vergleichen: den
Separatisten und den Kulturchristen.

DIE FROMMEN SEPARATISTEN

Am separatistischsten waren die **Zeloten**, die wir (zumindest
ein stückweit) mit den heutigen Kulturkämpfern – die Betonung liegt hier auf **Kämpfer!** – vergleichen können. Im Unterschied zu heutigen Christen waren sie bereit, für ihre Überzeugungen wenn nötig auch Gewalt anzuwenden. Sie empfanden
den Rückzug als Flucht und die Anpassung an die römische
Kultur als Verrat an Gottes Herrlichkeit. Denn es galt, die Ehre
Gottes wiederherzustellen und die heidnischen Unterdrücker
aus dem Land zu werfen. Eine ganze Reihe von verschiedenen

messianischen Bewegungen konnten aus dieser Gruppe ihre Kämpfer rekrutieren. Für die Zeloten, „die Eiferer", galt der Grundsatz: Wir müssen uns darum kümmern, dass unser Land nicht mehr von fremden, heidnischen Armeen besetzt und dadurch verunreinigt wird. Theologisch waren sie den Pharisäern nahe, nur noch ein bisschen radikaler.

Die **Pharisäer** hatten eine ähnliche theologische Grundausrichtung. Sie sehnten sich nach dem sichtbaren Ende ihres „Exils" und nach der Rückkehr der Herrlichkeit Gottes nach Jerusalem. Doch die Erfüllung dieser Sehnsucht lag für sie alleine in Gottes Hand und konnte niemals mit menschlicher Gewalt herbeigezwungen werden. Das Einzige, was der Mensch zum Reich Gottes beitragen konnte, war das Einhalten der Thora und das Beachten der Reinheitsgesetze. Diese äusserlichen Zeichen unterschieden sie von den Heiden, sie vermittelten jüdische Identität und Sicherheit. Die Pharisäer wollten auf alle Fälle einen Glauben, der den Alltag prägt. Deshalb waren sie zwar Teil des Establishments (z. B. im Hohen Rat), standen aber trotzdem immer auch in einer kritischen Distanz zum System. Sie wollten unbedingt die jüdische Identität wahren, deshalb betonten sie die Befolgung der Traditionen. Man könnte sie „innerliche" Separatisten nennen, denn sie waren ernsthafte Gläubige, die nach dem Reich Gottes trachteten. Trotzdem wussten sie, dass die Zusammenarbeit mit der Tempelaristokratie unter Umständen politisch günstig sein konnte und blieben darum Teil des Systems.

Am meisten haben sich die **Essener** aus der Gesellschaft zurückgezogen. Sie verabscheuten die damaligen Zustände in Israel so sehr, dass sie sich nur noch in der Wüste aufhielten. Sie sahen das Problem nicht nur in der Herrschaft Roms, sondern auch bei Israel selbst. Aufgrund der Sünde und Unreinheit

Israels blieb ihnen nur noch der Rückzug aus der Welt in die Wüste. Im Gebet und in der Trennung von der Welt wollten sie dort auf das Reich Gottes warten. Sie waren der Überzeugung, dass Gott alleine die Verhältnisse zurechtbringen würde und alle Bemühungen der Juden um die Frömmigkeit und den Tempel nichts bewirkten. Darum lebten sie in stiller Abgeschiedenheit und in Erwartung auf Gottes Eingreifen. Auch heute gibt es Separatisten, welche die Einstellungen der Essener der damaligen Zeit teilen: „Als Menschen können wir nichts weiter tun, als zu beten und der Welt den Rücken zu kehren. So werden wir wenigstens nicht verunreinigt. Gott kann sein Reich alleine bauen, wir warten lediglich auf sein Handeln."

DER LIBERALE KOMPROMISS

Die **Sadduzäer** und die **Herodianer** waren der damaligen griechisch-römischen Kultur zum Verwechseln ähnlich. Diese Gruppen waren gegen jede Abgrenzung. Aus ihrer Sicht war es besser – und sie profitierten dementsprechend –, mit Rom zusammenzuarbeiten und ein Teil der vorherrschenden Kultur zu sein. Damit konnten sie sich ihre Privilegien sichern und mit der Unterstützung der Römer das religiöse und kulturelle Leben beherrschen. Es hatte für sie mehr Vorteile, wenn ihr Glaube keinen spürbaren öffentlichen Unterschied machte, sondern **Privatsache** blieb. Sie hatten sich mit den Römern arrangiert und stellten die Mittel- und Oberschicht Israels. Bei einer allfälligen Revolution (z. B. durch einen Messias) hatten sie viele Privilegien zu verlieren, aber nichts zu gewinnen. Sie lebten nach dem Motto „leben und leben lassen". Das ist übrigens auch einer der Gründe, weshalb die Sadduzäer nicht an die Auferstehung der Toten glauben wollten. Die Lehre der Auferstehung der Toten ermutigte nämlich die Armen zu Aufständen gegen die Römer, da sie sich nicht davor fürchteten, ihr Leben zu verlieren.

JESUS VERKÖRPERT UND VERKÜNDIGT DAS REICH GOTTES

Das Leben und die Verkündigung **Jesu** lässt sich keiner dieser Gruppen zuordnen. Im Neuen Testament sehen wir, wie Jesus mit allen diesen Gruppen unterschiedlich umgeht. Für ihn war der Glaube immer eine öffentliche Sache. Jesus verkündete und verkörperte das Hereinbrechen von Gottes Herrschaft über Israel, dem Volke Gottes. Auch wenn er sich ab und zu mit seinen Jüngern in die Stille zurückzog, war er doch mehrheitlich auf Plätzen und Orten, die öffentlich zugänglich waren, gegen Ende seines Dienstes sogar im Tempel in Jerusalem. Damit distanzierte er sich von den Essenern und von allen gnostischen Strömungen, die irgendwelche „höheren" Erkenntnisse an ihre Jünger weitergaben. Auch das „Privatleben" Jesu war eine öffentliche Angelegenheit und wurde immer zur Gelegenheit der Verkündigung. Er feierte sowohl mit Zöllnern und Prostituierten als auch mit Pharisäern Feste und stellte so alle Grundsätze der **separatistischen Pharisäer und Essener** auf den Kopf. Diese waren nämlich damit beschäftigt, heilig und rein zu bleiben, und hatten deshalb für den Kontakt mit der Welt keine Zeit. Während sie der Überzeugung waren, man müsse sich zuerst reinigen, um mit ihnen am Tisch essen zu können, lebte Jesus genau das Gegenteil vor: „Iss mit mir und Du wirst rein." Die Art und Weise wie Jesus mit den Menschen umging, könnte man als „ansteckende Heiligkeit" bezeichnen und nicht als separierende oder verurteilende Richtigkeit. Wer mit Jesus Zeit verbrachte, konnte nicht gleich bleiben. Er musste aus seinen selbst gemachten Kulturboxen herauskommen.

Auf der anderen Seite widersetzte sich Jesus der Mentalität der Kulturanpasser, der **Sadduzäer** und **Herodianer**. Er gab dem politischen Druck seiner Zeit nicht nach und setzte sich mit der herrschenden Tempelaristokratie und ihren Kompromissen auseinander. Er wehrte sich dagegen, dass der Tempel als Marktplatz missbraucht wurde, und warf die Tische der Händler um. Diese Handlung hatte eine prophetische Dimension, die uns heute oft nicht mehr bewusst ist. Es konnten nämlich dadurch während Stunden keine Opfertiere mehr verkauft, also auch keine Opfer mehr dargebracht werden. Jesus setzte hier ein Zeichen, dass die Zeit dieses Tempels bald zu Ende gehen würde.

DIE BERGPREDIGT ALS PROVOKATION

Mit diesem Vorwissen merken wir, dass Jesus in der Bergpredigt die verschiedenen Gruppierungen seiner Zeit direkt anspricht und herausfordert. Wir gelangen so zu einem vertieften Verständnis dessen, was Jesus damals meinte, und können seine Worte auf unsere Zeit übertragen.

> „Glückselig sind die **geistlich Armen**,
>   denn ihrer ist das Reich der Himmel!
> Glückselig sind die **Trauernden**,
>   denn sie sollen getröstet werden!
> Glückselig sind die **Sanftmütigen**,
>   denn sie werden das Land erben!
> Glückselig sind, die nach der **Gerechtigkeit hungern**
>   **und dürsten**,
>   denn sie sollen satt werden!

Glückselig sind die **Barmherzigen**,
> denn sie werden Barmherzigkeit erlangen!

Glückselig sind, die **reinen Herzens** sind,
> denn sie werden Gott schauen!

Glückselig sind die **Friedensstifter**,
> denn sie werden Söhne Gottes heißen!

Glückselig sind, die um der Gerechtigkeit willen **verfolgt werden**,
> denn ihrer ist das Reich der Himmel!

So soll euer **Licht leuchten** vor den Leuten,
daß sie **eure guten Werke sehen**
und euren Vater im Himmel preisen."

> Matthäus 5,3–10 & 16

Mit der ersten Aussage spricht Jesus die Gewinnertypen an, die „reich" in ihrem Selbstverständnis sind. Dadurch stellt er die Werte der Herodianier und Sadduzäer auf den Kopf. Er macht deutlich, dass diejenigen, die sich mit der herrschenden Macht arrangiert haben und deshalb im Wohlstand leben, nicht wirklich glücklich sind. Für Jesus sind vielmehr diejenigen glücklich, die sich bewusst sind, dass sie nicht alles haben, die sich nach ihrem Vater im Himmel ausstrecken und sich nicht nur auf ihre irdischen Möglichkeiten verlassen. Übertragen auf heute richtet sich diese Aussage auch gegen die Moderne, die meint, alles im Griff zu haben und mit dieser überheblichen Haltung alle korrigieren zu können.

Jesus fügt seiner Aufzählung eine weitere Aussage hinzu: Glücklich sind die **Trauernden**. Er meint damit diejenigen, die – damals wie auch heute – unter den gegeben Verhältnissen leiden und von einer besseren Welt träumen. Doch dies geschieht nicht dadurch, dass mit Waffengewalt möglichst viele Römer umgebracht werden. Vielmehr werden die **Sanftmüti-**

gen das Land ererben. Mit dieser Aussage wendet sich Jesus direkt an die **Zeloten, die mit Gewalt das Reich Gottes vorantreiben wollen,** und an diejenigen **Pharisäer**, die zwar in der Theorie die Waffengewalt ablehnen, aber trotzdem mit den Zeloten liebäugeln. Auch heute wissen wir mit einem Blick auf die Geschichte der Kirche, dass das Anwenden von Gewalt keine Methode sein darf, um das Reich Gottes zu verbreiten. Für Jesus bedeutet Sanftmut aber nicht, dass alles so akzeptiert werden soll, wie es ist. Nein, glücklich sind vielmehr diejenigen, die sich nach **Gerechtigkeit** sehnen. Wir dürfen, ja wir sollen nach Veränderung hungern und dürsten, dafür beten und uns dafür einsetzen – und zwar für alle Menschen und nicht nur für unsere eigene Clique! Weiter sagt Jesus: Glücklich sind die **Barmherzigen**. Damit ist sowohl der bekehrte Zolleinnehmer Zachäus angesprochen als auch alle seine unbarmherzigen Zöllnerkollegen und die Tempelaristokraten. Der barmherzige Samariter wird ihnen allen vor Augen geführt.

Den Essenern ruft Jesus zu, dass die **Friedensstifter** im Reiche Gottes glücklich sind. Friedensstifter sind Menschen, die sich nicht aus der Welt zurückziehen, sondern mitten in den Konflikten der Welt stehen und vermitteln. In anderen Worten heisst das: Glücklich sind diejenigen, die zwar in der Welt, aber nicht von der Welt sind, sodass sie zu Brückenbauern werden. Friedensstifter sind immer mit beiden Streitparteien im Gespräch und ergreifen nicht vorschnell Partei. Vielmehr suchen sie hartnäckig nach friedlichen Lösungen. Die Herausforderung besteht für solche Menschen darin, dass sie immer wieder von beiden Seiten missverstanden und oft sogar geschmäht werden! In solchen Situationen bewährt sich die Qualität der Liebe in ihren Herzen. Die Pharisäer fordert Jesus auf, **Lichter für die Welt** zu sein, also im Dunkeln zu scheinen, statt nur das

Glas ihrer eigenen Lampe zu reinigen. Er weist einmal mehr darauf hin, dass die äusserliche Reinigung ein Hinweis auf die innere Reinheit sein soll, diese aber nicht ersetzt. Mitten in diesen Auseinandersetzungen ist Jesus aber auch Realist. Er weiss: Wer in dieser von Geld und Macht regierten Welt so lebt, wird auf Widerstand stossen und vielleicht sogar **verfolgt** werden. Dennoch wissen die Nachfolger Jesu, dass ihr Lohn in der neuen Welt umso grösser sein wird.

Zum Schluss noch einen Hinweis aus dem 16. Vers des 5. Kapitels. Sagt uns Jesus nach dem Vergleich mit dem Licht der Welt und dem Salz der Erde (Matthäus 5,13–15), wir sollen unser Licht vor der Welt leuchten lassen, indem wir die Menschen mit unseren tollen Predigten und evangelistischen Verkaufsgesprächen beglücken? Nein, gerade nicht. Die Menschen sollen **unsere guten Werke sehen**. Aufgrund dessen, was wir Christen gemeinsam tun, wird die Welt unseren Vater im Himmel preisen.

Franziskus von Assisi hat in einer Übertragung diese Stelle folgendermassen zugespitzt: „Verkünde den Glauben zu jeder Zeit; wenn nötig, benutze dazu Worte."

DER WEG
DER ERNEUERUNG UND DER VERSÖHNUNG

Was ist denn nun anders an dem Weg, den Jesus uns vorlebte? Jesus identifizierte sich einerseits mit den verschiedenen Gruppierungen seiner Zeit und feierte Feste mit ihnen. Andererseits war er allen gegenüber subversiv, das heisst, er kritisierte zwar ihr Verhalten und passte sich ihnen nicht an, machte sich aber gleichzeitig auf den Weg mit ihnen und führte sie zur inneren Veränderung.

Christen im Umbruch folgen Jesus auf eine Art und Weise nach, die radikal anders ist als alle Gruppen, die bisher beschrieben wurden. Sie verkörpern darum auch die grösste Hoffnung für die zukünftige Glaubwürdigkeit der westlichen Christenheit. Sie nehmen sowohl von den Separatisten und den Kulturchristen das Gute und fügen noch eine neue Orientierung hinzu, die sie von Jesus gelernt haben. Diese haucht dem Glauben neues Leben ein und macht das Engagement subversiv. Sie zeichnet sich durch **Wiederherstellung, Veränderung, Transformation** von innen nach aussen aus. Christen im Umbruch lassen sich zuerst selbst erneuern und bringen dann diese Erneuerung in alle Lebensbereiche. Sie beschränken sich nicht auf die „religiösen" Aktivitäten ihrer Kirche oder Gemeinde. Vielmehr leben sie ihren Glauben an jedem Tag der Woche und in allen Dimensionen ihrer Karriere und ihrer Beziehungen.

Christen im Umbruch sind optimistisch, dass Gott in Bewegung ist, um in ihrer Zeit etwas Einzigartiges zu machen: Für sie ist weder das moderne Christentum in seiner kulturellen Erstarrung noch die Postmoderne in ihrer hektischen Flüchtigkeit die gute Nachricht für unsere Zeit. Die gute Nachricht besteht immer noch darin, dass Jesus gekommen ist, um alles neu zu machen. Menschen, die sich erneuern lassen und Erneuerung bringen wollen, suchen Heilung für die Gebrochenheiten der Erde. Sie wissen, dass die Welt zwar erst wieder ganz auf die Füsse kommen wird, wenn Jesus Christus am Jüngsten Tag erscheinen wird. Doch sie glauben daran, dass der Weg dorthin schon jetzt beginnt, wenn wir Partner Gottes werden. Sie separieren sich nicht von der Welt **und** sie vermischen sich auch nicht mit ihr; sie engagieren sich vielmehr verantwortungsbewusst in ihr.

VERSÖHNUNG ALS LEBENSSTIL

Christen im Umbruch neigen sich Jesus zu und merken, dass sie diese Zuneigung auch den anderen Gruppierungen näherbringt. Sie versöhnen sich selbst und leisten dann ihren Beitrag als Friedensstifter.

VERSÖHNUNGSMÄRSCHE

Eine beeindruckende Art und Weise, die Botschaft der Versöhnung heute zu leben, hat uns Lynn Green von JMEM England demonstriert. Lynn ist ein alter Freund, der uns beim Aufbau von JMEM Biel geholfen hat. Unter dem Namen *Reconciliation Walk* initiierte und leitete er eine Versöhnungsinitiative, die sich mit einem ganz dunklen Kapitel der Kirchengeschichte befasste. 900 Jahre nach dem Beginn der Kreuzzüge rief er mit JMEM einen speziellen „Versöhnungsmarsch" ins Leben. Drei Jahre lang folgten Christen der Route des ersten Kreuzzugs und gaben unterwegs überall eine Versöhnungserklärung weiter.[25] Lynn erzählte: „Über 2500 Christen aus westlichen Ländern, die aus über 25 Nationen kamen, haben seit dem Start (Ostern 1996 in Köln) Tausende von Dörfern und Städten besucht, die an dieser Route liegen. Sie führte von West- und Südeuropa durch 13 Länder nach Jerusalem. Dabei kamen wir u. a. durch die Türkei, Syrien, den Libanon, Israel und die Palästinenser-Territorien. Viele Teilabschnitte dieser Route wurden zu Fuß bewältigt. Bei dieser Aktion sollten ‚ganz normale Christen' diese Bitte um Vergebung Muslimen, Juden und orthodoxen Christen vortragen. Wir hatten gehofft, dass uns der Versöhnungsmarsch in direkten Kontakt mit Tausenden von Menschen bringen würde, damit wir ihnen ganz persönlich die Versöhnungserklärung geben könnten. Dies ist auf alle Fälle gelungen. Und die Art, wie wir empfangen wurden, überstieg unsere optimistischsten Hoffnungen. Darüber hinaus haben viele Menschen durch die Zeitungen und das Fernsehen von unserer Versöhnungsbotschaft erfahren. In Jerusalem z. B. hat uns Rabbi Rosen beschrieben, was viele Juden und Muslime mit den Kreuzzügen verbinden: ‚Die meisten Muslime betrachten die Kreuzzüge als Ausdruck einer feindseligen Geringschätzung gegenüber dem Islam, die ganz grundsätzlich im Christentum stecke.' Ähnlich sagen viele Juden, dass die Kreuzzüge die gewalttätigen Manifestationen des für Christen typischen Verhaltens gewesen seien, mit dem diese 2000 Jahre lang das Judentum behandelt hätten."

Lynn erzählt die Geschichte von einem Teilnehmer des Marschs, der mit einem Libanesen in Beirut auf der Strasse in Kontakt kam und ihm die Versöhnungsbotschaft vorlas. „Seine Augen füllten sich mit Tränen und er deutete auf sein Herz, seinen Kopf und dann zum Himmel. Der Mitarbeiter verstand das so: Die Botschaft war in sein Herz gekommen, in sein Denken und dann zu Gott."

Solche persönlichen Begegnungen mit Juden, Muslimen und orthodoxen Christen waren das Entscheidende. Ein anderer Teilnehmer drückte es so aus: „Ich habe gemerkt, dass die Welt nicht besser wird, wenn nicht der Einzelne bereit ist, sich zu ändern. Es wird weiterhin Religionskriege geben, wenn nicht Einzelne bewusst die Liebe Jesu in ihrem Leben Realität werden lassen."

Lynn fasst zusammen: „Wir sind ganz einfach auf Menschen zugegangen und haben sie um Vergebung gebeten. Dieser einfache Schritt des Gehorsams gegenüber Gott blieb nicht ohne Folgen. Die bittere Erbschaft der Vergangenheit verlor ihre

Wirkung; und viele Teilnehmer sind mit einer wichtigen Erfahrung zurückgekommen. Sie haben ganz real erlebt, dass die Worte Jesu Türen öffnen. Sie haben erlebt, was der Segen Gottes bedeutet, den Jesus den Friedenstiftern verheißen hat: ‚Glückselig die Friedensstifter' (Mt 5,9)."[26]

VERSÖHNUNG IN SÜDAFRIKA

Auch der Traum Nelson Mandelas von einem erneuerten Südafrika wurde Wirklichkeit. Mandela wurde damals zum ersten schwarzen Präsidenten Südafrikas gewählt. Trotz der unglaublichen Unterdrückung und den Ungerechtigkeiten, die das weisse Regime den Schwarzen zugefügt hatte, gelang es ihm, den Übergang zu einer gemischten Regierung ohne grössere Unruhen zu vollziehen. Zu diesem Zweck setzte er auch die *Wahrheits- und Versöhnungskommission* ein, die dafür verantwortlich war, die Verbrechen aufzuarbeiten, die während des Apartheitsregimes in Südafrika verübt wurden. Für Mandela war klar, wir müssen das geschehene Unrecht beim Namen nennen und aufarbeiten, ohne jegliche Beschönigung. Nur was zuerst als Unrecht und Verbrechen benannt wurde, kann dann in einem zweiten Schritt überhaupt vergeben werden. Ohne Vergebung und Versöhnung würde es in Südafrika nie ein echtes Miteinander von Schwarz und Weiss geben, das war Mandelas Überzeugung.

Aus diesem Grunde setzte er diese Kommission ein, welche dann von 1996 bis 1998 vom Nobelpreisträger Bischof Desmond Tutu geleitet wurde. Ein normales Gericht lädt dazu ein, die eigene Schuld zu bestreiten, denn es will die Schuldigen bestrafen. Demgegenüber ermutigte die *Wahrheits- und Versöhnungskommission* dazu, die Wahrheit zu sagen. Indem sie

Ehrlichkeit und Reue belohnte, bestand überhaupt eine reale Chance, die unzähligen und oft im Verborgenen ausgeführten Verbrechen in vernünftiger Zeit aufzuklären. Nur so konnte es eine sinnvolle Art der Vergebung geben **und** eine Hoffnung, danach wieder friedlich miteinander zu leben. Christen im Umbruch sehen darin ein starkes Zeichen dafür, dass der Glaube sich auch öffentlich für das Wohl der Menschen einsetzt.[27]

VERSÖHNUNG, DIE KREISE ZIEHT

Nicht jeder erlebt solche gewaltige Geschichten, wie wir sie soeben gelesen haben. Aber wir alle sind eingeladen, den *Dienst der Versöhnung* in unserem Leben praktisch werden zu lassen. Für mich geschieht dies unter anderem mit meinen Freunden, den Pfarrern und Pastoren aus Biel. So haben wir zusammen über die fünf Grundtypen von Gabe Lyons gesprochen. Im Gespräch darüber wurde uns bewusst, dass die Landeskirchen natürlich nicht gegen jede Form von Verkündigung der Gottesherrschaft sind. Sie wollen nur eine bestimmte Art und Weise der „konfrontativen" (modernen) Evangelisation verhindern, auf die so viele Menschen allergisch sind. Auch bei den Freikirchen dämmerte die Einsicht, dass die Methoden der Moderne – das Vermitteln von Information durch den „Experten", also „von oben herab" – in der Postmoderne immer weniger Frucht bringen. Die Menschen der heutigen Zeit wollen mit echtem Interesse wahrgenommen werden und reagieren sensibel auf jeden Verkaufstrick.[28]

Aus diesem Grunde haben wir uns als christliche Leiter miteinander auf den Weg gemacht, um in Biel ein gemeinsames Fest möglichst vieler Christen feiern zu können. Wir haben uns verpflichtet, miteinander und nicht übereinander zu reden. Wir wollen uns alle Jesus zuwenden, um dadurch einander auch gegenseitig näherzukommen. Wenn wir unsere religiösen und kulturellen Unterschiede nicht mehr zu Trennungsgründen werden lassen, dann beginnen die Menschen um uns zu merken, dass es uns nicht mehr um „Eigenwerbung" geht. Gelebte Versöhnung wird Kreise ziehen, das ist die Verheissung von Johannes 17. Dort betet Jesus dem Sinne nach: „Vater, lass meine Nachfolger eins sein, so wie Du und ich eins sind, damit die Welt erkennen kann, dass Du, Vater, mich in diese Welt gesandt hast."

AUF DEN PUNKT GEBRACHT

- Anstatt andere Christen aufgrund dessen, dass sie in einigen Punkten zu anderen Erkenntnissen gelangt sind als wir, so zu behandeln, als wenn sie „Nicht-Geschwister" wären, versuchen Christen im Umbruch sich Jesus zuzuwenden und dadurch gerade denn anderen näherzukommen.

- Wir wollen neu entdecken, wie oft und dringlich uns Jesus durch sein Wort dazu anhält, die Einheit der Gemeinden und die Versöhnung zwischen den Kirchen zu suchen und die *Ökumene der Herzen* voranzutreiben, damit wir den *Dienst der Versöhnung* auch für die ganze Welt ausüben können (2. Kor 5,18).

- Kirche ist nicht für sich selber da, sondern *für die anderen.* So wie Jesus es uns vorgelebt hat, dürfen auch wir Christen der Stadt Bestes suchen und der Welt dienen, ohne jeden Hintergedanken.

GLAUBE, HOFFNUNG, LIEBE

- Der **Glaube** treibt mich dazu, die Gemeinschaft mit anderen Christen zu suchen, unabhängig davon, wie fremdartig sie mir erscheinen mögen.
- Die **Hoffnung** lässt uns ahnen, dass die Welt Christus erkennen kann, wenn Christen in Einheit leben. Sie motiviert uns, auf dem Weg der Versöhnung trotz aller Schwierigkeiten nicht aufzugeben.
- Die **Liebe** macht uns Beine, sodass wir nicht passiv darauf warten, dass die anderen endlich auf uns zukommen, sondern wir aktiv die Gemeinschaft mit ihnen suchen.

FRAGEN

Ein paar Fragen zum persönlichen Weiterdenken oder als Einstieg in ein Gespräch:

- Was ist mein persönlicher Mix von Prägungen, wenn ich das Unterkapitel zu den verschiedenen Gruppierungen der Christen lese? Welche Christen, die vielleicht ganz anders sind als ich, wären für mich ein idealer Ausgleich?
- Was könnte sich verändern, wenn der Student Lukas mit seinen Fragen und Zweifeln nicht alleine bleibt? Wie könnte er in seiner Situation ermutigende und herausfordernde Gemeinschaft erfahren?
- Was könnte geschehen, wenn wir in unserer Familie und in unserer Gemeinschaft das Bild der Zuneigung umsetzen? Was könnte daraus entstehen, wenn sich in

unserem Dorf oder unserer Stadt ganze Kirchen und Gemeinschaften einander in dieser Art zuwenden?

ANGEBOT ZUR VERTIEFUNG

Wer sich vertieft mit dem Thema „Gemeinschaft der Gläubigen" auseinandersetzen will, dem empfehle ich in erster Linie das Kapitel „Sie wurden als Teil von Gottes Familie erschaffen" aus dem Buch von WARREN, Rick, *Leben mit Vision. Wozu um alles auf der Welt lebe ich?*, Asslar, 2003.

Zum Bild aus der Hagia Sophia empfehle ich folgendes Buch: ASCHOFF, Friedrich, Br. JOEST, Franziskus, P. MARMAN, Michael, Hrsg., *Zuneigung. Christliche Perspektiven für Europa*, Gnadenthal, 2007.

DREI:
GLAUBE UND GOTTES WORT

DIE BIBEL ALS
AUSGANGSPUNKT UNSERES DENKENS?

In dieser Zeit des Umbruchs können wir unsere Hoffnung nicht mehr auf die Möglichkeiten des Menschen und seiner Vernunft setzen, denn die Postmoderne demonstriert knallhart, dass die Hoffnungen der Moderne erschüttert sind. Gleichzeitig kann die postmoderne Abwendung von der Wahrheit in eine verzweifelte Hoffnungslosigkeit oder in die Gleichgültigkeit des Relativismus keine echte Alternative sein.

Wir benötigen darum ein Wort, das „von aussen" zu uns kommt, wir brauchen das Reden Gottes. Da wir als Christen glauben, dass dieses Reden Gottes in der Bibel festgehalten ist, müssen wir uns erneut mit dem Wahrheitsanspruch der Bibel auseinandersetzen. Wir dürfen die Bibel einerseits nicht in postmoderner Beliebigkeit als archaisches Relikt vorvergangener Zeiten abstempeln und andererseits nicht eigenwillig als „Fundament" benutzen, auf dem wir – so arrogant wie die Moderne – ein starres Gebäude der selbstherrlichen Gewissheit aufbauen, dessen Fassaden unsere eigenen Bedürfnisse und Vorstellungen widerspiegeln.[29]

Der Glaube sieht im Wort Gottes die Selbstmitteilung Gottes an die Menschen, in der uns Jesus Christus durch den Heiligen Geist begegnet. Jesus ist ja das wahre Wort Gottes (Joh 1) und dieses Wort verändert uns, indem es unser Herz trifft und dort Veränderung bewirkt. Das Wort Gottes hat eine schöpferische

Kraft: Gott sprach, es werde Licht, und es wurde Licht. Es hat auch eine erneuernde Kraft: Jesus sprach zu dem toten Jüngling: „Steh auf!" und der Tote wurde wieder lebendig. Die gleiche schöpferische und wiederherstellende Wirkung entfaltet sich auch in unserem Herzen, wenn es von Gottes Wort erfasst wird. Dazu muss unser Herz aber das Wort Gottes *hören und aufnehmen*.

Das Wort Gottes muss so in uns wohnen, dass es Teil von unserem Inneren wird. Dann kann es unser Herz prägen und unseren Verstand erneuern. Durch die schöpferische und erneuernde Wirkung des lebendigen Wortes werden wir in unserer ursprünglichen Berufung wiederhergestellt. So können wir Frucht bringen, im eigenen Leben und in der Welt, die dringend die heilende Erneuerung durch das Wort Gottes braucht.

MENSCHLICHES ODER GÖTTLICHES WORT?

In der Moderne haben wir Christen das Wort Gottes theoretisch behandelt. Dabei haben wir es aber weithin verpasst, uns von diesem Wort praktisch verändern zu lassen. Wir haben zwar für die Anerkennung der Bibel als „Wort Gottes" gekämpft, lebten in der Praxis aber oft so, als wäre es bloss das Wort von Menschen. An dieser Stelle wollen wir uns kurz mit den Debatten um die Bibel in der Moderne befassen. Denn diese prägen unser Verständnis der Bibel und unsere Gespräche über sie teilweise bis heute.

Es gab **in der Moderne zwei gegensätzliche Tendenzen** in Bezug auf den Umgang mit der Bibel.[30] Auf der einen Seite steht der **Liberalismus.** Er betrachtet die Bibel als reines „Menschenwort" und sieht die Entstehung der Bibel ungefähr folgendermassen: Menschen haben in dieser Welt Erfahrungen gemacht und haben Gott oder etwas, das sie als Gottes Handeln bezeichnen, erlebt. Sie haben dann ihre Erfahrungen in Form mythologischer Geschichten von Wundern, Totenauferweckungen und Krankenheilungen aufgeschrieben. Die Bibel ist also zu 100 % von Menschen geschrieben und enthält bestenfalls einzelne, kleine Portionen des echten Reden Gottes. Weil die Bibel von Menschen gemacht ist, d. h., in Zeit und Raum geschrieben wurde, können und müssen wir sie auch mit allen wissenschaftlichen Methoden analysieren und auf einen wie auch immer gearteten „wesentlichen Kern" reduzieren. Mit dieser Haltung stellt sich der denkende Mensch über die Bibel und beurteilt sie.

Die Gegenreaktion liess nicht auf sich warten. Die „**strenge Orthodoxie**" schreibt sich „Bibeltreue" auf die Fahne. Sie betont mit allen Mitteln das Göttliche der Bibel und strebt ein möglichst präzises Verständnis der Inspiration an. Zentral ist die Frage, wie genau der Heilige Geist dem Menschen das Wort eingegeben hat. Der menschliche Anteil der Bibel wird also verdrängt oder verschwindet teilweise sogar ganz. Extreme Positionen gehen davon aus, dass die Bibel zu 100 % reines Gotteswort ist und die biblischen Autoren lediglich „Sprachrohre Gottes" sind. Dieses Verständnis hat eine erstaunliche Nähe zum Schriftverständnis des konservativen Islams in Bezug auf den Koran.

In der Moderne bekämpften sich also diese Extrempositionen gegenseitig, wobei viel Herzblut investiert wurde – und auch sehr viel Energie verloren ging. Beiden Seiten war wenig bewusst, wie sehr sie Kinder ihrer Zeit waren und innerhalb des Denkrahmens der Moderne argumentierten. So verlor man oft, vor lauter Streit um die Gestalt der Bibel, die eigentliche Botschaft der Schrift aus den Augen. Sie war immer weniger ein *lebendiges Wort*, welches das ganze Leben prägte, sondern wurde zur intellektuellen Denkaufgabe, die mit der eigenen Vernunft bewältigt werden musste. Schlussendlich erwies sich die heiss diskutierte Frage, ob die Bibel nun Menschenwort oder Gotteswort sei, als wenig fruchtbar.

Die Art und Weise, wie die frühe Kirche mit den Fragen um die Person Jesu umging, zeigt uns einen Ausweg aus dieser Sackgasse. War Jesus von Nazareth nur ein Prophet, der uns von seinem Gott und Vater im Himmel erzählte? Oder war er ein verkleideter Gott, der nur so tat, als wäre er ein Mensch? Oder war er eine Mischform von beidem? Wenn ja: Wie viele Prozentanteile waren Gott und wie viele Mensch? Könnte man der Einfachheit halber sagen, er sei zu fünfzig Prozent Gott und zu fünfzig Prozent Mensch gewesen? Wenn ja, wie wirken diese beiden Teile zusammen, ohne dass der göttliche Teil den menschlichen überwältigt? Diese Fragen haben die Kirchenväter an den Konzilen jahrhundertelang bewegt. Wenn Jesus wirklich Gott gewesen ist, zu wem hat er dann in Gethsemane gebetet, als er sagte: „Mein Gott, wenn es möglich ist, dann lasse diesen Kelch an mir vorübergehen"?
Die Kirchenväter kamen zum Schluss, dass Jesus zu hundert Prozent Gott und zu hundert Prozent Mensch war. Die Bekenntnisformel „ungetrennt und unvermischt" bringt es auf den Punkt. Jesus ist gleichzeitig ganz Gott und ganz Mensch, ohne dass man die Teile trennen oder vermischen kann.
Bei keinem einzelnen Wort Jesu und bei keiner seiner Handlungen kann man sagen: „Hier spricht und handelt nur der Mensch aus Nazareth" oder „hier ist der Gott in ihm am Werk". Jesus war also nicht eine Art Superman mit zwei Identitäten, einer zivilen und einer heldenhaften, zwischen denen er belie-

big hin und her wechseln konnte. Er war immer beides: *ganz Mensch und ganz Gott.*

Wir sprechen hier von einem Geheimnis des Glaubens, das die Möglichkeiten unserer Vernunft übersteigt. Das bedeutet nun nicht, dass es unvernünftig ist, aber es ist zu hoch für unser menschlich-begrenztes Verstehen. Als Menschen versuchen wir das, was wir nicht verstehen, zu erfassen, indem wir es mit etwas vergleichen, das wir gut kennen oder selbst schon erlebt haben. Wenn nun aber etwas so Wunderbares geschieht wie die Inkarnation, die Menschwerdung Gottes in Jesus, dann gibt es nichts in dieser Welt, womit wir es vergleichen könnten. Darum fällt es uns schwer, es zu verstehen.

Diese Antwort der Kirchenväter auf die Frage nach dem Wesen Jesu (dem lebendigen Wort Gottes) übertragen wir nun auf das geschriebene Wort Gottes. Auch über die Bibel kann man sagen, dass sie sowohl zu hundert Prozent Menschenwort als auch zu hundert Prozent Gotteswort ist. Sie ist Gottes Wort im Menschenwort. Demnach ist die Bibel ein menschliches und historisches Buch, das durchaus „kritisch" studiert werden darf.[31] Wir können der Bibelwissenschaft für viele wertvolle Entdeckungen dankbar sein. Die sogenannte *historisch-kritische Bibelforschung* gibt uns heute die Sicherheit – bei allen Fehlurteilen, die sie auch geleistet hat –, dass wir keinen Fabeln und Märchen nachfolgen. Unser Glaube ist auf reale historische Ereignisse gestützt.[32]

Wenn es aber stimmt, dass die Bibel *gleichzeitig auch zu hundert Prozent Gotteswort* ist, können wir mit der Bibel Erfahrungen machen wie mit keinem anderen Buch. Dadurch hat sie einen Mehrwert, der nicht mehr „kritisiert", sondern nur noch „konsumiert" werden kann. Der Glaube kann in der Bibel das lebendige Reden Gottes hören!

ZUGÄNGE ZUR BIBEL

Wer durch den Glauben motiviert zur Bibel kommt, wird verschiedene Phasen und Zugänge erleben. Der Weg einer *vertieften Aneignung der Schrift* verläuft in etwa über drei Stationen.

Der erste Kontakt mit der Bibel ist oft kindlich schlicht, fast naiv. Wir nehmen jedes Wort so, wie es dasteht, und stellen uns wenig Fragen. Aber Gott spricht zu uns durch sein Wort.

Wer jedoch auf dem Weg der Nachfolge weiterkommen und reifen will, darf nicht an dieser Stelle stehen bleiben. Wir müssen in einem zweiten Schritt lernen, die Bibel zugleich auch kritisch zu studieren und uns das beste Wissen anzueignen, das die Bibelwissenschaft zu bieten hat. Das kann ganz schön anstrengend sein, lohnt sich aber auf alle Fälle. Aber auch hier dürfen wir nicht stehen bleiben.

Nach und neben dem intellektuellen Studium müssen wir auch wieder zu einer „zweiten Naivität" (Karl Rahner) finden, einer Naivität, zu der man zurückgelangt, nachdem man durch die Mühlen des kritischen Lernens gegangen ist. Wie man diese „zweite Naivität" verstehen kann, illustriere ich gerne mit dem Essen eines Apfels.

Als Kleinkind beisse ich einfach in einen Apfel und geniesse die saftige Süsse und knackige Frische dieser Frucht, ohne viel darüber nachzudenken. Später werde ich Obstbauer oder Biologe. Ich seziere und analysiere Hunderte von Äpfeln bis ins kleinste Detail. Ich lese Bücher und studiere alles, was man über Äpfel wissen kann. Aber dann, an einem besonders heissen Herbsttag, spaziere ich durch meinen Obstgarten und sehe dort einen ausserordentlich schönen Apfel. Trotz allem Wissen über Fruchtzucker, Photosynthese, Anbaumethoden und detaillierten Kenntnissen über Apfelsorten beisse ich voller Wonne in diesen einen Apfel und geniesse ihn in vollen Zügen. In diesem Moment „erlebe" ich diesen Apfel und alle Bücher und alles Wissen verschwindet im Hintergrund.

Damit sollte klar sein, es braucht sehr wohl das Studieren „mit ganzem Verstand", aber die Bibel muss auch „mit ganzem Herzen" gelesen werden. Beides darf nicht zu kurz kommen.

KEINE HALBEN GESCHICHTEN MEHR

Geprägt von der Moderne haben wir Christen die Bibel durch eine bestimmte Brille gelesen. In der Folge reduzierten wir das Evangelium auf bestimmte Glaubenssätze und erzählten nicht mehr die ganze Geschichte.[33] Das konnte dann in Gesprächen mit Andersdenkenden in etwa so klingen: „Wenn Du heute sterben müsstest, würdest Du dann in den Himmel oder in die Hölle kommen?" oder „Du bist ein Sünder auf dem Weg in die Hölle. Aber Christi Tod und Auferstehung können Dir ewiges Leben im Himmel geben, wenn Du nur so glaubst, wie ich es dir sage, und jetzt mit mir betest."

Sünde und Erlösung, Himmel oder Hölle – das waren, vereinfacht gesagt, die Hauptaussagen der Evangelisation in der Moderne. Auch wenn viele Christen es zwar um einiges besser formuliert haben, so ist dies doch die Kernbotschaft vieler Evangelikaler. Diese Botschaft reduziert aber das Evangelium auf das persönliche Seelenheil. Dabei geht die gute Nachricht vom kommenden Reich Gottes und die prägende Kraft des Evangeliums für das ganze Leben verloren.

Ein sehr drastisches Beispiel dafür sehen wir in Afrika. Der Bürgerkrieg in Ruanda forderte zwischen April und Juli 1994 insgesamt über 800'000 Tote.[34] Dieser Krieg mit seinen fürchterlichen Auswirkungen wurde von zwei Stämmen geführt, in denen es viele „bekennende Christen" gab. Vor dem Krieg erlebten beide Stämme sogar eine Art Erweckung. Es war schon schlimm genug, dass in dieser Zeit viele Geistliche Opfer von Gräueltaten wurden, aber absolut schrecklich war, dass sogar Geistliche selbst an den Massakern beteiligt waren. Das *Evangelium des Seelenheils*, das zwar zum Glauben an den Himmel führte, hatte offenbar **nicht** zu einer **Erneuerung des Denkens** und dadurch zu einer biblisch-christlich geprägten Kultur geführt. So kam es, dass Stammesdünkel und Nationalismus auf eine krasse Art und Weise das Evangelium übertrumpfen und verraten konnten.

Allerdings haben wir Christen des Westens wenig Grund, mit dem Finger zu zeigen. Auch in der europäischen Geschichte kommt Evangelium oft erst nach dem Nationalismus oder dem Geld.

Deshalb sollen wir uns auch in unseren Breitengraden fragen, wo die prägende Kraft des Evangeliums sichtbar wird – ausserhalb der frommen Ghettos.

Wie kann also Gottes Wort in unserer Mitte so wachsen, dass seine Kraft wieder für alle erfahrbar wird? Wir brauchen dazu eine Relektüre, eine vertiefte Aneignung der Schrift (Adolf Schlatter), sodass wir zu einer umfassenderen Sicht von Gott und der Welt kommen.

Konkret brauchen wir eine Erweiterung unserer Perspektive, von einem *Evangelium des Seelenheils* zu einem *Evangelium vom kommenden Reich Gottes*. Wir brauchen eine tiefe Erfahrung der Liebe Gottes, welche uns und diese Erde erneuern will.

Zu diesem erweiterten Verständnis kommen wir, indem wir in die Heilige Schrift eintauchen und sie uns als Ganzes aneignen.

Gute Theologie baut auf der *ganzen Heilsgeschichte Gottes* mit den Menschen auf. Wenn wir nur eine Kurzform der Geschichte erzählen, wird auch unser Evangelium entsprechende Mängel aufweisen. Darum wollen Christen im Umbruch *keine halben Geschichten* mehr.

DIE GROSSE GESCHICHTE GOTTES

Diese grosse Geschichte Gottes mit der Welt und mit uns Menschen kann man unterschiedlich strukturieren. Mir gefällt die Einteilung in sechs Teile gemäss Goheen und Bartholomew[35]. Sie vergleichen die Heilsgeschichte mit einem Theaterstück in sechs Akten. Selbstverständlich ist das Christentum und die Menschheitsgeschichte kein Theater, kein blosses Schauspiel, sondern Realität – selbst wenn heute viele Menschen darin nur noch ein Trauerspiel sehen.

Stellen wir uns also die Heilsgeschichte als ein Theaterstück in sechs Akten vor, um einen Zugang zum Verständnis der grossen Geschichte Gottes mit der Welt zu gewinnen.

1. AKT: SCHÖPFUNG

Alles begann mit der Dreieinigkeit: Gott Vater, Sohn und Heiliger Geist leben in einer einzigartigen Intensität und Echtheit des Austausches und der Gemeinschaft, der unentfremdeten Kommunikation und der hingegebenen Gemeinschaft. Das war alles so überfliessend-liebend-gewaltig, dass sie sagten: „Unsere Einheit untereinander ist einfach zu gut, als dass wir eine solche Liebe für uns selber behalten könnten". Aus diesem Überfluss heraus schuf Gott einen Kosmos ausserhalb von sich selbst. Vor der Schöpfung war er ja „Alles in Allem", es gab nichts ausserhalb des dreieinigen Gottes.

Als letzten Akt der Schöpfung sprach die Dreieinigkeit: „Lasst uns Menschen machen in unserem Ebenbild, sodass sie eine ähnliche Art des Lebens und der Gemeinschaft untereinander und mit uns erleben können!"

Deshalb schuf Gott – ohne Notwendigkeit – einen Kosmos, eine Welt und schliesslich den Menschen. Er etablierte damit sein Reich, nämlich den Raum der Schöpfung, in dem ER liebevoll herrschen würde. Doch seine Herrschaft wollte er nicht einfach selbst ausüben. Er setzte seine Ebenbilder, die Menschen, als Verwalter und Gestalter ein. Dies kommt in der Berufung der Menschheit zum Ausdruck: *Seid fruchtbar und vermehrt euch! Füllt die ganze Erde und nehmt sie in Besitz! Ich setze euch über die Fische im Meer, die Vögel in der Luft und alle Tiere, die auf der Erde leben, und vertraue sie eurer Fürsorge an." (Gen 1,28)*

Das sogenannte Kulturmandat wies bereits auf die Berufung zu königlichen Priestern hin. Sie sollten Gott lieben und mit ihm Gemeinschaft haben („im Garten mit IHM spazieren", Gen 3,8), den Garten behüten und bebauen und einander lieben. Die Erde „in Besitz nehmen" bedeutete nie, sie auszubeuten oder gar kaputt zu machen, vielmehr sollten sich die Menschen in Beziehung zu Gott liebevoll umeinander und die gute Schöpfung kümmern, d. h., die Erde kultivieren. Doch wie wir bereits wissen, kam alles anders.

2. AKT: SÜNDENFALL

Adam und Eva hörten auch noch auf andere Stimmen. Sie liessen die säuselnden Töne der Schlange tief in ihr Herz sinken und gaben dem Misstrauen gegenüber Gott letztlich Raum („Er gönnt uns das Beste des Gartens nicht!"). So zerbrach die intime Nähe zum Schöpfer. Und sie liessen den Keim des Machthungers, des Neids und der Eifersucht aufspriessen ("Wir wollen sein wie Gott. Nicht unter ihm regieren, sondern selbst herrschen."). Durch eine scheinbar kleine Entscheidung wurde der königlich-priesterliche Dienst der Menschen völlig pervertiert mit dem Resultat, dass Gott nicht mehr unter den Menschen wohnen konnte.

Die unmittelbare Konsequenz war die Vertreibung der Menschen aus dem Paradies. Das Leben jenseits von Eden ist hart. Die Sünde und die Macht dahinter richten ein unbarmherziges Regime auf, das mit Kains Brudermord beginnt und schliesslich solche Ausmasse annimmt, das Gott nicht länger zuschauen kann und zur Zeit Noahs mittels der Sintflut einen Neuanfang macht. Doch das gleiche Spiel wiederholt sich und führt zum Turmbau zu Babel. An diesem Punkt begrenzt Gott den Götzendienst der Menschen durch die Verwirrung ihrer Sprachen. Als Folge davon zerstreut sich die Menschheit.

Die Auswirkungen des Sündenfalls betrafen die ganze Schöpfung. In Gottes guter, vollkommener Welt machten sich Gewalt, Zerstörung, Unrecht, Hässlichkeit und der Tod breit. Die ganze Schöpfung seufzte in der Folge des Falles und sehnte sich nach Erlösung. Und mit ihr sehnte sich auch der Schöpfer danach, die Erde wiederherzustellen.

An dieser Stelle müssen wir anmerken, dass nicht die Schöpfung an und für sich, also die materielle Welt, schlecht oder gar „sündig" ist. Sie ist immer noch die gute Schöpfung Gottes! Das Übel ist die menschliche Rebellion gegen Gott und alles, was aus diesem Abfall von Gott entsteht, ist von der Sünde beeinflusst. Die Konsequenzen der Sünde berühren alle Aspekte des menschlichen Lebens. Sünde und Tod übernehmen auf dieser

Welt die Herrschaft. Doch damit ist für einen liebenden Gott noch nicht das letzte Wort gesprochen. Er erwählt sich einen Einzelnen und in ihm ein Volk, um durch ihn die zerstreute Menschheit wieder zu sammeln und zu segnen.

3. AKT: ABRAHAM BIS ISRAEL

Nach dem Unglauben Adams findet Gott in Abraham einen Mann seines Vertrauens. Er sagt zu ihm: „Ich will Dich segnen, und durch Dich sollen alle Völker und Familien der Erde gesegnet werden" (Gen 12,2). Abraham glaubte dem göttlichen Wort. Er war überzeugt von Tatsachen, die er nicht sah. Er *wünschte* sich nicht ein Kind, sondern er *glaubte*, dass Gott zu ihm gesprochen hatte, und vertraute ihm. Er *glaubte*, dass Gott ihn segnen wird und er so zu einem Segen für viele würde. Er hatte lange Zeit keine Kinder und vertraute trotzdem dem Herrn, bis es endlich so weit war.

Nach Abraham kam Isaak, dann Jakob, es entstand eine grosse Familie. Aufgrund einer Hungersnot kamen sie nach Ägypten, wo sie während vierhundert Jahren zu einem Volk heranwuchsen. Gott machte Israel „zu seinem Sohn" und forderte den Pharao durch Moses heraus, sein Volk ziehen zu lassen. Hier zeigt sich die zweite Eigenschaft Gottes, die für Israels Zukunft wichtig wurde: Der Herr ist derjenige, der uns mit mächtiger Hand aus Ägypten geführt hat. Alle Mächte des Pharaos konnten dies nicht verhindern. Er ist also nicht nur der Schöpfergott, sondern auch der Erlösergott. Er ist nicht ein Gott, der am Anfang der Zeit die Welt schuf und sich dann zurückzog. Nein, er ist immer noch engagiert und auch mächtig genug, um mit jeder Macht fertig zu werden, die sich als *Kyrios*, als Herrn der Welt aufspielt. Dieses Thema wird in der Geschichte Israels immer wieder auftauchen: Exil und Exodus, Gefangenschaft und Befreiung durch die mächtige Hand Gottes.

Das Erlösungswerk hat begonnen. Gott der König erwählt sich ein Volk, damit die Welt an ihm seine Liebe und Fürsorge erkennt und sein Volk diese Liebe und den Segen an die Völker weitergeben kann. Gott will bei seinem Volk wohnen. Dadurch und nur dadurch kann Israel zum Leuchtturm Gottes in dieser Welt werden. Die Stiftshütte ist der Ort – später der Tempel in Jerusalem –, an dem Gott bei seinem Volk wohnt, wenn auch immer noch verhüllt.

Die Geschichte entfaltet sich: Israel nahm das verheissene Land ein und wollte später auch einen König haben, so wie alle andern Völker. Es kam zu einem kurzen Höhepunkt unter der Herrschaft der Könige David und Salomo. In dieser Zeit erfüllte sich eine tiefe Sehnsucht Israels: David festigte das Königtum und Salomo baute den Tempel. So sah das „Reich Gottes" aus, so sollte es immer bleiben. Allerdings wies schon Salomons unrühmliches Ende darauf hin, dass Israel und seine Könige, die eigentlich ein Teil von Gottes Lösung für das Problem der Welt sein sollten, selbst immer noch Teil des Problems waren. Gott musste sein Volk immer wieder richten, nicht um es zu vernichten, sondern um es für seinen Auftrag unter den Völkern auszurichten.

Die Propheten sprachen davon, wie Gott versuchte, das Herz seines Volkes zu gewinnen, wie er es umwarb, aber wie er gleichzeitig die zerstörerische Macht der Sünde nicht weiter walten lassen konnte. Diese Entwicklung fand mit der Verschleppung Israels ins Exil ihren deutlichsten Ausdruck. Mit Esra und Nehemia begann eine kleine Rückführung, doch ein grosser Teil des Volkes kam noch nicht zurück, Israel blieb unter der Herrschaft der Perser. Das Exil konnte nicht wirklich überwunden, das Grundproblem nicht ganz gelöst werden. Dazu bräuchte es eine Herzenserneuerung, nicht nur teilweise verbesserte Umstände.

In der Zeit zwischen dem Alten und dem Neuen Testament gab es eine Periode, in der man von den Propheten nichts mehr hörte. Die Bühne wurde für den nächsten Akt vorbereitet. Während dieser Zeit besetzte die griechische Weltmacht Israel und Griechisch setzte sich als die Weltsprache durch. Darum wurde auch das Neue Testaments griechisch geschrieben.

Die Juden kehrten zwar zum Teil in ihr Land zurück, doch irgendwie schien das Exil der Sünde noch nicht zu einem Ende gekommen zu sein. Wie sonst liesse sich erklären, dass Gottes Volk unter fremder Herrschaft stand?

4. AKT: JESUS CHRISTUS, DER MESSIAS ISRAELS KOMMT

Auf die griechische Unterdrückung folgte bald eine neue Besatzungsmacht: Rom. Damit regierten weiterhin Heiden im Heiligen Land. Obschon der zweite Tempel durch die Hand des Herodes äusserlich prächtig ausgebaut wurde, war den Juden klar: Solange der Tempel nicht von innen heraus wiederhergestellt würde und solange die Stiefel fremder Soldaten durch Israel dröhnten, solange war das Reich Gottes noch nicht da. Das Exil dauerte an. Die Sehnsucht der Juden richtete sich darauf, dass jemand das Land und den Tempel reinigen und Israel als Volk Gottes wiederherstellen würde. Doch die Römer hatten andere Pläne für die Zukunft dieses Landes ...

In diese spannungsvolle Zeit hinein kam Jesus aus Nazareth als Messias[36] Israels. Doch er kam nicht so, wie man den Messias erwartet hätte. Er verkündete zwar das Reich Gottes und die gute Nachricht, das Reich Gottes sei unmittelbar im Anbruch. Doch er verkündete auch, dass die wahren Feinde nicht die Römer, sondern die Mächte hinter den Römern seien, und er wies die Juden darauf hin, dass sie das Reich Gottes nicht mit dem Schwert und Gewalt gewinnen könnten.

Er sprach nicht nur über das Reich Gottes, sondern verkörperte und errichtete es durch seine prophetischen Handlungen mitten unter den Menschen. Er heilte sie und befreite viele von dämonischen Bindungen. Und noch viel wichtiger: *Er vergab sogar Sünden* und tat damit für Israel, was Gott selbst zu tun verheissen hatte. Gott hatte versprochen, zu seinem geknechteten Volk zu kommen, es zu trösten und von der Last der Sünde zu befreien. Er sagte, er selbst würde Israel aus dem *wahren Exil* (Gefängnis der Sünde) führen und es befreien. Den Juden war klar, dass sie wegen ihrer Sünde ins Exil mussten. Darum wussten sie auch: Das Exil konnte erst dann wirklich vorbei sein, wenn Gott ihnen ihre Sünden vergeben würde. Wenn Jesus also öffentlich Sünden vergab, war dies nicht nur ein privater religiöser Akt, sondern eine Aussage, dass die Zeit gekommen war, in der Gott die Sünden vergeben würde, in der das Exil zu einem Ende kommen und das Reich Gottes anbrechen würde! Jesus verkündete durch das Vergeben der Sünden das Kommen des Reiches Gottes. Und er verkörperte dieses Kommen Gottes, denn er kam, um für Israel zu tun, was er durch die Propheten versprochen hatte. Und dieses Versprechen konnte nur Jahwe selbst erfüllen.

Doch weder seine engsten Jünger noch das Volk verstanden damals, wer Jesus war. Einige sahen in ihm einen Messias nach ihren eigenen Vorstellungen. Einer, der bald die Römer vertreiben würde und der vielleicht aus Schlauheit noch nicht offen zum Aufstand aufrief. Einige der Jünger sahen sich schon mit Jesus auf Thronen in Jerusalem sitzen.

Andere sahen in ihm einen, der das Volk in die Irre leitet und den man mit allen Mitteln stoppen muss. Die Lage spitzte sich zu, als Jesus unter Tränen auf einem Eselsfohlen auf Jerusalem zuritt. Damit verkörperte er die Ankunft von Jahwe selbst, doch Jerusalem erkannte die Zeit dieses Wiederkommens nicht.

Jesus feierte das Passahmahl mit seinen Jüngern, das Mahl, das auf den Exodus aus Israel und die grosse Befreiung aus Ägypten zurückweist. Die Jünger feierten mit ihm, ohne zu merken, dass dieses Passahmahl für eine noch viel grössere Befreiung stand: die Befreiung der Menschheit, ja, die Befreiung der ganzen Schöpfung aus der Sklaverei der Sünde. Paradoxerweise wurde dieser Sieg nicht durch einen mächtigen Aufstand gewonnen, sondern durch die typische Niederlage eines gescheiterten Revolutionärs: den Tod am Kreuz.

Jesus starb durch die Römer an einem Kreuz. Was hatte das anderes zu bedeuten, als dass er ein falscher Messias war? Die Jünger waren so geknickt durch den Tod Jesu, dass sie zunächst in alle Richtungen davonliefen. Er hätte doch die Römer aus dem Land vertreiben sollen – nun war er tot. Jesus musste in seinem Leben immer wieder die Vorstellungen der Jünger über das Reich Gottes korrigieren. Er kündete ihnen dreimal an, dass er leiden würde, doch sie glaubten es ihm schlicht und ergreifend nicht. Er passte einfach nicht in ihr Verständnis vom Messias und seinem Reich.

Trotzdem kam in Jesus Gott selbst zu uns Menschen – nicht mit Macht und Überwältigung, sondern in der Ohnmacht der Liebe.[37] Durch seinen Tod überwand Jesus das Reich des Bösen, die Sünde und den Tod und entmachtete die Chaosmächte. Wie soll denn so etwas möglich sein?

Wir müssen uns klar sein: Böses kann nur Böses produzieren, Rache und Vergeltung hören im Prinzip nie auf. Mit anderen Worten: Gewalt kann immer nur Gegengewalt hervorbringen, aber nie wirklichen Frieden. Deshalb ist das Kreuz Jesu so ausserordentlich! Denn die Verdächtigung von Nietzsche und der Postmoderne, das seien alles nur Machtspiele, werden am Kreuz vollständig entkräftet. Der allmächtige Gott des Himmels und der Erde spielt seine Macht nicht aus, um *zurückzuschlagen*. Durch die Selbsthingabe seines Sohnes wird alles Übel, ja das Böse selbst, auf ihn geladen, und indem er sich nicht wehrt, läuft das Böse so ins Leere, dass es sich erschöpft. Der scheinbare Sieg der Mächte über den Sohn Gottes am Kreuz wird so zum Schauspiel ihrer Entmachtung durch die Ohnmacht der Liebe.

Deshalb ist auch die Auferstehung Jesu weit mehr als „ein Zurückkehren in das alte Leben". Die Jünger hatten keine Erwartung, dass Jesus auferweckt werden würde. Sie erwarteten zwar eine allgemeine Auferstehung am Ende der Zeit, nicht aber eines Einzelnen in der Mitte des Zeitalters. Durch dieses aussergewöhnliche Ereignis stellte sich Gott zu Jesus und rechtfertigte ihn. Sein Leben, seine Botschaft, seine Sendung und sein Tod am Kreuz erhielten durch die Tatsache der Auferstehung das Siegel: „Gültig!" Und es ist die Bekräftigung des Wortes bei seiner Taufe: „Dies ist mein lieber Sohn, an dem ich Freude habe" (Lk 3,22). Die Auferstehung posaunt nun diese Botschaft laut durch das ganze Universum.
Als die verzweifelten und niedergeschlagenen Jünger anfingen zu verstehen, was geschehen war, begannen sie wieder Hoffnung zu schöpfen. Indem sie ihre Berufung plötzlich in ganz neuem Lichte sahen, wurden sie nun in die Lage versetzt, ihr

Leben neu auszurichten. Später waren sie sogar bereit, ihr Leben für diese Mission zu lassen. Denn Jesus war leiblich auferstanden (sonst hätte er wohl kaum zum Frühstück gebratenen Fisch gegessen), aber sein Leib war gleichzeitig ein verwandelter Leib (sonst wäre er wohl an der Wand hängen geblieben, als er den Jüngern in einem geschlossenen Raum erschien).

So ist es kein Wunder, dass Paulus den Auferstehungsleib als die Erstlingsfrucht der neuen Schöpfung (Kol 1,18) bezeichnen kann! Denn Gott will die ganze Welt erneuern. Er hatte ja schon versprochen, es komme am Ende der Zeit zu einer Neuschöpfung der Welt, also hat nun durch die Auferstehung Jesu von den Toten diese Neuschöpfung in IHM bereits begonnen! Durch ihn kam Gottes neue Schöpfung in unsere zerbrochene Welt hinein. Unsere Hoffnung auf die Erneuerung des ganzen Kosmos ist deshalb begründet! So wie der tote Leib Jesu zu einem neuen Leib der neuen Schöpfung verwandelt wurde, so wird auch diese Welt voll Sünde und Leid durch den Heiligen Geist Gottes eine neue Schöpfung werden. Wer dem Auferstandenen begegnet, wird selbst verwandelt, denn „wenn jemand in Christus ist, ist er eine neue Schöpfung!" (2. Kor 5,17) und dazu berufen, sich in Gemeinschaft und durch den Heiligen Geist für Gottes neue Welt miteinzusetzen und schon jetzt ein Zeichen der Hoffnung zu sein.

Im Lichte dieser Deutung der leiblichen Auferstehung wird auch die Himmelfahrt verständlicher. Sie ist nicht mehr bloss eine exotische Geschichte über einen Wolkenausflug, sondern erklärt die Tatsache, dass der Auferstandene bei aller bleibenden Nähe im Moment wirklich weg ist. Er ist in einer anderen Dimension, bei Gott, von wo her uns den Heiligen Geist und seine Erscheinung am Ende dieses Zeitalters versprochen hat.

5. AKT: DIE SENDUNG DER KIRCHE

Als die Jünger das begriffen hatten, waren sie nicht mehr die Gleichen. Die Zeit ihrer Bedrückung war vorbei und es begann die Zeit der Sendung. Der auferstandene Herr zeigte sich den Jüngern und *lehrte sie*, was sie bisher noch nicht verstanden hatten: Das Reich Gottes ist in Jesus **schon** gekommen, die Neuschöpfung hat mit der Auferstehung Jesu von den Toten **schon** begonnen, der Tod ist prinzipiell **schon** überwunden, auch wenn die allgemeine Auferstehung der Toten für sie immer noch eine Zukunftshoffnung bleibt. Erst bei seiner Wiederkunft (seiner Erscheinung aus der anderen Dimension) wird all dies vollendet werden. Er zeigte ihnen die Spannung auf zwischen „**schon da**" und trotzdem „**noch nicht**" und vermittelte die Hoffnung auf eine Erneuerung des ganzen Kosmos.

Jesus gab seinen Jüngern darüber hinaus einen *Missionsauftrag*: „Mir ist alle Macht im Himmel und auf Erden gegeben. Geht nun hin und macht alle Nationen zu Jüngern. Tauft sie auf den Namen des Vaters und des Sohnes und des Heiligen Geistes und lehrt sie alles zu bewahren, was ich euch geboten habe! Und siehe, ich bin bei euch alle Tage bis zur Vollendung des Zeitalters" (Mat 28,18–20).

Dazu versprach Jesus seinen Jüngern, ihnen für diese Aufgabe den Heiligen Geist als Beistand zu senden. Er sagte ihnen: „Ich gehe zum Vater, aber ich sende Euch den Heiligen Geist." Und als er ihn an Pfingsten sandte, ging die Post ab. Das Pfingstwunder bestand darin, dass Menschen aus allen Nationen, die sich für das Fest in Jerusalem aufhielten, ihre eigene Sprache verstanden und realisierten: Wir sind alle eingeladen zum Leib Christi dazuzugehören. Damit wird Pfingsten zur Lösung für das Problem vom Turmbau zu Babel. Nun werden alle Natio-

nen in die Nachfolge Jesu gerufen, und zwar in ihrer Mutter-
sprache und die Verwirrung und Trennung der Sprachen findet
in der Kirche ein Ende.

Mit dem Missionsauftrag nahm Jesus den ursprünglichen Auftrag an die Menschen wieder auf, nämlich als königliche Priester die Welt zu gestalten und zu verwalten. Mit erneuertem
Denken, einem vertieften Verständnis der Heiligen Schrift und
in der Kraft des Heiligen Geistes begann für die Jünger die Mission „im Namen Jesu". In der Person von Paulus wurden sie von
Jerusalem auf verschlungenen Wegen nach Rom geführt, dem
Machtzentrum der damaligen Welt. Und es ist erstaunlich, wie
das Imperium, welches Jesus ans Kreuz nagelte, innerhalb von
nur 300 Jahren so von Christen durchsetzt war, dass die römischen Kaiser ihre Verfolgung beendeten und sich sogar den
Christen anschlossen. Von Rom aus sollte dann die Mission „bis
ans Ende der Welt" weitergehen, also überall hin.[38]

**Im zweiten Teil des fünften Aktes kommt nun unser Ein-
satz in diesem „Theaterstück".** Auch die heutigen Christen
haben nämlich „eine Rolle zu spielen" beziehungsweise einen
Auftrag zu erfüllen. Wir sind eingeladen mitzumachen, uns
aktiv einzubringen und dabei sogar zu improvisieren. Doch
trotz aller Freiheit muss unser Beitrag auf der Grundlage dessen basieren, was schon geschehen ist.[39] Wir dürfen unter der
Leitung des Heiligen Geistes dazu beitragen, dass wir vom fünften zum sechsten Akt kommen. Die Mission geht heute also
weiter in die Tiefe, d. h. in unserem Inneren, aber auch in die
Breite, d. h. in die ganze Welt hinaus. Mit den Kirchenvätern
und allen Glaubensheldinnen und Glaubenshelden der Heilsgeschichte sowie mit allen Kirchen und Gruppen, die sich heute
auf Jesus Christus berufen, trachten wir nach seinem Reich und

wachsen in unserer königlichen Priesterschaft. Die Verheissung für diese Zeit besteht darin, dass nichts, was wir im Glauben und in der Liebe tun (und sei es noch so klein), verloren
geht in Gottes neuer Welt.

6. AKT: DER KÖNIG ERSCHEINT WIEDER

Die Hoffnung der ersten Christen bestand nicht darin, auf einer
Wolke entrückt zu werden oder in einen körperlosen Himmel
zu gelangen. Es ging ihnen auch nicht in erster Linie um *ein
Leben nach dem Tod.* Vielmehr weisen die biblischen Hinweise
darauf hin, dass sie die Auferstehung von den Toten und die
Wiederkunft ihres Herrn noch zu ihren Lebzeiten erwarteten.
Sie hofften, dass endlich das *Unser-Vater*-Gebet erhört würde:
„Dein Reich komme, so wie es im Himmel schon ist, so soll es
auch auf Erden in Fülle kommen"[40].
Jesus wird als unumstrittener Herrscher des gesamten Kosmos
zurückkehren. Wenn er zurückkommt, wird er die Schöpfung
endgültig erneuern und wiederherstellen. Die Erneuerung und
Wiederherstellung der Menschen und der Erde wird so fantas-
tisch gut, überwältigend, grossartig und völlig anders sein, dass
wir es uns mit unserer wildesten Vorstellungskraft nicht aus-
malen können. Wir können sie deshalb auch kaum beschreiben,
ausser ansatzweise mit Bildern und Metaphern. Die Erlösung
wird zur Vollendung gelangen, die Bilder des Alten Testamentes werden sich erfüllen. Jede Träne wird abgewischt, alles
Krumme gerade gemacht und alles, was Kopf steht, wieder „auf
die Füsse" gestellt. Die Bibel malt ein fantastisches Bild von
dieser Zeit:

„Ich sah die heilige Stadt, das neue Jerusalem, von Gott her aus dem Himmel herabkommen; sie war bereit wie eine Braut, die sich für ihren Mann geschmückt hat. Da hörte ich eine laute Stimme vom Thron her rufen: Seht, **die Wohnung Gottes unter den Menschen! Er wird in ihrer Mitte wohnen**, und sie werden sein Volk sein; und er, Gott, wird bei ihnen sein. Er wird alle Tränen von ihren Augen abwischen: Der Tod wird nicht mehr sein, keine Trauer, keine Klage, keine Mühsal. Denn was früher war, ist vergangen. Er, der auf dem Thron saß, sprach: **Seht, ich mache alles neu**.“

Offenb 21,2–5a

Endlich kann Gott, der sich seit dem zweiten Akt des Weltdramas nach der Gemeinschaft mit den Menschen sehnt, aus dem Himmel wieder auf die Erde kommen und mit den Menschen Feste feiern und Gemeinschaft geniessen. Und es kommt noch besser: Gott wird alles erneuern, was irgendwie durch die Sünde zerstört wurde.

Der Text aus der Offenbarung sagt uns nicht, dass Gott zuerst alles verbrennen und dann „alles neue Dinge“ machen wird, vielmehr macht er „alle (bestehenden) Dinge neu“! Damit ist die Wiederherstellung aller Dinge angesprochen, die in der Apostelgeschichte erwähnt und in Römer 8 vertieft wird.

SCHLUSSFOLGERUNG

Wenn wir den ersten und letzten Akt in der Erzählung weglassen würden, dann wäre es, als ob wir einen guten Roman lesen würden, ohne die ersten achtzig und die letzten hundert Seiten zu kennen. Das wäre nicht befriedigend und gäbe ein völlig falsches Bild der Geschichte ab. Ist nicht die grosse Geschichte Gottes viel umfassender und spannender als jede Einschränkung des Evangeliums auf das Seelenheil, das heisst auf den zweiten und vierten Akt (Sünde und Erlösung)? Wenn wir diese Sichtweise neu verstehen, also den ersten und den sechsten Akt stärker gewichten, und deshalb auch unsere Rolle im fünften Akt neu wahrnehmen, dann **verändert sich buchstäblich unsere ganze Perspektive**! Es ist, als würden wir eine 3-D-Brille aufsetzen und die Dinge in einer Tiefenperspektive sehen könnten, von der wir bis jetzt keine Ahnung hatten.[41]

Wenn wir die (Heils-)Geschichte Gottes mit der Welt ernst nehmen, ergeben sich **zwei Aufträge** für unser Leben in der Nachfolge: Erstens die Transformation unseres inneren Menschen in die **Christusähnlichkeit**, d. h. die Heilung und Wiederherstellung des ganzen Menschseins sowie der Ebenbildlichkeit Gottes im Menschen, und zweitens der **priesterlich-königliche Dienst** als regierende Stellvertreter Gottes auf dieser Erde. Wir können erneut als Verwalter der Erde und als Priester vor Gott und die Menschen treten. Indem das Wort Gottes zuerst uns selbst verändert, um dann durch uns die Welt zu verändern, werden wir zu einem Teil der Lösung, die Gott für diese Welt bereithält.

EINE BEZIEHUNG ZUM WORT GOTTES?

Die Bibel ist nicht nur das Buch, das Gottes grosse Geschichte mit der Welt erzählt. Weil Gott selber in geheimnisvoller Weise in seinem Wort gegenwärtig ist, ist die Bibel auch das Mittel, das diese Transformationsprozesse in uns bewirkt. In Kol 1,6 beschreibt Paulus, wie das Evangelium innerhalb der Gemeinde und weit darüber hinaus Erneuerung bringt. Doch wie kann das Wort Gottes für uns zu mehr werden als blosse intellektuelle Information? Wie kann es vom Kopf ins Herz gelangen?

Wir brauchen dazu eine Freundschaft mit diesem lebendigen und lebensverändernden Wort.

Psalm 119,11 malt folgendes Bild: Das Herz – das Innere des Menschen – ist wie ein Beratungsraum, in dem das Wort Gottes wohnt. Das Wort ist ein guter Berater, der sich mit mir in meinem Inneren bespricht und mich berät. Wir können also zu einem *inneren Verständnis der Schrift* gelangen, also das Wort verinnerlichen.

Mit einer Geschichte, die von den Wüstenvätern inspiriert ist, möchte ich diesen Prozess illustrieren. Kathrin und ich haben dieses Bild von einer Familie und ihrem Haus als sehr hilfreich empfunden.

Stell dir vor, du spielst Tennis. Im Club lernst du ein neues Mitglied namens Kevin kennen. Eines Tages vergisst er sein Racket. Du willst es ihm bringen und klingelst an der Haustür, um nach ihm zu fragen. Weil er nicht da ist, lässt dich die Hauspflegerin, die gerade ihre Arbeit verrichtet, nicht rein. Am nächsten Tag schaust du auf dem Nachhauseweg nochmals vorbei. Kevin ist da und man lässt dich rein bis in den Eingangsbereich, wo du dich kurz mit Kevin triffst. Das riesige Haus ist geheimnisvoll und fremd. Nach einem kurzen Besuch gehst du wieder. Beim nächsten Mal kennt dich die Hauspflegerin bereits und führt dich direkt ins Wohnzimmer, wo du dich mit Kevin triffst. Die Freundschaft mit Kevin wächst. Parallel dazu lernst du das Haus immer besser kennen und schlussendlich, nachdem du viel Zeit bei Kevin verbracht hast, kennst du das ganze Haus, mit allen Zimmern und Nischen, dem Keller und dem Dachboden. Nach vielen Besuchen gehst du ein und aus, manchmal sogar ohne zu klingeln. Du bist ein *Freund des Hauses* geworden, kennst Maggie, Kevins Frau, und den Rest der Familie und erhältst sogar einen Schlüssel, weil du während der Abwesenheiten der Familie die Blumen giessen möchtest. Plötzlich wirst Du wie ein **Sohn des Hauses** behandelt, vor dem es keine Geheimnisse mehr gibt.

So ähnlich verhält es sich mit der Bibel: Das Wort Gottes ist vergleichbar mit einem grossen Haus mit vielen Zimmern. Vieles darin ist für mich geheimnisvoll und fremd. Wenn ich also das Wort verstehen will, muss ich viel Zeit damit verbringen. Wenn ich nur fünf Minuten pro Woche darin lese oder mir ausschliesslich die Losungen zu Gemüte führe, lerne ich die Zimmer, die Gänge, die Kellerräume und den Dachboden nie kennen. Wenn das Wort zu *Nahrung für meinen Geist* werden soll, wenn ich die grosse Geschichte Gottes aus der Bibel erfassen will, dann muss ich eintauchen, muss regelmässig erscheinen, muss ein Freund des Hauses werden, sodass die Bewohner der Hauses mir immer mehr vertrauen und anvertrauen können.

Manchmal kommt es uns tatsächlich so vor, als würden wir beim Lesen der Bibel lediglich von einer Hauspflegerin an der Tür begrüsst und wir kommen uns ganz und gar nicht wie ein Freund des Hauses vor. Das hängt damit zusammen, dass die kulturellen Unterschiede, die erzählende Grundstruktur der Schrift und 200 Jahre wissenschaftliche Brille den Zugang zur Heiligen Schrift tatsächlich erschweren. Was wir lesen, kann uns sehr fremd sein, und es kann eine Weile dauern, bis wir vorhandene Missverständnisse durchschaut und falsche Gottesbilder sich geklärt haben. Doch der Aufwand und die Geduld lohnen sich auf alle Fälle. Denn je besser ich das Wort kenne, desto freier wird mir der weitere Eintritt gewährt und desto mehr kann ich seine Geheimnisse erkunden. Und je mehr Zugang ich zur Schrift habe, desto mehr Freude bereitet es mir auch, sie zu lesen und jeden Winkel zu erkunden.

Leider scheitern zu viele Christen an ihrem Zugang zum Wort Gottes. Das Wort ist für sie nicht wirklich lebendig, weil wir – das haben wir unter anderem dem modernen Christentum zu verdanken – einen viel zu kopflastigen Zugang verfolgen. In der Moderne wurde das Wort von den Christen als Information behandelt, die ich aus einer gewissen Distanz beurteilen kann. Mit einem solchen Zugang kommt das Wort aber nie wirklich in meinem Herzen an und es kann mein Denken nicht oder nur oberflächlich ausrichten und mein Leben nicht durch und durch prägen.

Für diejenigen unter uns, die ahnen, dass sie noch kein Freund dieses Wortes sind, gebe ich hier ein paar praktische Hinweise, wie das Wort Gottes in ihrem Leben zur prägenden Kraft werden kann.

- Ganz wichtig ist die Regelmässigkeit des Lesens. Freundschaft wächst durch regelmässige Begegnungen. Nur wenn ich die Bibel wirklich lese, wird sie mir vertraut und verändert sie mich.

- Ich empfehle als langfristiges Ziel, die Bibel möglichst einmal pro Jahr ganz durchzulesen. Das sind rund drei Kapitel pro Tag. Zum Lesen von drei Kapiteln benötigt man ungefähr fünfzehn bis zwanzig Minuten, was eigentlich machbar sein sollte. So entdecken wir Stück für Stück die Zusammenhänge von Gottes Geschichte. Zudem erneuert Gottes Wort unseren Sinn und unser Denken.

- Über einzelnen Versen während längerer Zeit meditieren. Verse *wiederkäuen*, auswendig lernen und erwartungsvoll hinhören, was der Geist zu uns spricht.

- Kaminabende mit dem Wort: Ein Freund von Gottes Wort zu werden bedeutet auch, ab und zu viel Zeit mit ihm zu verbringen. Das kann heissen, dass du eine oder mehrere Stunden oder einen ganzen Abend lang nichts anderes tust, als zu lesen, genau wie wir es bei einem spannenden Roman auch tun würden. In einer solchen Zeit kannst du einen ganzen Brief oder ein ganzes Buch in einem Durchgang lesen.

Das sind nur ein paar Tipps. Es gibt eine Fülle von verschiedenen Wegen. Heute stehen uns viele Hilfsmittel zur Verfügung, die uns helfen, den Inhalt des geschriebenen Wortes besser und vertiefter zu verstehen (Kommentare, Lexika, Bibelatlas usw.). Wichtig ist in erster Linie, dass wir beharrlich am Wort dranbleiben. Manchmal müssen wir uns in Bezug auf die Schrift Jakobs Gebet zu eigen machen: „Ich lasse dich nicht los, es sei denn, du hast mich vorher gesegnet!" (Gen 32,27)

Eine grosse Anzahl von Christen hat irgendwann aufgegeben, tiefer ins Wort hineinzuwachsen, hat sich arrangiert oder sogar resigniert. Andere halten die Anfangsschwierigkeiten einfach für zu gross und stellen sich immer wieder die Frage des Kämmerers von Äthiopien: „Was bedeuten diese Worte?" oder: „Ich verstehe die Schrift nicht, es kommt mir vor, als würde ich die Bibel zwar lesen, aber ohne etwas davon behalten zu können."

Solche Menschen kann eine weitere Geschichte von den Wüstenvätern weiterhelfen:[42] Es kam einmal ein Jünger zu einem Wüstenvater, der Mühe hatte mit dem Bibellesen. Er sagte: „Vater hilf mir mit dem Bibellesen, denn es bleibt einfach nichts hängen bei mir, es geht hier rein und dort wieder raus."

Der Vater gab ihm die Anweisung, einen schmutzigen geflochtenen Korb aus dem Keller zu holen und zum Fluss zu gehen, um damit Wasser zu schöpfen. Zu jener Zeit war Jüngerschaft eine so ernsthafte Sache, dass man nicht mit seinem geistlichen Vater über Sinn oder Unsinn von solchen Anweisungen diskutierte. Man ahnte: „Gehorsam geht dem Verständnis voraus, die Wahrheit zeigt sich unterwegs." Der Jüngling ging also zum Fluss, schöpfte treu Wasser und kam zurück. Bei sich dachte er wohl: „Wie soll ich das schaffen? Der Korb ist ja voller Löcher." Und als er zum Wüstenvater zurückkam war der Korb wie erwartet leer. Der Wüstenvater forderte den Jünger dazu auf, die Übung zu wiederholen. Geduldig ging der Jünger wieder zum Fluss und wieder war der Korb leer, als er zum Vater zurückkam. Nachdem er einige Male hin und her gegangen war, kam er schliesslich zum Wüstenvater und sagte: „Vater das geht überhaupt nicht, der geflochtene Korb kann das Wasser nicht halten." Darauf erwiderte der Vater: „Jawohl, du hast recht, der Korb kann das Wasser nicht halten, aber schau dir nun den Korb an." Der Korb war in der Zwischenzeit vollständig gewaschen und gesäubert worden und so wurde dem Jünger klar, dass es beim Bibellesen nicht in erster Linie darum geht, alles im Kopf behalten zu können (das war die Versuchung der Moderne). Vielmehr geht es darum, wie das Wort mich prägt, mich reinigt und wie es von meinem Kopf ins Herz sinken kann. Ja, das Wort soll sich in meinem Herzensraum einrichten und wohlfühlen, sodass es in meinen Herzensdiskussionen zu einem treuen Berater werden kann. Auch wenn mein Kopf ein Sieb wäre, hätte das Wort doch eine Wirkung in mir.

AUF DEN PUNKT GEBRACHT

- Die Bibel ist zugleich Menschenwort und Gotteswort. Um das Wort zu verstehen, darf ich nicht bei einzelnen Versen und einzelnen Lieblingsgedanken stehen bleiben. Ich sollte versuchen die ganze Geschichte Gottes im Blick zu haben. Vom Gesamtzusammenhang her erschliessen sich dann auch einzelne Aussagen.

- In Anlehnung an Adolf Schlatter formulieren wir: Wir brauchen eine vertiefte Aneignung der Schrift. Das Wort Gottes muss sozusagen unser *Freund und Vertrauter* werden.

GLAUBE, HOFFUNG, LIEBE

- Durch den **Glauben** erkennen wir, dass das Wort Gottes nicht nur ein historisch-menschliches Buch ist, sondern dass es auch die persönliche Anrede Gottes an uns enthält.

- Die **Hoffnung** lehrt uns, vom Ziel her zu denken und zu leben. Sie weiss, dass das Wort Gottes immer noch grösser ist als das, was wir bis jetzt daraus begriffen haben. Eine lebendige Beziehung lässt uns das Wort immer tiefer und weiter erfassen und verändert uns Schritt für Schritt.

- Die **Liebe** sieht und findet den Geliebten, Jesus, das lebendige Wort, und lässt sich von ihm lieben. Je mehr wir das Wort erkennen (und von ihm erkannt werden) desto mehr lernen wir es lieben.

FRAGEN

Einige Fragen zum persönlichen Weiterdenken oder auch als Einstieg in ein Gespräch:

- Welche Teile der Heilsgeschichte (Abschnitt 3.4) werden in meinem Glaubensleben bzw. in unserer Gemeinschaft/ Kirche stark betont? Welche werden weniger stark betont? Was verändert sich in meinem Leben, wenn die ganze Geschichte Gottes ins Blickfeld rückt?

- Welchen Unterschied macht es für unseren Freund Lukas, wenn er die Bibel als die grossartige Geschichte Gottes mit der Welt versteht und sie nicht mehr als naturwissenschaftliches Handbuch lesen muss?

- Wie sieht meine Freundschaft mit dem Wort Gottes aus? Wie vermittelt es mir Leben? Wo liegen meine Schwachpunkte in der Beziehung zur Bibel? Wie kann ich an ihnen arbeiten?

ANGEBOT ZUR VERTIEFUNG

N.T. WRIGHT leistet in seinem Buch *The Last Word, Scripture and the Authority of God – Getting Beyond the Bible Wars*, New York, 2005, eine ausgezeichnete Klärung der Bedeutung der Bibel als Gotteswort und Menschwort. Das Buch ist leider noch nicht auf Deutsch erhältlich.

Weitere empfehlenswerte Bücher zur Vertiefung:

- WERKSTATT FÜR CHRISTLICHE SPIRITUALITÄT, *Eine Liebe zum Wort Gottes entwickeln.* Eine Gebetsmeditation über Psalm 119, die stark auf die Weisheit der frühen Kirchväter zurückgreift. Bestellen bei: info@haeuser-der-erneuerung.de.

- FEE, Gordon & STUART, Douglas, *Effektives Bibelstudium.* Die Bibel verstehen und auslegen, Giessen, 2005. Eine ausgezeichnete Einführung ins Bibellesen und eine Ermutigung, sich die Schrift vertieft anzueignen.
- SCHLATTER, Adolf, *Die Bibel verstehen.* Aufsätze zur biblischen Hermeneutik, Giessen, 2002. Ein Klassiker zur Bedeutung und zum Verständnis der Bibel, was allerdings schon einiges Vorwissen voraussetzt.

TEIL ZWEI

DER WEG DER HOFFNUNG

Der erste Teil des Buches war dem **Glauben** gewidmet und wir haben gefragt, woher wir kommen und was uns immer noch prägt. Gleichzeitig haben wir versucht, den gewaltigen Umbruch in die Postmoderne ins Auge zu fassen. Wir ahnen, dass die Umwälzungen tiefer gehen und grössere Auswirkungen haben, als wir es uns vielleicht im Moment vorstellen können.

Umso dringender stellt sich die Frage danach, wie wir in diesen Zeiten Jesus nachfolgen können als Einzelne und als Gemeinde. Wir kommen um eine *Erneuerung des Denkens* (Kap 1) nicht herum. Wir sind herausgefordert, unsere Zeit und ihre Weltanschauung zu kennen. Nur so können wir uns ein Stück Unabhängigkeit von den verschiedenen Zeitgeistern erkämpfen.

Im zweiten Kapitel, *Glaube und christliche Gemeinschaft*, stand das Bild der Zuneigung im Zentrum. Der Preis der modernen Rechthaberei ist zu hoch. Versöhnung unter dem Kreuz ist vom Evangelium her angesagt. Wir brauchen eine Ökumene der Herzen. Anstatt einander Wahrheiten um die Ohren zu schlagen, sollten wir gemeinsam die eine, personale Wahrheit suchen: Jesus Christus.

Die gemeinsame Quelle haben wir im dritten Kapitel, *Glaube und Wort Gottes*, beschrieben: die Bibel. Sie wird zu unserer Lebensgrundlage. Wir lesen sie nicht mehr, um ihr einzelne Weisheiten zu entnehmen, die unsere Meinungen und Positionen untermauern, sondern wir versuchen, immer mehr Gottes ganze Geschichte mit der Welt zu erfassen, um selber Teil dieser Geschichte zu werden. Wir bauen eine Freundschaft auf zum Wort Gottes.

Im zweiten Hauptabschnitt wenden wir uns jetzt der **Hoffnung** zu. Im biblischen Verständnis ist Hoffnung etwas absolut Kraftvolles. Sie glaubt daran, dass Gott noch Grosses vorhat mit dieser Erde und dass er sein Volk dazu brauchen will. Und sie vertraut darauf, dass alles, was wir im Glauben an Gott auf dieser Erde aussäen, gute Frucht bringen wird: schon jetzt in unserer Zeit und erst recht dann, wenn Jesus kommt und die Erde erneuert.

Im vierten Kapitel, *Hoffnung für einen alten Planeten*, werden wir sehen, wie stark unsere Jesusnachfolge beeinflusst wird von Bildern, wie ich mir Gottes Zukunft mit dieser Erde vorstelle. Wenn beispielsweise in Kürze sowieso alles verbrennt und ich die Ewigkeit im Himmel verbringe – wieso soll ich mich dann noch einsetzen für diese Erde?

Es lohnt sich, genauer hinzuschauen und zu fragen, welche Hoffnungsperspektive die Bibel uns wirklich bietet, jenseits von Angstmacherei und christlichen Bestsellern zum Thema „Endzeit".

Das fünfte Kapitel, *Hoffnung durch eine königliche Priesterschaft*, entfaltet den Auftrag, den Gott für sein Volk in dieser Zeit hat. Jesus geht mit seinen Nachfolgern durch lange und manchmal mühsame Trainingszeiten, damit er sie dann in den Dienst als königliche Priester stellen kann. Wir sind berufen, Gott in die Welt und die Welt zu Gott zu bringen.

Im spannenden sechsten Kapitel, *Zeichen der Hoffnung*, besuchen wir verschiedene christliche Leiter, die in unterschiedlichen Lebensbereichen (Gemeinde, Politik, Schule, Wirtschaft) durch ihr Leben und ihr Engagement göttliche Hoffnung vermitteln. Wie kann gelebte Hoffnung aussehen und wie können Christen anderen Menschen Hoffnung weitergeben?

Vielleicht denken wir beim Lesen dieser Kapitel ab und zu an Markus, der sich so nach Erneuerung und Veränderung sehnt. Dabei hat er das Gefühl, dass er zwischen Firma, Kirche und

Familie in einer Art Sackgasse steckt. Wir kann er Hoffnung schöpfen und eine neue Perspektive für sein Leben und seine Aufgaben gewinnen?

VIER: HOFFUNG
FÜR EINEN ALTEN PLANETEN

Lesslie Newbigin (1909–1998) war als englischer Missionar in Indien tätig. Er wurde dort Bischof und setzte sich für die ökumenische Bewegung und den Weltkirchenrat ein. Nach seiner Pensionierung kehrte er zurück nach England und erschrak über den kulturellen Wandel, den Europa während seiner Abwesenheit durchgemacht hatte. „Als ich noch in den Slums von Madras tätig war", erzählt er, „da habe ich kleine Kinder gesehen, die absolut nichts besassen. Trotzdem hatten sie Hoffnung in ihren Augen. Sie glaubten daran, dass ihr Leben anders werden könnte, dass es trotzdem gut kommen werde. Doch nach meiner Rückkehr nach Europa habe ich die ‚Kinder des Westens' gesehen, die jungen Erwachsenen, die materiell gesehen alles hatten, was man sich wünschen konnte. Doch ihre Augen waren leer und kalt. Sie empfanden ihr Leben als sinnlos, hatten ihre Seele verloren, für sie schien es kein Zentrum mehr zu geben in ihrer Kultur. Und genau diese jungen Menschen sind nach Indien gepilgert, um auf der Spur eines Gurus ihren Sinn für das Leben zu finden."[43]

Hoffnung ist in unserer Zeit eine Mangelware geworden, besonders in der Postmoderne. Schon nur 15 Minuten Tagesschau an einem ganz normalen Wochentag reichen aus, um zu merken, dass in unserer Welt vieles durchgeschüttelt wird. Trotzdem steckt in jedem Menschen die Sehnsucht nach Schönheit, Gerechtigkeit und Liebe. Wie können wir mit dieser Spannung umgehen, wie ist sie zu deuten? Es gibt ganz verschiedene Möglichkeiten, unsere „Hoffnungen" zu formulieren.

Wir wollen einige Ansätze anschauen, wenn auch nur in groben Pinselzügen.

WIE MAN DIE ZUKUNFT AUCH SEHEN KANN

Die Moderne war überzeugt von einer positiven Zukunft für diese Welt. Wie man dort hinkam, darüber wurde erbittert gestritten und es gab eine verwirrende Vielfalt von unterschiedlichen Vorschlägen, wie genau „das Paradies", die zukünftige neue Welt zu erreichen wäre. Doch wenn man näher hinschaut, lassen sich die Vorschläge grob in drei Gruppen zusammenfassen:

KONTINUITÄT –
WIR BAUEN DAS PARADIES AUF ERDEN

Der Traum der Moderne mit ihrem Fortschrittsoptimismus war es, den „Himmel auf Erden" hervorzubringen. Durch Wissenschaft und Technik wird die Natur gebändigt. Richtiges Denken löst die grossen Probleme der Menschheit und bringt endlich die wissenschaftliche Sicht der Welt. Mit harter Arbeit und technologischem Fortschritt produzieren wir genügend Güter, um die Bedürfnisse aller zu befriedigen. Dadurch überwindet die Menschheit Kriege, Plagen und Hungersnöte. In diesem Prozess werden die Menschen dann so erzogen, dass zukünftig alles gerecht verteilt werden wird. Schlussendlich kommt so der Weltfriede. Das ist in aller Kürze die moderne Sicht der „kommenden Welt".

Das sind übrigens auch heute noch die Argumente, mit denen die Politiker uns dazu bringen wollen, sie zu wählen: „Wenn ihr mich oder meine Partei wählt, dann wird es besser werden!"

Dieser Fortschrittsglaube braucht keinen Gott, die „neue Welt" sollte ein von Menschen fabriziertes Zeitalter, ein irdisches Paradies sein. Weil dieses Paradies auf Erden kontinuierlich durch kleine Schritte und „Reformen" aus unserer gegenwärtigen Welt hervorgehen soll, spricht man von einer *Kontinuität des Übergangs* von der heutigen Welt zum erhofften „Paradies auf Erden". Besonders die technologischen Fortschritte und unsere Kultur des Konsums lassen diesen Traum der „Erlösung durch Materialismus" auch in der Postmoderne lebendig bleiben und sogar noch wachsen. Wer ausschliesslich auf Kontinuität setzt, glaubt nicht an Gott, sondern an die menschliche Leistung. Selbstverständlich sehen auch die Vertreter dieser Überzeugungen, dass es massive Probleme und Schmerzen in dieser Welt gibt. Doch diese müssen wir halt im Namen des Fortschritts irgendwie als „Hobelspäne der Evolution" in Kauf nehmen.

DISKONTINUITÄT –
SEELEN AUF DER DURCHREISE

Vielen erscheint diese materialistische Sicht des Fortschritts mehr und mehr als naiv. Nach den Schreckenserlebnissen des 20. Jahrhunderts gewann deshalb vermehrt eine andere Zukunftsperspektive an Gewicht. Die neue Welt, das Paradies steht in radikalem Kontrast zur gegenwärtigen Welt, einer Welt voller Leid und Elend. Man spricht von einer *Diskontinuität des Übergangs* von der gegenwärtigen zur kommenden Welt. Ein drastischer Bruch („Befreiung von der Materie") ist notwendig, um das Paradies zu realisieren. In dieser Sicht ist die geistige Welt viel wichtiger als die materielle, Innerlichkeit wichtiger als Äusserlichkeiten und die Ewigkeit realer als Zeit und Materie, die unsere Welt bestimmen. Aus dieser Perspektive besteht das eigentliche Problem der Gegenwart darin, dass die Menschen in der materiellen Welt verhaftet sind.

Wahrhaft „befreit" ist der Mensch deshalb erst, wenn er das Vergängliche, das Materielle, abgelegt hat und seine unsterbliche Seele befreit ist vom Gefängnis seines Körpers. Diese Idee, die in der Geistesgeschichte als Dualismus bezeichnet wird, hatte zu allen Zeiten eine unglaubliche Ausstrahlungskraft und brachte verschiedene Denkschulen hervor: Platoniker, Gnostiker, Manichäer[44], Hindus, alle Schattierungen von New Age und Esoterik sowie den Buddhismus.

Sie alle sind überzeugt davon, dass wir Menschen zu etwas Höherem berufen sind, „für eine Welt, die nicht aus Raum, Zeit und Materie geschaffen ist, eine Welt der reinen spirituellen Existenz, in der wir glücklich die Fesseln der Sterblichkeit ein für alle Mal hinter uns lassen. Und der Weg, auf dem man die Sterblichkeit innerhalb dieser Weltanschauung loswird, besteht darin, das loszuwerden, was verfallen und sterben kann, also unser materielles Selbst."[45]

Es ist kein Geheimnis, dass diese dualistische Weltsicht auch immer wieder Teile des Christentums beeinflusst hat, nicht zuletzt mit der Idee, dass die menschliche Seele nach dem Tode „im Paradies" und damit schon in der – oft körperlos gedachten – Vollendung angelangt sei. Der Tod wird so zum Übergang vom Hier und Jetzt „in den Himmel". Er wird dadurch zu einem Helfer, der uns in die „neue Welt" einlässt. Man bekennt zwar immer noch die „Auferstehung der Toten" im Glaubensbekenntnis, versteht darunter jedoch nicht viel mehr als: „Oma ist jetzt bei den Engeln, Kleines!" Für das alltägliche Leben der Christen spielt die Auferstehung aus dieser Sicht dann keine Rolle mehr.

NIHILISMUS –
HOFFNUNG IST NUR EINE ILLUSION

Es gab immer auch eine dritte Möglichkeit, die Zukunft zu betrachten. Wenn man sich weder der „fortschrittlichen" Sicht
der Kontinuität noch der „spirituellen Sicht" der Diskontinuität
anschliessen will, dann bleibt immer noch die Sinnlosigkeit, der
sogenannte Nihilismus als Ausweg. Wer sich dieser Weltsicht
öffnet, der hat resigniert. Er glaubt nicht mehr an einen letzten
Sinn. Der Nihilist hat keine grossen Ziele und Visionen mehr,
für die es sich lohne, zu leben. Was zählt, ist nur noch der Au-
genblick, der Genuss und die Zerstreuung oder aber (der Wille
zur) Macht.
Friedrich Nietzsche formulierte diese Weltsicht in prophetis-
cher Schärfe am Ende des 19. Jahrhunderts. Nach den Schre-
cken der zwei Weltkriege beschrieben Sartre und Camus im
sogenannten Existenzialismus, was Nietzsche „praktisch umgesetzt" bedeutet, und gegen Ende des letzten Jahrhunderts po-
pularisierte die Postmoderne die Grundzüge dieser Philosophie, die schon längst ohne göttlichen Bezug auskam.

HOFFNUNG –
MANGELWARE IN DER POSTMODERNE?

Postmoderne und Nihilismus haben eine grosse Gemeinsam-
keit: Beide glauben nicht mehr an die grossen Zukunftsentwür-
fe der Moderne. Doch was geschieht eigentlich, wenn die Weltsicht hoffnungslos wird? Werfen wir doch einmal einen Blick
auf zwei Künstler, die man als „kulturelle Propheten" oder so
etwas wie Prototypen der Postmoderne bezeichnen kann.

KURT COBAIN: NEVERMIND

Kurt Cobain, der Leadsänger und Gitarrist der Rockband Nirwana, wurde am 8. April 1994 tot hinter seinem Haus aufgefunden. Er hatte sich nach einer Überdosis Heroin selbst erschossen.

Einige wollten Cobain als sozialkritischen Revoluzzer sehen, doch für die meisten zeigte er eigentlich nur, wie sehr der Westen seine Seele verloren hatte. So drückte er mit seiner Musik das Gefühl einer ganzen Generation aus, die ihre Mitte verloren hatte und nicht mehr wusste, woran sie sich festhalten konnte. Sein Album *Nevermind* wurde über zehn Millionen Mal verkauft und machte damals sogar Michael Jackson den ersten Platz in der Hitparade der USA streitig. „Never mind" bedeutet auf Englisch so viel wie „macht nichts, alles halb so wild, kümmere dich nicht darum, das spielt doch eh keine Rolle, es ist alles egal". Es ist die logische Schlussfolgerung eines Nihilisten. Wenn unsere Kultur keine Ziele mehr hat, wie soll dann der einzelne Mensch sich Ziele setzen? Wenn unsere Kultur sich nicht mehr als Teil einer grossen Geschichte und auf dem Weg in eine besser Welt versteht, dann macht es auch keinen Sinn mehr, sich für diese Welt einzusetzen, sodass sie dadurch zu einem besseren Ort würde.

Als Konsequenz dieser Grundhaltung müssen wir uns die Frage stellen: Wofür leben wir überhaupt? Die Antwort von Cobain ist eindeutig: „Never mind – es spielt keine Rolle, wofür wir leben." Kurt Cobain hat seine Weltanschauung konsequent gelebt. Er hat das, was sinnlos war, einfach beendet, und das hat damals vielen Menschen Eindruck gemacht.[46]

Der Name der Band, *Nirwana*, ist der buddhistische Begriff für Heil und Errettung. Die grosse Sehnsucht von Buddhisten ist es, aus dem Kreislauf der Reinkarnation auszubrechen und sich ins Nirwana, ins Nichts hinein zu verabschieden. Der Mensch ist dann wie ein Tropfen Wasser, der sich in der grossen Einheit des Meeres auflösen soll. So ist er dann nicht mehr ein besonderes, einzigartiges Individuum, sondern eben bloss noch ein Teil des Ganzen.

Viele junge Menschen finden keinen Sinn mehr in der ermüdenden Kultur des Westens. Einige suchten ihr Heil in östlichen Religionen und im New Age, andere in Drogen und wiederum andere sogar im Selbstmord, so wie Kurt Cobain. Doch Verzweiflung und Resignation sind nicht die einzigen möglichen Reaktionen. Die Postmoderne hat noch andere Ikonen ...

MADONNAS LÄCHELNDE SINNLOSIGKEIT

Wie kaum eine andere Künstlerin prägte Madonna die Popkultur des 20. Jahrhunderts. Seit über 25 Jahren ist sie eine der meistfotografierten und meistdiskutierten Frauen der Welt. Ihre Schaffenskraft scheint bis heute unerschöpflich zu sein, die Liste ihrer Lieder und Filme schier endlos. Madonna ist ein Idol der Postmoderne. Während ihrer langen Karriere hat sie sich als Person immer wieder verändert, sie hat sich immer wieder neu „erfunden" und konstruiert. Sie ist dauernd in andere Rollen geschlüpft, die sie zwar mit grosser Lust spielte, denen sie sich aber nie wirklich verpflichtet fühlte. Niemals hat sie gesagt: „So bin ich wirklich, dafür stehe ich ein!" Jede Phase ihres Lebens war für sie nur ein Spiel, eine Maske, die Rolle, die sie eben zum jeweiligen Zeitpunkt gerade spielte. Diese komplette Neudefinition nach Lust und Laune ist nur dann möglich, wenn das Ich – die Person – kein Zentrum mehr hat. Wenn wir Madonna betrachten, zeigt sich uns die Ideologie der Postmoderne als „spielerische Unbestimmtheit." Jock McGregor[47] spricht in diesem Zusammenhang von „nihilism with a smile" (Nihilismus oder eben Sinnlosigkeit mit einem Lächeln). Das Leitmotto lautet dann: Es ist zwar alles sinn- und ziellos, aber lasst uns dieser Realität wenigstens mit einem Lächeln ins Angesicht schauen und dann die Party geniessen! Dadurch lässt sich auch unsere Konsumgesellschaft, die grenzenlosen Medienwelten und das Spielen in den sozialen Netzwerken erklären. Es geht ständig darum, zu beeindrucken und beeindruckt zu werden. Das Shoppingcenter wird neu zum Zentrum des Lebens, ja zu einem Tempel des Konsums. Die Philosophie dahinter heisst: „Ich kaufe, also bin ich." Oder in den Worten des Apostels Paulus: *„Lasst uns essen und trinken; denn morgen sind wir tot!"* (1. Kor 15,32)

WARUM SOLLEN WIR DENN ÜBERHAUPT ERWACHSEN WERDEN?

Pubertät (Adoleszenz) war bis anhin als der Übergang vom Kindsein zum Erwachsensein definiert. Während dieser Übergangsphase spielen die Hormone verrückt, es geht wild zu und her. Man sucht die Grenzen und oft überschreitet man sie auch. Man tut Dinge, die man später eventuell bereut. Diese Phase der Adoleszenz, manchmal auch Teenagerjahre genannt, ist wichtig für die Entwicklung jeder Person, sie ist nicht an und für sich problematisch. Doch irgendwann einmal sollte der Zeitpunkt kommen, an dem man aus dieser Übergangsphase herauswächst. Und an dieser Stelle zeigt sich in unserer Zeit ein echtes Problem.

Der Kulturkritiker Neil Postman hat in seinem Bestseller *Wir amüsieren uns zu Tode*[48] beschrieben, wie in unserer Kultur viele Kinder mit dem Fernseher, aber ohne jegliches Geheimnis aufwachsen. Diese Kinder können schon von klein auf am Fernseher alle Themen und Bilder konsumieren, welche früher dem Erwachsenen vorbehalten waren. Die Darstellungen werden dabei immer grafischer, immer gewalttätiger und immer realistischer. Laut Postman haben wir heute zynische Kinder, die schon alles gesehen haben. Und diese Kinder werden später zu „infantilen und langzeitpubertären Erwachsenen". Das mag abstrakt klingen, beschreibt aber die Tatsache, dass heute viele Jugendliche nicht mehr erwachsen werden wollen. So kann die Pubertät heute bis weit in die dreissiger Jahre hinein dauern, weil die Menschen ihre Identität nicht mehr festlegen wollen oder können.[49]

Und damit schliesst sich unser Kreis zu Madonna als Ikone der Postmoderne. Als Idol der Popkultur malt sie uns eine verewigte Teenagerphase vor Augen, ein ständiges Wechseln der Identitäten, eine spielerische Unbestimmtheit des Lebensgefühls, pubertäres und rebellisches Verhalten bis ins fünfte Jahrzehnt ihres Lebens hinein.

Was heisst das nun für Christen im Umbruch? Sie wissen, dass, wenn man sich nicht definiert, man unbestimmt und schwammig bleibt. Der Theologe Wolfgang Bittner spitzt das noch zu und sagt: „Wer sich nicht festlegt, reift nicht." Wer jedes Musikinstrument lernen will, kann keines gut spielen. Wer von allen Berufen fasziniert ist, hat noch keinen wirklich gelernt. Wer bloss an ein Fitnesscenter denkt und nicht hingeht und schwitzt, wird nicht wirklich fit. So ist auch das Reifen eines jeden Menschen ein Prozess einer zunehmenden Festlegung und des Hineinwachsens in seine Identität.

Doch wohin lohnt es sich hineinzuwachsen? Welches Bild soll uns prägen? In Christus ist uns ein Bild gegeben und wir sind eingeladen, uns auf den Weg der Nachfolge zu begeben und in die Ebenbildlichkeit von Christus hineinzuwachsen.

WORAUF DIE WELT WARTET – HOFFNUNG KOMMT UNS VON VORN ENTGEGEN

Für Christen im Umbruch gibt es Grund zur Hoffnung. Das Leben hat einen tiefen Sinn – und macht gerade deshalb auch echt Freude. Sie entdecken zunehmend die biblische Hoffnung als solide Grundlage des Lebens.
Wir wollen in den folgenden Abschnitten die biblische Hoffnung etwas näher unter die Lupe nehmen. Wir konzentrieren uns dabei, inspiriert von Tom Wright[50], nicht auf die persönliche Hoffnung für jeden einzelnen Menschen – das wollen wir später auch noch anschauen –, sondern zuerst auf die biblische Hoffnung für die ganze Welt.

GOTTES GUTE SCHÖPFUNG

Das frühe Christentum hat Gott immer als Schöpfer der sichtbaren und der unsichtbaren Welt bekannt, also der materiellen *und* der immateriellen Welt. Damit setzten sich die Christen deutlich von ihrer Umwelt ab, die mehrheitlich verschiedene Formen des Dualismus vertrat. Leider konnte sich trotzdem im Laufe der Kirchengeschichte die Leib- und Schöpfungsfeindlichkeit auch in der Kirche immer wieder breitmachen. Doch sowohl die unsichtbare als auch die sichtbare Welt sind nach dem Glaubensbekenntnis von Gott geschaffen und damit gut! Das hat zum einen zur Konsequenz, dass die Engel und die ge-

samte unsichtbare Welt genauso erschaffen und damit begrenzt sind wie die materielle Welt. Zum anderen bedeutet es,
dass die Erde in ihrem materiellen und vergänglichen Zustand
nicht schlechter ist als die immaterielle, geistliche Welt. Denn
Gott sprach bei der Schöpfung: „Siehe es ist sehr gut", und damit ist die gesamte materielle und immaterielle Wirklichkeit
mit eingeschlossen.

Die ganze Welt ist also von Gott geschaffen und er hat sich
nicht von ihr oder aus ihr zurückgezogen. Sie ist also einerseits
weder völlig unabhängig noch ganz getrennt von ihm, so wie es
der Deismus vertreten würde.

Doch genauso wenig ist sie auf der anderen Seite ein Teil von
Gott oder gar selber göttlich, wie der Pantheismus es vorschlägt. Vielmehr besteht der biblische Glaube darauf, dass
Gott eine gute Welt geschaffen hat, die anderes ist als er selbst
und zu der er selbst in Beziehung steht. Denn echte Liebe zeigt
sich nur in Bezug auf etwas „echt anderes". Der Mensch als
Höhepunkt der Schöpfung (Gen 1) war „dazu gedacht, Gott
widerzuspiegeln, Gott in der Anbetung auf Gott zurück zu spiegeln und ihn in den Rest der Schöpfung hineinzureflektieren."[51]
Das ist die zentrale Aufgabe der königlichen Priesterschaft, der
ursprüngliche Kulturauftrag Gottes an die Menschen. Christen
im Umbruch betonen, dass diese Welt Gottes gute Schöpfung
ist und dass er sie nicht aufgegeben hat. Gleichzeitig dürfen wir
jedoch die Tatsache des Sündenfalls nicht kleinreden. Das Böse
existiert nun mal in dieser Welt.

DAS BÖSE UND DIE VERGÄNGLICHKEIT

Was ist denn das Böse? Nach biblischer Überzeugung ist es real
und mächtig in dieser Welt. Wir alle kennen genügend Beispie-

le, die uns zeigen, wie und wo sich das Böse manifestiert – nicht nur draussen in der Welt, sondern auch in unserem Innern.

Die persönliche Seite des Paradoxes, dass es in Gottes guter Schöpfung doch Böses gibt, zeigt sich darin, dass wir zwar oft das Gute wollen und trotzdem oft Böses bewirken. Wie ist das möglich?

Im Gegensatz zu Platon ist für Christen klar, dass das Böse nicht darum besteht, weil die Welt geschaffen ist. Das Problem ist also nicht, dass diese Welt aus Materie besteht. Deshalb besteht das Böse auch nicht darin, dass die Welt etwas anderes ist als Gott selbst, denn Materie ist für die biblische Schöpfungslehre kein „Abfall" vom göttlichen Wesen, sondern von Gott gewollte und geliebte und darum eben gute Schöpfung. Das Böse besteht also weder in unserer Begrenzung auf Raum und Zeit, noch aus unserer Vergänglichkeit und dem daraus folgenden Zerfall aller Dinge.

Im Gegenteil, die Vergänglichkeit der Schöpfung ist sogar eine Art Wegweiser zu ihrer grösseren Bestimmung. Doch dieser Wegweiser weist nicht von der materiellen zur immateriellen Welt, vielmehr weist er von der Welt, wie sie jetzt ist, zur der Welt, wie sie eines Tages sein soll. Wenn also das Böse nichts mit dem Materiellen und auch nicht mit dessen Vergänglichkeit zu tun hat, was ist es dann? Tom Wright bringt es treffend auf den Punkt:

> „Das Böse besteht also nicht darin, kreatürlich zu sein, sondern im rebellischen Götzendienst, bei dem die Menschen Elemente der natürlichen Welt anbeten und ehren, anstelle des Gottes, der sie geschaffen hat. Das Ergebnis ist, dass der Kosmos aus den Fugen ist."
>
> Tom Wright[52]

DER ERLÖSUNGSPLAN

Gott hat aus Liebe eine gute Schöpfung geschaffen. Auch dem Problem dieser Welt begegnet er, indem er sich in seiner Liebe verschenkt und so der Welt Erlösung verschafft. Würde das Problem oder eben das Böse darin bestehen, dass wir materiell gemacht sind und einen Leib haben, dann wäre der Tod tatsächlich die Erlösung daraus und wir wären im Paradies oder in der anderen Welt glückliche geistige (und körperlose) Wesen. Doch wenn das menschliche Problem tatsächlich in der Rebellion gegen Gott liegt, dann bringt die blosse Befreiung der Seele von der Materie noch gar nichts. Vielmehr muss biblische Erlösung Leib und Seele erfassen, also den ganzen Menschen!

Dass Materie nicht an und für sich schlecht sein kann, zeigt sich auch in der **Menschwerdung** des ewigen Wortes in Jesus von Nazareth. Wenn Gott „ganz Mensch" wird, mit einem Leib und all seinen Begrenzungen und natürlichen Problemen, dann würdigt er damit auch die materielle Welt. Das verdeutlicht auch der Tod und die Auferstehung von Jesus Christus. Denn Jesus ist eben nicht als Gespenst ohne Körper auferstanden. Er ist auch nicht ins Totenreich oder ins Paradies hinein – oder gar in die Vorstellung der Jünger hinein – auferstanden. Vielmehr ist er mit einem transformierten Leib in unsere reale, geschaffene Welt hinein auferstanden. Darum kann auch niemand mehr sagen, die geschaffene Welt, unser Leib oder gar das Menschsein an sich sei schlecht.

Der Auferstandene bleibt nun in alle Ewigkeit auch ein Mensch, einer von uns. Er ist zwar in die andere Dimension hinübergegangen (Himmelfahrt), von wo aus wir ihn nun erwarten, aber nur, damit bei seiner leiblichen Wiederkunft die leibliche (!) Auferstehung aller Toten geschehen kann. Warum ist dies nicht nur eine verrückte, religiöse Idee? Weil einer „von uns" es bereits erlebt hat und weil bei der Auferstehung Jesu an Ostern die Neuschöpfung der Welt schon begonnen hat! Diese Hoffnung ist in der Heilsgeschichte begründet.

Erlösung heisst also, dass alles, was durch die Sünde krumm wurde, wieder gerade gemacht wird. Was auch immer die Sünde verzerrt hat, wird durch die Erlösung wiederhergestellt. Erlösung bedeutet also nicht, dass die Schöpfung verbessert wird, wie es Fortschrittgläubige meinen, und auch nicht, dass der Geist oder die Seele des Menschen aus der bösen, materiellen Welt gerettet werden muss, wie es die Gnostiker und Platoniker vertreten, sondern wie Tom Wright es schön zusammenfasst:

> „Erlösung ist die Neuschaffung der Schöpfung, nachdem mit dem Bösen abgerechnet worden ist, das die Schöpfung entstellt und deformiert. Und sie wird von demselben Gott vollbracht, der nun in Jesus Christus erkannt wird, durch den die Schöpfung überhaupt geschaffen wurde."[53]

HOFFNUNGSBILDER IM NEUEN TESTAMENT

Im neuen Testament werden verschiedene Bilder gebraucht, um das Verhältnis zwischen der gegenwärtigen Welt und der kommenden Welt Gottes zu beschreiben. Jedes Bild beleuchtet jeweils eine Seite des Geschehens und hat immer gewisse Stärken und auch gewisse Einschränkungen. Diese Bilder ergänzen einander und malen zusammen ein Gesamtbild. Doch was dann wirklich passieren wird, übersteigt unser jetziges Verständnis dieser Bilder. Trotzdem sind diese Bilder wie Wegweiser in Richtung Gottes Zukunft für unsere Welt.

SÄEN UND ERNTEN

Im 1. Kor 15 braucht Paulus das Bild der Erstlingsfrucht. Im Alten Testament wurde zu Beginn der Ernte der erste Teil der Ernte als Opfer vor Gott gebracht. Die ersten Garben, die ersten Trauben, den ersten Krug Öl trugen die Israeliten in den Tempel. Dies geschah jeweils zum Passahfest und zum Pfingstfest. Diese Handlung sollte auf den noch erwarteten Ertrag der Ernte hinweisen, von dem dann der zehnte Teil auch in den Tempel gebracht wurde.

Paulus überträgt nun dieses Bild auf Jesus. Er ist das wahre Passahlamm und er ist die Erstlingsfrucht der Auferstehung, d. h. der erste, der von den Toten auferstanden ist. Genauso wie die Erstlingsfrucht jeweils der erste Teil der Ernte ist und danach noch eine grosse Ernte erwartet wird, so ist auch die Auferstehung Jesu nicht ein einmaliges mirakulöses Ereignis. Wie die Erstlingsfrucht weist sie vielmehr darauf hin, dass noch mehr folgen soll.

Die Erstlingsfrucht wurde am Passahfest in den Tempel gebracht, also an dem Fest, das an den Auszug Israels aus Ägypten erinnerte, den Exodus aus der Sklaverei. Parallel dazu sieht Paulus nun auch die Auferstehung von Jesus (nach seiner Kreuzigung am Passahfest!) als eine Erstlingsfrucht, die deshalb auch symbolisch für den Auszug aus dem Exil steht, also der Überwindung von Tod und Sünde.

Beim Bild von der Erstlingsfrucht sehen wir einerseits die Kontinuität von der Saat bis zur Ernte. Die Saat wächst und reift immer ein Stück weiter. Andererseits zeigt dieses Bild auch die Diskontinuität, denn um die Ernte einzubringen, muss der Weizen geschnitten werden.

Die Auferstehung der Toten ist nicht durch menschliche Anstrengung oder Fortschrittsbemühungen, aber auch nicht
durch eine Befreiungsrevolution zu bewerkstelligen. Sie ist und
bleibt ein Geschenk der Gnade Gottes durch den Heiligen Geist.
Weil aber einer von uns diese Gnade schon erlebt hat, Jesus
Christus, ist deshalb auch die Hoffnung auf unsere leibliche
Auferstehung begründet und nicht bloss Wunschdenken. Das
„verheissene Land" wird bei diesem letzten Exodus nicht mehr
bloss aus einem schmalen Landstreifen bestehen, wie es das
noch für Israel war. Für Paulus besteht das „verheissene Land"
vielmehr in der transformierten, geheilten und erneuerten
Welt Gottes![54]

DIE SIEGREICHE SCHLACHT

Im 1. Kor 15 folgt dann noch ein anderes alttestamentliches
Bild. Es ist das Bild eines Königs, der sein Königreich festigt,
indem er alle seine Feinde besiegt. Paulus betont, dass sich jede
einzelne Macht im ganzen Kosmos unter die Herrschaft Jesu
Christi beugen wird, am Schluss sogar der Tod selber. Er bezeichnet den Tod als den letzten Feind der guten Schöpfung
und erklärt, dass dieser Sieg bei der Auferstehung Jesu prinzipiell bereits geschehen ist und bei der Wiederkunft Jesu nur
noch zu Ende geführt werden wird. Danach wird Christus die
Herrschaft dem Vater übergeben.
Nach der nüchternen Einschätzung der Wissenschaftler geht
unserem Universum einmal die Puste aus und es wird dabei
vergehen. Dem widerspricht die Botschaft von der Königsherrschaft Jesu. Denn was Gott an Ostern für Jesus getan hat – in
der Auferstehung –, wird er nicht nur für diejenigen tun, die „in
Christus" sind, sondern auch für die ganze Schöpfung. Es wird,

genau wie bei ihm, eine allgemeine leibliche Auferstehung geben, denn wenn wir durch den Tod hindurch einfach in einen
körperlosen Zustand übergehen würden, dann wäre ja der Tod
nicht wirklich besiegt. Auf diese Art wäre der Tod nur als
Übergang in einen anderen Zustand beschrieben, aber nicht
real überwunden oder beseitigt.

BÜRGER DES HIMMELS

*„Unser Bürgerrecht aber ist im Himmel; woher wir auch erwar-
ten den Heiland, den Herrn Jesus Christus, der unsern nichtigen
Leib verwandeln wird, dass er gleich werde seinem verherrlich-
ten Leibe nach der Kraft, mit der er sich alle Dinge untertan machen kann.“* (Philipper 3,20–21)
Hier finden wir ein weiteres königliches Bild, ähnlich desjeni-
gen im Korintherbrief. Verschiedene römische Kaiser wollten
jeweils nicht, dass die pensionierten Soldaten ihrer Armeen
nach Rom zurückkehrten. Deshalb stationierten sie diese in
strategischen Städten, um so die römischen Kolonien zu bevöl-
kern.
Auch die Menschen, die nicht Bürger Roms waren, kannten die
Bedeutung des Bürgerseins. Die römischen Bürger waren jeweils verantwortlich dafür, den Einfluss des Römischen Reichs
an diesen Orten sicherzustellen, die weit von der Hauptstadt
entfernt waren. Sie repräsentieren und verbreiten die Kultur
Roms in den Kolonien. Philippi war eine dieser römischen Kolonien, die auf dem Hauptverkehrsweg Richtung Osten lag.
Wenn also Paulus den Christen in Philippi sagte, sie seien „Bürger des Himmels“, bedeutete dies gerade nicht, dass sie in den
Himmel gehen würden, sobald sie ihren Auftrag auf der Erde
erfüllt hätten. Vielmehr sagt er: „Wir erwarten Jesus, unseren

Herrn und Retter, den König."⁵⁵ In der Zwischenzeit, bis er selber kommt, müssen wir ihn hier auf der Erde repräsentieren. Bürger des Himmels warten also nicht darauf, dass sie endlich in den Himmel gehen können, sondern sie trachten nach dem Himmelreich, das auf die Erde kommt – und sie repräsentieren es heute schon.

GOTT WIRD ALLES IN ALLEM SEIN

In 1. Kor 15,28 beschreibt Paulus das Ziel der Geschichte dieser Welt, nämlich dass „Gott alles in allem sein wird." Was kann damit gemeint sein?

Durch die Liebe und Weisheit Gottes besteht die Welt, trotzdem wird sie nicht von seiner Macht überwältigt. Aus Liebe hat er die Welt erschaffen, sodass sie ihm diese ohne jeden Zwang, aus Liebe eben, zurückgeben kann. Obwohl sich Gott aufgrund der menschlichen Rebellion ein Stück weit von den Menschen zurückzog, war es immer seine Absicht gewesen, nahe bei den Menschen zu wohnen, sei es im Zelt in der Wüste, im Tempel in Jerusalem und im Neuen Testament in den Herzen seiner Nachfolger und in der Kirche als seinem Leib.

Zudem sah Jesaja in einer Vision, wie das ganze Land erfüllt ist „von der Erkenntnis des Herrn, so wie das Meer mit Wasser gefüllt ist" (Jes 11,9). Auch Paulus weist darauf hin, dass am Ende der Zeit die ganze Schöpfung von Gottes Gegenwart und Liebe erfüllt sein wird. Wir lernen daraus, dass die geschaffene Welt zwar gut, aber trotzdem noch nicht vollständig ist. Später einmal, wenn alle Mächte der Rebellion besiegt sein werden und die Schöpfung fröhlich sein und aus freien Stücken auf die Liebe des Schöpfers reagieren wird, dann wird Gott auf eine neue Art und Weise auch diese Welt erfüllen, ebenso wie das

Wasser das Meer füllt. Die Welt soll dann sowohl eigenständig bleiben, geschaffen und dadurch anders als Gott selbst und gleichzeitig mit Gottes eigenem Leben erfüllt und überflutet. Tom Wright beschreibt dies mit dem Geheimnis der Liebe, denn „frei gegebene Liebe erzeugt einen Kontext, in dem die Liebe aus freien Stücken zurückgegeben wird, und das wiederholt sich in einem Kreislauf, in dem sich vollständige Freiheit und vollständige Einheit nicht gegenseitig ausschliessen, sondern sich gegenseitig feiern und gegenseitig komplettieren."[56]

DIE NEUE GEBURT

In Röm 8 kommt Paulus zu einem Höhepunkt des Römerbriefes und seines Denkens. Erneut braucht er das Bild vom Exodus, dem Auszug aus der Gefangenschaft, doch diesmal nicht im Zusammenhang mit Jesus oder den Menschen, sondern in Bezug auf die materielle Welt: *„Auch die Schöpfung soll von der Sklaverei und Verlorenheit befreit werden zur Freiheit und Herrlichkeit der Kinder Gottes."* (Röm 8,21)

Nach Paulus ist die ganze Schöpfung in einer Sklaverei, ähnlich wie es damals das Volk Israel war. Gottes ursprüngliche Absicht war es immer, die Schöpfung durch seine Ebenbilder regieren zu lassen. Doch seit dem Sündenfall ist diese Absicht eine Zukunftsverheissung. Eines Tages wird der wahre Mensch, das volle Ebenbild Gottes, der inkarnierte Sohn Gottes kommen, um die Menschheit in ihrer wahren Identität wiederherzustellen. In der Zwischenzeit, bis die Kinder Gottes geoffenbart werden, unterliegt jedoch die ganze Schöpfung der Gefangenschaft der Vergänglichkeit. Doch dann wird das, was Jesus an Ostern widerfahren ist, für alle seine Nachfolger Wirklichkeit werden. Die ganze Schöpfung wartet deshalb in „ange-

spannter Erwartung" auf diesen Moment, weil die Auferstehung der Kinder Gottes die Ankündigung ihrer eigenen Befreiung und Erneuerung sein wird.

Bildlich gesprochen liegt die ganze Schöpfung in Geburtswehen
und hat Schmerzen – bis zu ihrer Befreiung aus der Sklaverei
(Röm 8,22). Auch an dieser Stelle zeigt sich erneut sowohl Kontinuität als auch Diskontinuität. Auf der einen Seite handelt es
sich bei der Geburt um etwas völlig Neues. Durch Krämpfe und
Schmerzen hindurch werden die Mutter und das Kind getrennt,
d. h., sie werden zwei verschiedene Menschen und bleiben
nicht eine Einheit (Diskontinuität). Auf der anderen Seite zeigt
sich aber, dass bei der Geburt nicht das Alte zugunsten des
Neuen verworfen oder gar vernichtet wird. Denn obwohl das
Kind etwas Neues und Anderes ist als die Mutter, ist es doch
aus ihr hervorgegangen. Gewisse Eigenschaften der Mutter
sind auch schon im Kleinkind zu erkennen (Kontinuität).

Auch dieses Bild weist darauf hin, wie wenig sich das jüdisch-
biblische Denken eine dualistische Verwerfung der materiellen
Welt vorstellen kann. Gott muss die gegenwärtige Schöpfung,
welche unter dem Tod und Zerfall leidet, nicht wegwerfen, um
dann wieder völlig neu zu beginnen. Paulus spricht vielmehr
von einer dramatischen Geburt der neuen Schöpfung aus dem
Schoss der alten Schöpfung.

DIE HOCHZEIT VON HIMMEL UND ERDE

Damit kommen wir zum letzten und vielleicht grossartigsten
Bild, welches uns das Neue Testament in Bezug auf die neue
Schöpfung gibt. In Offenbarung 21 und 22 wird uns das Bild
von einer grossen Hochzeit vor Augen gemalt. Das neue Jerusalem kommt aus dem Himmel auf die Erde herab[57] und ist ge-

schmückt wie eine Braut für ihren Bräutigam. Auch hier finden wir ein völlig anderes Bild als das der nackten Seelen, die von der Erde weg in einen körperlosen ewigen Glanz hinein gerettet werden. Dieses Bild der Hochzeit beinhaltet die vollständige Ablehnung jeglicher Art von Gnostizismus, denn wer die geistliche Wirklichkeit über die Schöpfung stellt, hat letztlich die Trennung von Himmel und Erde zum erklärten Ziel. Doch der liebende Schöpfergott hat sich festgelegt, ganz am Schluss Himmel und Erde zu vereinen.

Diese Hochzeit ist die abschliessende Erfüllung und Antwort auf das „Vater unser"-Gebet: „Dein Wille geschehe wie im Himmel so auf Erden." Es ist auch die Erfüllung von Eph 1,10, wo Paulus sagt, dass in Jesus alle geschaffenen Dinge zusammengefasst werden, sowohl die im Himmel als auch die auf Erden – einfach alle. Das Bild der grossen Hochzeit von Braut und Bräutigam nimmt auch das Bild in Genesis 1 wieder auf, wo die Einheit vom Mann und Frau als Ebenbild Gottes in diese Welt hineinspiegeln soll.

Himmel und Erde sind also weder absolute Gegenpole, die getrennt werden müssen, noch sind sie ein und dasselbe. Nein, sie sind zwar unterschiedlich, aber wie im Buch der Offenbarung beschrieben so für einander geschaffen, wie auch Mann und Frau für einander geschaffen sind. Die Vereinigung von Gegensätzen in Liebe hat somit das letzte Wort in dieser Welt, nicht die Trennung oder der Hass und auch nicht die Auflösung oder Unterdrückung des einen zugunsten des anderen.

Nach dieser grossen Hochzeit werden wir aber nicht einfach weiterspielen in alle Ewigkeit hinein! Die Bibel gibt uns zwar nur wenige Hinweise, doch diese sind konkret genug, um mit Tom Wright zusammenzufassen: „Weit entfernt davon, auf Wolken zu sitzen und Harfe zu spielen, wie man sich das oft vorstellt, wird das erlöste Gottesvolk in der neuen Welt der Vermittler der Liebe Gottes sein, die auf neue Arten und Weisen ausströmt, um neue kreative Aufgaben zu erfüllen, um die Herrlichkeit seiner Liebe zu feiern und zu verbreiten."[58]

Diese grossartigen Bilder der biblischen Vision von der Zukunft Gottes mit dieser Welt sind aus verschiedenen Gründen lange Zeit in den Kirchen in den Hintergrund getreten.[59] In jüngster Zeit hat vor allem N.T. (Tom) Wright über die biblische Hoffnung geschrieben, ich kann sein Buch „Von Hoffnung überrascht" nur wärmstens empfehlen. Auch wenn diese Sicht in den modernen Kirchen oft verdrängt wurde, so ist sie doch nicht neu. Sie ist biblisch und historisch gut belegt. Ein prominenter deutscher Vertreter dieser Sicht war zum Beispiel Christoph Blumhardt der Jüngere.

BLUMHARDTS SICHT VOM KOMMENDEN REICH

Sein Vater Johann Christoph Blumhardt (1805–1880) war Erweckungsprediger in Süddeutschland. Christoph, der Sohn, war einer der Ersten, der die Reich-Gottes-Hoffnung aus der Schrift wieder ernstnahm und wortgewaltig verkündete.[60] Seine Wirkung auf die deutschsprachige Theologie ist beeindruckend, er ist ein Zeuge dafür, wie eine vertiefte Aneignung der Schrift zu neuen Antworten auf drängende Fragen der Zeit führen kann. Blumhardt hatte drei konkrete Bilder davon, wie die kommende Welt Gottes in unserer Zeit Wirklichkeit werden kann. Für ihn war klar, dass wenn Gott der Schöpfer der sichtbaren und der unsichtbaren Welt ist, dann wird er nicht bloss die unsichtbare Welt (also nur die Seelen) erlösen. Ihm ist es gelungen, in drei ausdrucksstarken Bildern Auftrag und Hoffnung der Christen zu bündeln.

NEUE AUSGIESSUNG DES HEILIGEN GEISTES

Blumhardt wehrt sich gegen die Überzeugung, Gottes neue
Welt werde von den Menschen herbeigeführt oder „gemacht",
wie der Fortschrittsglaube es vorschlägt. Reich Gottes auf der
Erde ist vielmehr immer ein Geschenk Gottes. Damit das Reich
Gottes kommen kann, so war Blumhardt überzeugt, braucht es
darum zuerst immer wieder eine neue Ausgiessung des Heiligen Geistes, ein immer neues Pfingsten! Nicht wir Menschen
bauen das Reich Gottes, so wie eine Art Brücke in den Himmel,
sondern der Himmel muss sich erbarmen und muss sich uns
nähern. Von dieser Selbstmitteilung Gottes sprach Petrus in
der Pfingstpredigt.

So weiss auch Blumhardt, dass nur Gott selber sein Reich auf
der Erde kommen lassen kann. Denn der Heilige Geist ist immer wieder der Schöpfergeist. Die Neuschöpfung der Welt, die
mit der Auferstehung schon begonnen hat, wird er zum Schluss
zur Vollendung bringen (Röm 8). Nie ist das Reich Gottes als
bloss menschliches Werk denkbar. Wir dürfen wohl dafür beten, wir können auch danach trachten und dürfen sogar seine
Mitarbeiter sein, doch es ist und bleibt Gottes Reich und damit
letztlich auch seine Arbeit. Damit schliesst Blumhardt eine di-
rekte, ungebrochene Kontinuität des Übergangs von dieser
Welt zu Gottes neuer Welt aus.

NEUES ZION

Weil Gott in sich eine völlige Gemeinschaft ist (Dreieinigkeit),
darum werden Menschen, welche diese neue Erfüllung mit
dem Heiligen Geist erfahren haben, sich immer in Gemeinschaften sammeln. Denn der Heilige Geist wird nicht bloss zur indi-

viduellen Befriedigung geschenkt. Das Geschenk Gottes nimmt uns immer auch in seine Pflicht für sein Reich und führt uns in die Gemeinschaft der Christen. Auch das machte Petrus mit seiner Pfingstpredigt klar.

Solche „geisterfüllten" Gemeinschaften nennt Blumhardt ein „Zion Gottes". Sie sind ein konkreter Ort, wo der Himmel auf der Erde Wirklichkeit werden kann. Für Blumhardt besteht die Hoffnung auf Gottes neue Welt nicht im Individualismus oder in der Selbstverwirklichung, sondern in der Sammlung der Christen in verbindlichen Dienstgemeinschaften. Auf keinen Fall darf das Zion Gottes zum Selbstzweck werden, es steht ganz im Dienst für das Reich Gottes. Geisterfüllte Christen in Gemeinschaft werden so zu einer „Stadt auf dem Berge, die nicht verborgen bleiben kann".

KAMPF GEGEN DIE TODESMÄCHTE

Für Blumhardt war es unerträglich, wie sehr die Christen seiner Zeit sich mit dem Tod arrangiert hatten. Nach Paulus stellt der Tod noch den „letzten Feind" dar, der entmachtet werden wird (1. Kor 15,26). Doch die Kirche ist zu weiten Teilen einen „Waffenstillstand" mit dem Tod und seinen Mächten eingegangen.[61] Aus der urchristlichen Hoffnung auf die leibliche Auferstehung und der Neuschöpfung der Erde wurde so die (platonische) Hoffnung auf ein „Leben nach dem Tod", auf irgendeinen körperlosen Zustand im Himmel, den wir nach dem Tod erreichen sollten. Der Tod wurde zum „Erlöser aus dem Jammertal". Doch für Blumhardt war es undenkbar, dass die gute Schöpfung Gottes nur zur Hälfte gerettet werden sollte und dass Hoffnung auf die neue Welt Gottes diese materielle Welt nicht mit einschliessen würde. Reich Gottes bedeutete für ihn den

Himmel auf die Erde zu bringen. Es geht dabei um Gott, der bei den Menschen auf der Erde wohnen will und nicht um körperlose Seelen, die in den Wolken um ihn herumschwirren.

Es geht um das Reich Gottes auf Erden, das unsere materielle Wirklichkeit verändern will, und nicht darum, nach den Anstrengungen unseres Lebens durch den Tod hindurch nun einfach „sanft zu ruhen bis in alle Ewigkeit". Es geht also auch Blumhardt nicht um das *körperlose Leben nach dem Tod*, sondern um das *Leben nach der leiblichen Auferstehung der Toten*. Und wer so biblisch denkt, der kann sich nie mit dem Tod und seinen Mächten arrangieren.

Zusammenfassend ist also für Blumhardt das Reich Gottes nie mit menschlichem Fortschritt oder mit unserer eigenen Leistung zu produzieren. Es ist immer ein Geschenk Gottes, ein Kommen des Himmels auf die Erde und wird immer durch den Heiligen Geist bewirkt. Das Reich Gottes ist zwar grösser als die Kirche, führt aber nicht weg von der Kirche oder der Gemeinschaft, sondern führt in die Gemeinschaft und von dort in den gemeinsamen Dienst. Dieser Dienst der Christen besteht nun u. a. darin, alle Konsequenzen der Sünde und des Todes mit dem Auferstehungsleben zurückzudrängen und zu bekämpfen.

Wir können Gottes neue Welt immer nur in Bildern, Symbolen und Metaphern beschreiben und das ist auch gut so. Unsere Sprache über die Zukunft ist wie eine Reihe von Wegweisern, die in einen hellen Nebel hineinweisen. Keines dieser Schilder bietet eine exakte Fotografie von dem, was wir antreffen werden, wenn wir dort ankommen. Doch sie weisen uns in die Richtung, die wir gehen sollen und gehen können. Wir vertrauen diesen biblischen Bildern, weil wir Gott selber vertrauen, der hinter diesen Bildern steht.

AUF DEN PUNKT GEBRACHT

- Unsere Erde wird nicht eines Tages einfach zugrunde gehen! Und die Erlösten werden auch nicht auf einer Wolke sitzend und Harfe spielend ihre Ewigkeit verbringen. Es gibt Hoffnung für den alten Planeten Erde! Gott wird durch das Gericht hindurch den Himmel und die Erde erneuern.[62]
- Deshalb wird auch all das, was wir in dieser Zeit in Glaube, Hoffnung und Liebe investieren und erarbeiten (und sei es noch so klein), nicht verloren gehen, sondern wird spätestens auf der erneuerten Erde Frucht tragen.

GLAUBE, HOFFNUNG, LIEBE

- Der **Glaube** steht auf der Geschichte Gottes mit seinem Volk Israel und seinem Messias Jesus Christus. Er hält daran fest, dass Gottes Werk der Erneuerung der Welt in der Auferstehung Christi schon begonnen hat. Aber er weiss auch darum, dass diese Erneuerung noch nicht vollständig ist.
- Deshalb kommt zum Glauben auch die **Hoffnung**, dass Gott sein Werk der Erneuerung vollenden wird und dass keine Tat der Liebe und kein Leiden um Christi willen vergeblich waren.
- Die **Liebe** Gottes zu dieser Welt, wie wir sie in Christus erfahren haben, ist das beste Fenster auf das Wesen Gottes und weckt in uns die Liebe zu Gott als Antwort. Und diese Liebe zu Gott fliesst auch in eine neue Liebe

zu unseren Mitmenschen und letztlich zu Gottes gutem Werk, der Schöpfung.[63]

FRAGEN

Einige Fragen zum persönlichen Weiterdenken oder auch als Einstieg in ein Gespräch:

- Welche Hoffnung, welche Perspektive habe ich für diesen Planeten? Was hat das mit meiner täglichen Arbeit und meinem Engagement in Familie, Beruf und Gemeinde zu tun?
- Welcher von den Punkten, die Blumhardt nennt (Ausgiessung des Heiligen Geistes, vertiefte Gemeinschaft, Kampf gegen die Todesmächte), ist bei mir persönlich und uns in unserer Gemeinschaft eher unterbetont? Wie könnte er mehr Gewicht bekommen?
- Was ändert sich für Markus, wenn er seine Firma in der Perspektive ansieht, dass sie schon jetzt ansatzweise Teil von Gottes grosser Erneuerung sein könnte?

ANGEBOTE ZUR VERTIEFUNG

Tom Wright gelingt es ausgezeichnet, in seinem Buch **Von Hoffnung überrascht** die christliche Zukunftshoffnung und ihre Auswirkungen für uns heute aufzuzeigen.

Auch zu empfehlen ist MICHEL, Karl-Heinz, *Die Wehen der Endzeit. Von der Aktualität der biblischen Apokalyptik*, Giessen, 1992.

Auf der Homepage von Wolfgang Bittner finden sich hilfreiche Texte und Vorträge zum vertieften Verständnis der Apokalyptik: www.wolfgang-bittner.net.

FÜNF: HOFFNUNG DURCH EINE KÖNIGLICHE PRIESTERSCHAFT

GLAUBEN – UND DANN?

Unsere Hoffnungsperspektive bestimmt unser Leben mehr, als es uns bewusst ist. Wenn unsere Hoffnung darin liegt, in ferner Zukunft einmal in den Himmel zu kommen, müssen wir uns für diese Erde nicht mehr anstrengen. Wenn wir dagegen hoffen, dass wir gerade jetzt auf dieser Erde das Paradies schaffen können, ist das nächste Burn-out vorprogrammiert. Im Gegensatz dazu hält der Bochumer Neutestamentler Peter Wick fest, dass die biblische Hoffnung unsere Gegenwart *und* unsere Zukunft umfassen muss:

> „Die Verkündigung der Hoffnung hat sowohl einen zukünftigen als auch einen für das Leben im ‚Jetzt' bestimmenden ethischen Aspekt."[64]

Die Konzentration der frommen Christen der Moderne auf die Bekehrung und den Himmel hat neben der Hoffnung auf die leibliche Auferstehung zwei weitere Dimensionen nicht genügend gewürdigt: das geistliche Wachstum in der Nachfolge und die Transformation des Menschen in die Ebenbildlichkeit Gottes. Durch die starke Betonung des Glaubens rückte die Frage nach der Neuformung des Charakters durch die Hoffnung und durch die Nöte des Lebens (vgl. Röm 5,3–5) zunehmend in den Hintergrund. Tom Wright fragt in diesem Zusammenhang, was denn für uns Christen **nach** dem Glauben komme.[65] Unterschiedliche Vorstellungen und Erwartungen dessen, was in

Zukunft auf uns zukommt, haben nach der Bekehrung unterschiedliche Formen der Nachfolge und der Charakterentwicklung zur Folge. Wright zeigt folgende drei Möglichkeiten auf:

DER WELTFREMDE FROMME

Wer an einen körperlosen Himmel glaubt und meint, dass wir die Ewigkeit lediglich in Gottes Gesellschaft verbringen werden, vertritt den folgenden Rahmen des Denkens und des Handelns:

1. „Das Ziel ist die endgültige Glückseligkeit, fern vom derzeitigen Leben in Raum, Zeit und Materie.
2. Dieses Ziel ist für uns durch den Tod und die Auferstehung Jesu erreicht worden, nun müssen wir uns lediglich im Glauben daran festklammern.
3. Das christliche Leben in der Gegenwart besteht in der Antizipation (Vorwegnahme) jenes körperlosen, ‚ewigen' Zustands mittels der Praxis einer von der Realität losgelösten Spiritualität und der Vermeidung ‚weltlicher' Verunreinigung."[66]

Diese Meinung hat genügend biblische Substanz, dass man sie vertreten und damit z. T. sogar leben kann. Allerdings produziert die Vernachlässigung der materiellen Welt oft eine abgehobene Spiritualität auf Kosten des Engagements für die Welt.

DER SOZIALAKTIVIST

Diese Position zeichnet sich durch die folgenden Überzeugungen aus:

1. „Das Ziel besteht darin, durch unsere eigene harte Arbeit eine Art Paradies auf Erden zu errichten.
2. Jesus hat uns das Ziel in seinem öffentlichen Wirken vor Augen geführt, womit der Prozess begonnen hat. Jesus ist unser Vorbild, der uns konkret gezeigt hat, wie man es macht.
3. Das christliche Leben in der Gegenwart besteht in der Vorwegnahme des endgültigen Königreichs auf Erden, indem wir für Gerechtigkeit, Frieden und die Verminderung von Armut und Not arbeiten und uns dafür einsetzen."[67]

Auch hier zeigen sich viele Aspekte der guten Nachricht, sodass man mit dieser Überzeugung leben kann. Allerdings verdünnt sich die Spiritualität hier manchmal so sehr, dass sie mehr oder weniger unwichtig wird. Doch es gibt eine bessere Alternative:

KÖNIGLICHE PRIESTERSCHAFT

1. „Das Ziel ist der **neue Himmel und die neue Erde**, besiedelt von Menschen, die von den Toten auferweckt wurden, um die **Herrscher und Priester** der erneuerten Welt zu sein.
2. Dieses Ziel wird durch das Wirken Jesu und des Geistes erreicht, die das Königreich aufrichten. Wir ergreifen dieses Wirken im Glauben, nehmen durch die Taufe Anteil daran und leben es in der Liebe aus.

3. Das christliche Leben in der Gegenwart besteht in der Antizipation (Vorwegnahme) dieser endgültigen Wirklichkeit
   durch die **geistgeleitete**, **Gewohnheiten prägende**, wahr-
   haft menschliche Praxis des **Glaubens**, **Hoffens** und **Liebens**, die Christen die Kraft für ihre Berufung gibt, Gott an-
   zubeten und seine Herrlichkeit in die Welt hinein zu reflektieren.«[68]

Diese Position ist für viele Menschen ziemlich radikal, weil sie
beinhaltet, dass das Leben des Glaubens, des Hoffens und des
Liebens unseren Charakter und unser Verhalten prägen soll.
Wer glaubt, dass Gnade ihn direkt in den Himmel befördert,
verbindet Training nämlich nicht mit dem christlichen Le-
benswandel. Uns ist aber sicher allen bewusst, dass die Verän-
derung von Gewohnheiten ein hartes Training erfordert. Viel-
leicht fragen wir uns: Warum in aller Welt hat mir bei meiner
Bekehrung niemand etwas davon gesagt!?
Wenn ein Mensch zum Glauben kommt, geht es nicht in erster
Linie darum, in den Himmel zu kommen oder das Paradies auf
Erden zu schaffen. Zentral sind vielmehr die folgenden Fragen:

- Wie gelangen wir in der Nachfolge zu **geistlicher Reife
  und wirklicher Christusähnlichkeit**? Wie setzt sich
  die Erlösung in unseren Leben um?
- Wie können wir uns durch Training die Eigenschaften
  Jesu so aneignen, dass sie zunehmend **unser Wesen
  prägen** und wir immer mehr auch in unvorhergesehe-
  nen Situationen christusähnlich reagieren?
- Wie können wir **der Welt zeigen**, wer Gott ist? Was ist
  unser Beitrag hier und jetzt auf der Erde, damit sich
  Himmel und Erde berühren können?

DER LANGE WEG ZUR GEISTLICHEN REIFE

Am 31. Dezember 1983 starteten wir mit vier Ehepaaren die Arbeit von Jugend mit einer Mission (JMEM) in der deutschen Schweiz. Wir begannen mit einer Jüngerschaftsschule in Biel und wurden dann selbst vom schnellen Wachstum unseres Dienstes überrascht. Innerhalb kurzer Zeit fanden pro Jahr vier Jüngerschaftskurse statt und wir mussten nach weiteren Räumlichkeiten Ausschau halten. Bald starteten wir ein zweites Zentrum in Wiler mit mehreren Häusern. Wir hatten in kurzer Zeit über 70 vollzeitliche Mitarbeiter und führten eine Vielzahl von Schulen und Kursen durch: Schulen für Jüngerschaft, für Evangelisation, für Kinder- und Jugendarbeit, für Familienarbeit, für Kreativität, für biblisch-christliche Weltanschauung, für Bibelstudium usw. Aufgrund dieses begeisternden Starts schien uns nichts mehr unmöglich. Wir hatten Gott auf unserer Seite!

Bei allem Erfolg und Wachstum träumten wir von einem Zentrum, einem Bürohaus, wo die vielen Fäden zusammengehalten würden. Einige Zeit später wurde auch dies Realität: Das grosse Bürogebäude in Biel war gebaut. Wir freuten uns über die neuen Möglichkeiten und planten weiterhin Schulen, Kurse, Einsätze und Events. In dieser Zeit[69] kam es jedoch in der Schweiz völlig unerwartet zu einer massiven Zinserhöhung. In nur einem Jahr stieg der Zins, den wir der Bank bezahlen mussten, um 50 Prozent an! Da JMEM für alle Gebäude damals einige Millionen Schulden bei der Bank hatte, gerieten wir schnell in eine Finanzkrise, die zu einer schmerzhaften Krise innerhalb des Leitungsteams führte.

Als Hauptleiter hatte ich keine Ahnung, was ich unternehmen sollte, um mehr Geld aufzutreiben. Ich konnte keine Kursteilnehmer aus dem Hut zaubern. Zudem wusste ich nicht, wie ich in unserem Team wieder Einheit herstellen sollte. Der Konflikt brannte lichterloh. Bis zu diesem Zeitpunkt war alles so reibungslos verlaufen: Wir waren erfolgreich in unserem Dienst und lebten auf der Sonnenseite des christlichen Lebens. Doch innert kürzester Zeit hatte sich alles verändert. Während wir überwältigenden Herausforderungen entgegensahen, sahen viele von aussen zu, wie wir nun unsere Probleme lösen würden.

Da uns als Mitarbeiter von JMEM das Thema Fürbitte und „geistliche Kampfführung" (Eph 6) bestens bekannt war, begannen wir gegen den „Feind" zu kämpfen, der sich uns in der geistlichen Welt entgegenstellte. Wir beteten mit viel Herzblut für ein finanzielles Wunder. In derselben Zeit kam mein Mentor, Dennis Peacocke, zu Besuch und sagte mir zwei Sätze, die mir gar nicht gefielen. Erstens: „Es ist gar nicht der Feind, der dir widersteht, sondern Gott selbst stellt sich dir entgegen." Ich war schockiert! Als Leiter eines Missionswerks dachte ich: Wir geben alles, um Gottes Reich zu dienen. Weil wir so viel Gutes tun, ist es normal, dass der Feind keine Freude an uns hat und uns widersteht. Jetzt müssen wir ihn im Glauben überwinden. Gott würde uns doch nicht höchstpersönlich widerstehen! Als Zweites sagte mir mein Mentor: „Finanzen sind nicht das eigentliche Problem." Auch diese Aussage verärgerte mich und ich dachte: „Du verstehst das völlig falsch. Ich habe tatsächlich ein Finanzproblem. Alles, was ich brauche, ist eine Million Schweizer Franken und meine Probleme sind gelöst."

Ich überspringe jetzt die vielen Prozesse, die mich schlussendlich zu folgender Erkenntnis führten: Man kann so viel Erfolg haben, dass der Dienst schneller wächst als das geistliche Fundament. Es besteht dann die Gefahr, dass einem der Erfolg oder das Wachstum förmlich erdrückt. Wenn dies geschieht, kann es sein, dass der Herr selbst uns und unserem Dienst widersteht. Er will sicherstellen, dass unser geistliches Fundament stark genug ist, um das Haus zu tragen, das darauf gebaut wird.

WEISHEITEN AUS DER WÜSTE

Mehr darüber lernten meine Frau Kathrin und ich in der Wüste Ägyptens, in Wadi Natrun. Dort begegneten wir vor einigen Jahren Dr. Atef, der ursprünglich Arzt war und heute ein koptischer Mönch ist. Nach einer langen geistlichen Reise durch die westliche und östliche Theologie[70] hat er heute einen Lehrdienst. Er spricht über die Wüstenväter und -mütter der frühen Kirche. Nach seiner Überzeugung haben diese ein wertvolles Erbe für uns bereit, das aus der Zeit stammt, bevor es je eine Spaltung der Kirche gab. Atef ist davon überzeugt, dass uns darum die Wüstenväter und -mütter unter anderem bei der „Ökumene der Herzen" behilflich sein können.

Als wir ihn in Wadi Natrun in Ägypten besuchten, erklärte er uns: „Die westliche Kirche hat einen grossen Glauben und tut grossartige Werke. Der Westen glaubt an die Mission und produziert viel Action. Er ist aktiv und unglaublich erfolgreich in dem, was er tut." Trotzdem nehme er wahr, dass es in der westlichen Kirche mehr Taten als geistliches Fundament gäbe. In anderen Worten: Unsere Dienste sind sehr breit, gehen aber nicht wirklich in die Tiefe. Es gibt tendenziell wenig Gebet und wenig tief gehende Veränderungsprozesse.

Dr. Atef, der als Ägypter zur Ostkirche gehört, fuhr fort: „Die Ostkirche hat hingegen gelernt, in die Tiefe zu gehen. Wir haben gelernt zu widerstehen, unter anderem, um neben dem Islam zu bestehen. Für uns sind ein etabliertes Gebetsleben und tief gehende Prozesse, geistliche Disziplinen und innere Veränderungen selbstverständlich. Doch vor lauter Tiefe haben wir im Osten die Expansion, das Ausschreiten im Glauben, die Breite verloren."

Dr. Atef brachte es schliesslich auf den Punkt: „Wenn wir die Stärken des Ostens und des Westen zusammenbringen und die beiden Kirchen sich gegenseitig bereichern könnten, dann würde in der weltweiten Kirche Jesu Christi etwas Gewaltiges geschehen." Wenn wir im Westen also neben all den tollen Programmen und Projekten, die Wachstum in die Breite bewirken, auch in die Tiefe bauen würden, hätten wir zwar etwas weniger Geschwindigkeit, dafür um so mehr Nachhaltigkeit. Wenn wir also den „königlichen" Dienst des Westens mit dem „priesterlichen" Dienst des Ostens verbinden, gewinnen beide Seiten und vor allem das Reich Gottes auf Erden! Wir wachsen in unserem königlich-priesterlichen Dienst.

Im Gegensatz zur „modernen Verengung", zur Reduktion des Evangeliums auf das Seelenheil, hatten die Wüstenväter noch die ganze biblische Geschichte im Blick. Für sie begann die Heilsgeschichte nicht erst mit dem Sündenfall, sondern bereits im Paradies. Die Schöpfungstheologie beschreibt das **Urbild**, das heisst, wie menschliches Leben auf dieser Erde ursprünglich gedacht war. Durch den Sündenfall kam die Entfremdung, die ein **Zerrbild** produziert, und Gott ermöglichte durch Christus, dem **Abbild** Gottes, die Erlösung. Durch geistliche Disziplinen öffnen sich die Christen für die Gnade Gottes, welche die Wiederherstellung der Ebenbildlichkeit Gottes in uns fördert. Je christusähnlicher wir dabei werden, desto mehr wachsen wir in den Dienst der königlichen Priesterschaft.

Für die Wüstenväter bestand ein Zusammenhang zwischen der äusseren Welt (Schöpfung) und der inneren Welt (Herzen). So konnten sie, ähnlich wie es Jesus in seinen Gleichnissen tat, mit Bildern aus der Natur und der Umwelt geistliche Zusammenhänge erklären. Zwei Bilder, die den Prozess der Umsetzung der Erlösung im Leben der Gläubigen beschreiben, werden nun vorgestellt:

1. BILD: DIE INNERE STADT

Die Wüstenväter vergleichen das Herz des Menschen mit einer Stadt. Diese Stadt war ursprünglich wie Jerusalem die Stadt des grossen Königs. Durch die Sünde und Rebellion hat der Mensch diese Stadt entweiht, hat fremden Göttern gedient und ihnen Altäre gebaut, sodass sie zur gottlosen Stadt wurde, welche die Wüstenväter mit Jericho vergleichen.

Durch die rettende Gnade kommt Christus in unsere Stadt. Im Haupttempel der Stadt werden die Götzen hinausgeworfen und ein Tempel für den dreieinigen Gott errichtet. Die Regierung der Stadt hat damit zwar gewechselt, doch es gibt noch viele Häuser, in denen die alten Machenschaften weiterhin getrieben werden. In den Seitenstrassen gibt es kleinere und grössere Altäre. Die alte Stadtmauer Jerichos muss eingerissen werden, jedes Haus muss gereinigt, jeder Altar muss zerstört und jedes Heiligtum dem Herrn geweiht werden. Strasse um Strasse und Haus um Haus muss Jericho wieder zu Jerusalem werden: eine Stadt, von der der dreieinige Gott sagt: „Hier will ich gerne wohnen." Jesus hat es verheissen: „Ich und der Vater, wir wollen kommen und in dir Wohnung nehmen" (Joh 14,23). Für die Wüstenväter war klar, dass dieser Prozess Jahre dauern würde. Die Sünde hat uns oft während Jahren verformt und es gibt ungute Einflüsse in unserem Leben, die über Generationen vererbt worden sind. Doch die Verheissung gilt: Jesus gewinnt!

Manchmal geschieht eine Reinigung in einem einmaligen Akt durch Gebet und Busse und – je nach Frömmigkeitsstil – durch Rituale/Handlungen wie Neuhingabe, Fasten und Handauflegen. Doch zur Überraschung vieler funktioniert dies nicht immer. In manchen Situationen scheint der Herr uns zu sagen: „Ich will, dass du erwachsen wirst und dich von innen heraus verändern lässt. Du hast dir eine Untugend angewöhnt und dadurch in deinem Leben einen fremden Altar errichtet. Ich werde diesen Altar nicht einfach für dich wegräumen. Vielmehr liegt es mir am Herzen, dass du dich unter der Leitung des Heiligen Geistes auf ein Trainingsprogramm einlässt, das deine Gewohnheiten so prägt (dich so umtrainiert!), dass du dadurch zunehmend christusähnlich, also ganz Mensch, wirst. Komm, wir arbeiten an deinem Charakter, wir lassen die Früchte des Geistes in deinem Leben wachsen, sodass du dieses Problem selber überwindest und es in der Folge die Macht über dich verliert."

2. BILD: CHRISTUSÄHNLICHKEIT

Geistliches Wachstum hatte für die Wüstenväter und -mütter höchste Bedeutung. Nur wer Christus ähnlich wird, wer also zur geistlichen Reife gelangt, wird mehr und mehr zum Christusträger. Ohne diesen Prozess bleiben wir Botschafter des „alten Adams" (vgl. Röm 5), d. h. unseres sündigen Teils, oder wir werden gar zum Hampelmann des Bösen.
Die Wüstenväter betonen, dass Christusähnlichkeit ein biblisches Ziel ist[71], und illustrieren den Prozess dorthin mit Gal 4,19: *„Meine Kinder, um die ich noch einmal Geburtswehen leide, bis Christus in euch Gestalt gewinnt!"*

Paulus schreibt hier der Gemeinde in Galatien, er wendet sich also an Christen. Er vergleicht sich selbst mit einer Mutter, die Schmerzen erträgt, bis Christus in den Galatern Gestalt gefunden habe, d. h., bis sie zur geistlichen Reife kommen. Für Paulus ist klar, dass die Gestaltwerdung Christi nicht automatisch geschieht, sondern vielmehr ein heiss umkämpftes Territorium ist. Darum schreibt er, dass er als geistlicher Vater Geburtswehen leide. Einerseits weiss er, dass Menschen **durch den Glauben** gerettet sind. Wenn jemand Christus im Glauben annimmt, ist das ganze Potenzial, wie bei einem Embryo, in ihm bereits vorhanden. Es muss später nichts Neues hinzugefügt werden. Andererseits weiss Paulus, dass es nun einen Prozess des **Wachstums** braucht. Im übertragenen Sinn heisst das, dass der Prozess der Transformation mit der Rechtfertigung nicht abgeschlossen ist. Wenn Christus nicht in uns wächst, wenn unser Leben nicht von der Hoffnung und der Liebe geprägt und transformiert wird, sind wir zwar gerettet, aber „wie durchs Feuer" (1. Kor 3). Weil Paulus seinen geistlichen Kindern diese Peinlichkeit ersparen will, kämpft er für ihre Nachfolge und ihre Transformation in die Christusähnlichkeit.

Die Gestaltwerdung des natürlichen Menschen dauert neun Monate bis zur Geburt. Dann braucht es noch ca. zwanzig Jahre bis zur vollständigen Entwicklung ins Erwachsensein. Warum meinen wir, dass die geistliche Entwicklung wesentlich schneller geht? Hat Dr. Atef Recht und wir haben in der westlichen Kirche die Notwendigkeit unserer geistlichen Entwicklung fast vergessen? Dann ist es kein Wunder, dass wir in unseren Gemeinden eine ganze Anzahl unreifer und fleischlicher Christen vorfinden. Hier liegt eine riesige Aufgabe vor für Christen im Umbruch.

EIN AUSWEG AUS DEM SELBSTMITLEID

Wie ging die Sache mit dem Bürogebäude von Jugend mit einer Mission weiter? Inzwischen hatten wir einige Jahre lang versucht, das Haus zu verkaufen. Der Herr hatte uns keine Million geschenkt und die Herausforderungen nicht aus dem Weg geräumt. Damals hatte uns Dennis Peacocke vorausgesagt, der Lösungsprozess würde einige Jahre dauern, und ich hatte gedacht: „Ach was, das erledigen wir in zwei bis drei Monaten!"
So sassen Kathrin und ich mit Dick Brunner, einem befreundeten Pastor und Mentor, bei uns in der Wohnstube. In meiner Ungeduld beklagte ich mich bei ihm: „Unter Umständen werde ich der erste Schweizer Leiter sein, der eine Missionsgesellschaft in den Konkurs führen muss. Was für eine Schande wird das sein, besonders in der Schweiz. Dabei habe ich es doch nur gut gemeint, habe weder Geld veruntreut, noch hatte ich eine Affäre. Ich wollte doch nur Gottes Reich bauen, verstehst du, Dick?" So endete mein Lied des Selbstmitleids.
Dick, der von etwas grösserer Statur war, hielt seinen Kopf schräg und zeigte mir sein breites texanisches Lächeln. Er sagte liebevoll, aber bestimmt: „Manchmal ist die Frage ‚Warum?' oder ‚Warum ich?' nur heisse Luft und der Herr gibt uns keine Antwort. Er hofft darauf, dass wir ihm aufgrund seines Charakters vertrauen können."
Dann erzählte er mir seine Geschichte: Dick war seit jungen Jahren Pastor und scheinbar glücklich mit seiner Frau verheiratet. Sie hatten ein wunderbares Mädchen, das gerade zwei Jahre alt war, als eines Tages seine Frau ohne Ankündigung mit der Tochter verschwand. Jede polizeiliche Suche nach Frau und Kind blieb erfolglos. Erst Jahre später fand Dick heraus, dass sie mit einer neuen Lebenspartnerin durchgebrannt und unterge-

tauch war. Seine Tochter meldete sich erst 18 Jahre später wieder bei ihm – einer langen Zeit des Wartens und der unbeantworteten Fragen. Als Dicks Tochter zurückkehrte, war er bereits mit Sharon verheiratet. Sie hatten zwei eigene Kinder und zwei Pflegesöhne. Und da wandte sich die Geschichte zum Guten: Die Tochter, die zu ihrem Vater zurückgekehrt war, verliebte sich in einen der Pflegesöhne und heiratete ihn. Heute haben die beiden vier Kinder und sind ein glückliches Pastorenehepaar.

Am Ende seiner Erzählung hatte die Aussage „Manchmal ist die Frage ‚Warum ist mir das geschehen?' nur heisse Luft und bleibt unbeantwortet" eine ganz andere Wirkung auf mich. Während 18 Jahren stellte Gott Dick die Frage: „Vertraust du mir, auch wenn du nicht weißt, wie es rauskommt?" Mein Selbstmitleid war sehr schnell verflogen. Mir wurde bewusst, dass es Menschen mit viel grösseren Herausforderungen gibt, und ich entschied mich, Gott zu vertrauen und in dieser Situation meinen Blick auf ihn zu richten und nicht auf die Probleme.

Ja, der achtjährige Prozess um das Bürogebäude von JMEM hat uns durch viel Zerbruch geführt und hoffentlich ein Stück Reife bewirkt. Wir konnten schlussendlich das Gebäude an die Wycliff-Bibelübersetzer und eine Freikirche verkaufen. Die ursprüngliche Bestimmung dieses Gebäudes wurde schlussendlich also doch erfüllt. Es ist uns bewusst, dass nicht jede Geschichte ein Happy End hat, doch in diesem Fall erlebten wir Gottes Führung und seine finanzielle Versorgung. Die Bank versprach, uns zwei Millionen Franken Schulden zu erlassen, wenn wir eine Million auftreiben können. Viele unserer Freunde standen hinter uns und machten es möglich, dass JMEM schlussendlich von drei Millionen Franken Schulden erlöst wurde.

Wenn wir heute zurückblicken, können wir zwar davon reden, aber wissen immer noch nicht, *wieso* dies alles geschehen musste. Eines wissen wir aber heute: Der Weg zu christlicher Reife und Charakterstärke führt direkt durch die Schwierigkeiten des Lebens. In solchen schwierigen Zeiten können wir uns bewähren und darum Römer 5,3 zustimmen: „Wir rühmen uns der Bedrängnisse", welche Bewährung (Charakter) und dann Hoffnung hervorbringen und nicht ins Leere führen.

WIE VERÄNDERN SICH MENSCHEN?

Die Erlösung soll also in unseren Leben, mitten im Alltag ankommen. Geistliche Reifeprozesse sind unbedingt notwendig, brauchen aber Zeit und führen oft auch durch Schwierigkeiten und Herausforderungen. In diesen Situationen ist es zentral, dass wir keine Abkürzungen nehmen, sondern Schritt für Schritt unser geistliches Fundament bauen – und das geschieht nicht von heute auf morgen.

Es gibt verschiedene Wege, auf denen solche Wachstumsprozesse stattfinden. Auf zwei davon – einer eher modern und einer eher postmodern – gehe ich nun ein:

REGELN BEACHTEN

Einige Menschen, sie werden oft als „gesetzlich" bezeichnet, haben klare Regeln: So macht man das und nicht anders! Man hofft, dass das Einhalten von Regeln irgendwie geistliche Reife produzieren würde.

Diese Sicht war im 20. Jahrhundert weitverbreitet. Viele moderne Gemeinden definierten sich durch ihre Regeln. Das Regelwerk selber war zwar von Gruppe zu Gruppe verschieden, das Prinzip blieb aber überall gleich: Gewisse Dinge tut man, andere eben nicht. Wer sich konform verhält, gehört dazu, wer nicht, wird ausgeschlossen.

Das soll jetzt nicht allzu negativ tönen. Viele Bereiche des menschlichen Lebens sind geregelt und das ist eine grosse Entlastung! Spätestens im Strassenverkehr freuen wir uns alle über „Gesetzlichkeit". Der grosse Vorteil von Regeln besteht nämlich darin, dass wir Regeln einhalten können, auch wenn wir uns nicht danach fühlen. Es kann sehr zufriedenstellend sein, „trotz" seiner eigenen Gefühlen das Richtige zu tun.

Zur Zeit Jesu hatten die Pharisäer ein ähnliches Problem. Auch sie definierten sich über ihre Essensregeln und Reinheitsgesetze, obwohl diese ursprünglich dazu bestimmt waren, den Israeliten Orientierung zu geben. Später wies Jesus sie immer wieder darauf hin, dass richtiges Verhalten aus dem Herzen kommen muss und nicht bloss durch äusserliche Beachtung von Regeln definiert ist.

Obwohl der Mensch zwar Grenzen braucht, um sich persönlich und geistlich zu entwickeln und erwachsen zu werden, sind Gesetze von aussen letztendlich Krücken zur Überbrückung einer fehlenden inneren Ordnung.

AUTHENTISCH SEIN UM JEDEN PREIS

Ende des 20. Jahrhunderts setzt sich auf breiter Ebene eine Gegenreaktion durch. Für viele Menschen ist das Beachten von Regeln gänzlich unattraktiv! Gesetzlich sein ist out, authentisch leben ist in. Der Wunsch nach Authentizität kann mit folgenden

Aussagen umschrieben werden: „Verwirkliche dich selbst",
„Wenn es für dich stimmt, mach' es ruhig, aber tu' dir ja keinen
Zwang an" oder „Erkenne dich selbst und die Anteile in dir, die
du vielleicht verschüttet hast." Regeln zu beachtet, ohne sich
danach zu fühlen, ist nicht nur un-authentisch und un-cool,
sondern sogar Heuchelei. Man ist davon überzeugt, dass der
Mensch reif wird, indem er das entdeckt, was bereits in ihm
verborgen liegt, indem er seinen Gefühlen folgt und sich gegen
jegliche Fremdbestimmung wehrt.

Auch viele Christen in unserer Zeit wollen keine Heuchler sein
und betonen darum Echtheit und Aufrichtigkeit. Diese Werte
sind zwar an sich gut. Werden sie aber überbewertet, besteht
die Gefahr, dass jeglicher Aufruf zu geistlichem Wachstum be-
drohlich scheint, da Training nicht etwas ist, wonach wir uns
im Normalfall fühlen. Jeglicher Aufruf zu geistlichem Wachstum tönt darum nach einer Moralpredigt oder nach „katholischen" Werken.

Solche Christen sind in Bezug auf sich selbst grundsätzlich zu
optimistisch. Denn wer immer authentisch sein will, müsste
glauben, dass er keine Sünde in sich hat. Nur dann könnte man
nämlich tun, was man will und wonach man sich fühlt, und es
wäre immer gut.

Ein weiteres Problem besteht darin, dass Christen, die um jeden Preis authentisch sein wollen, sich nicht festlegen können.
Sie wollen auch morgen noch authentisch sein, wissen aber
heute noch nicht, wie sie sich dann morgen fühlen werden.

DER WEG DER NACHFOLGE

Christen im Umbruch wählen, nachdem sie zum Glauben an Jesus Christus gekommen sind, den Weg der Nachfolge, auf dem sie durch den Heiligen Geist verändert werden. Die Nachfolge Jesu besteht nicht aus „religiösen" Pflichten, die ein Christ erfüllen muss. Das Jünger-Sein ist vielmehr ein lebenslanger Veränderungsprozess. Wir bauen unser Lebenshaus, trainieren uns selber in der Liebe mittels Glauben und Hoffnung, wodurch der Heilige Geist eine Transformation unseres Charakters bewirkt. Wir werden Schritt für Schritt christusähnlicher und dadurch auch menschlicher.

Wenn wir Jesus nachfolgen und uns dem Transformationsprozess aussetzen, werden wir schliesslich immer mehr die Regeln befolgen und gewisse Dinge nicht mehr tun! Wir erkennen den zentralen Auftrag: **Gott lieben mit allem, was wir sind, den Nächsten wie uns selbst lieben, die Welt kultivieren und nach dem Reich Gottes trachten.** Dabei sind wir aber nicht mehr durch Angst oder Pflichtbewusstsein angetrieben. In unseren Herzen wächst die Liebe, sodass wir gar nicht mehr lieblos sein wollen! Das bedeutet, dass wir nun tatsächlich unseren Herzen folgen werden, jedoch nicht dem sündigen Teil, der ersten Natur. Wir hören nicht mehr auf den Teil des Herzens, den die Bibel „fleischlich" nennt, sondern auf den geistgeprägten und trainierten Teil, der in uns durch die Nachfolge gewachsen ist. Damit meint Wright den Charakter oder das, was die Philosophen „Tugenden" nannten.

Wir können also authentisch leben, doch nur in dem Masse, wie der transformierte Charakter unser Denken und Handeln bestimmt, wie wir uns durch die Kraft des Heiligen Geistes eine **zweite Natur** antrainiert haben. Unsere **erste Natur**, die in der

Bibel oft als „Fleisch" bezeichnet wird, ist sündig. Grundsätzlich fällt es uns leicht, gemäss unserer ersten Natur zu reagieren. Die zweite Natur, hingegen müssen wir uns antrainieren, und zwar so lange, bis sie automatisch zum Tragen kommt. Wer Sport macht oder ein Instrument spielt, versteht dieses Prinzip: Ich trainiere den Aufschlag im Tennis so oft, bis ich ihn auch unter Druck, ohne zu überlegen, beherrsche. Ich übe die schwierige Stelle eines Klavierstücks so lange, bis ich die Noten nicht mehr brauche und meine Finger automatisch über die Tasten gleiten.[72]

Die Transformation des Charakters ist ein langer Weg der kleinen Schritte, auf dem ich mich tausendmal dafür entscheide, das Richtige zu tun, die Lieblosigkeit abzulegen und in der Liebe zu wachsen. Das beinhaltet die *Metanoia* (Sinneswandel und Umkehr) des Denkens (Kap. 1), das Busse tun und die Veränderung unseres Verhaltens (Kap. 2) und eine Erneuerung von beidem durch das Wort Gottes in der Kraft des Heiligen Geistes. Machen wir uns nichts vor: **Transformation geschieht nicht von selbst.** Wir müssen dem Heiligen Geist „erlauben, den Charakter auf Arten und Weisen zu formen, die zunächst seltsam und ‚unnatürlich' zu sein scheinen."[73]

N.T. Wright gibt uns ein weiteres Bild für das Antrainieren der zweiten Natur auf dem Weg der Nachfolge:

> „Die neutestamentliche Vision vom christlichen Verhalten hat nichts damit zu tun, eine Reihe alter und scheinbar willkürlicher Regeln einzuhalten, sie dreht sich auch nicht ums ‚Mit dem Strom schwimmen' oder um das ‚Tun dessen, was einem natürlich erscheint'. **Diese Vision hat damit zu tun, dass wir in der Gegenwart eine Sprache erlernen, damit wir sie in Gottes neuer Welt dann fliessend sprechen können."**[74]

Wer bereits eine Fremdsprache gelernt hat, weiss, dass dies ziemlich anstrengend sein kann. Einige finden das Büffeln von Vokabeln und Grammatik sogar echt mühsam! Doch später, wenn das Konjugieren der Verben plötzlich von selbst geschieht, kommt endlich die Belohnung. Zufrieden und selbstsicher kann man dann auf der Strasse das Essen selbst bestellen und Einheimische nach dem schnellsten Weg durch die Stadt fragen. Lieben zu lernen und den eigenen Charakter zu entwickeln, ist ähnlich wie das Erlernen einer Fremdsprache.

Weil Gott Liebe ist, darf man die *Sprache des Himmels* ohne weiteres „Liebe" nennen. Die Liebe, die heute in uns wächst, wird in Gottes neuer Welt kontinuierlich weiterwachsen und - bestehen. Keine Anstrengung, die wir aus Liebe auf uns nehmen, wird vergebens sein (1. Kor 15,28). Andererseits wird alles, was in unserem Leben nicht aus Liebe geschehen ist, wie Holz und Stroh verbrennen. Alle tollen Dinge, die wir lediglich für uns selbst anstreben, Karriere und Position, Bankkonto und Sicherheiten, Bodybuilding und Schönheit, unser Auto oder unser Haus, fallen in Gottes neuer Welt weg. Doch wenn sich durch Schwierigkeiten und Herausforderungen unser Charakter entwickelt hat und dadurch die Liebe in uns wächst, dann vergleicht Paulus dies mit Edelsteinen und Gold- und Silberstücken, die mit uns „durchs Feuer" kommen (1. Kor 3) und die wir in Gottes neue Welt mitnehmen.

Die Liebe, die Sprache des Himmels können wir also schon jetzt erlernen. Je besser wir sie beherrschen, desto besser können wir sie jetzt schon anwenden und desto besser sind wir auf die Ewigkeit vorbereitet. Zudem gilt auch: Je mehr wir die Liebessprache des Himmels jetzt schon praktizieren, desto mehr kommt heute schon der Himmel auf die Erde.

UNSER AUFTRAG: DIE KÖNIG-LICHE PRIESTERSCHAFT

ZWEI BÄUME IM PARADIES

Ich wurde vor einigen Jahren von einem befreundeten Pastor im Ausland eingeladen, um in seiner Gemeinde zu predigen. Als ich am Samstagnachmittag dort ankam, kamen mir schlechte Nachrichten zu Ohren: Einige Tage zuvor war ein Kind dieser Gemeinde entführt worden. Bloss zwei Tage vor meiner Ankunft hatte man dieses Kind dann tot aufgefunden, es war auf grauenvolle Art und Weise ermordet worden. Zudem flog in derselben Woche eine Affäre des Pastors auf. Er hatte während langer Zeit ein Verhältnis mit der Schwester seiner Frau. Ihr könnt euch vorzustellen, wie in der Gemeinde grosse Verwirrung ausbrach. Wie konnte Gott so etwas zulassen?

Dieser Situation begegnete ich also am Samstag. Am Sonntagmorgen sollte ich als Gastprediger vor die Gemeinde treten. Die mitgebrachte Predigt war in dieser Situation natürlich nicht zu gebrauchen und mir blieb eine kurze Nacht für die Vorbereitung einer neuen Predigt. Beim Beten und Schreiben kam mir der Satz von Dick Brunner in den Sinn: „Es gibt Situationen, in denen die Frage ‚Warum?' nicht beantwortet werden kann." In Anbetracht des Unfassbaren ist Mitleiden, Schweigen und Beten um Kraft und Gnade oft das Einzige, was uns noch bleibt.

Ich sprach also in diesem Gottesdienst von den *zwei Bäumen im Paradies*. Da ist auf der einen Seite der Baum der Erkenntnis von Gut und Böse. Zu diesem Baum kommen wir mit der Frage: „Warum?" Fassungslos stehen wir dort und sagen: „Ich muss wissen und verstehen, warum dies geschehen ist, sonst kann ich dir, Herr, nicht mehr vertrauen!" Auf der andern Seite steht der Baum mit den Früchten des Lebens. Dort fordern wir keine Erklärungen, dort schütten wir unser Herz aus und lassen unserer Frustration freien Lauf. Wir sagen vielleicht: „Ich habe keine Ahnung, wie so etwas geschehen konnte. Ich bin wütend und verwirrt. Ich finde es absolut fürchterlich!" Und trotzdem wissen wir, dass es keinen anderen Ort gibt, an dem wir in dieser Situation Worte des Lebens finden. Auch wenn wir keine Antworten auf unsere Fragen finden, entscheiden wir uns durch das Hingehen zu diesem Baum, dass wir glauben, dass Gottes Charakter anders und er trotz allem gut ist.

Die Psalmen zeigen uns, dass wir vor dem Gott Israels klagen, weinen und mit ihm ringen und argumentieren dürfen. Wir müssen nicht religiös reagieren und nicht den christlichen Helden mimen. Leid geschieht auf dieser Welt, Schmerzen sind real und dienen nicht immer einem „höheren Zweck Gottes." Es gibt auch nutzloses Leid, das Gott zwar zugelassen hat, das aber nie von ihm beabsichtigt war! Sünde, die jemand begangen hat, ist nie und nimmer der Wille Gottes! Doch in jeder Situation, in der wir uns schmerzerfüllt die Frage „Warum?" stellen, stehen wir vor der Entscheidung, ob wir nun von den Früchten des Baums der Erkenntnis von Gut und Böse oder des Baums des Lebens essen wollen.

Wann immer wir uns dann für das Vertrauen auf Gott entscheiden, kommt der Heilige Geist und tröstet uns. Wann immer wir in unserem Herzen aussprechen, dass Gott gut ist, werden wir begründeter in unserem inneren Menschen. So gewinnt Christus zunehmend Gestalt in uns und der Heilige Geist giesst seine Liebe in unsere Herzen aus (Röm 5,5). Ein Teil unserer Berufung als königliche Priesterschaft ist es, die Liebe und das Mitleiden Gottes durch uns in die Welt hineinfliessen zu lassen. Wir dienen den Menschen in schwierigen Situationen, indem wir das Wirken des Heiligen Geistes im Glauben ergreifen und es in Liebe ausleben.

SPIEGEL SEIN

An der Geschichte Israels sehen wir, wie Gott ein Volk befreit, es vorbereitet und ihm dann eine Berufung gibt. Nachdem er sein Volk aus der Sklaverei in Ägypten befreit, führt er es nicht direkt ins verheissene Land. Am Sinai, in der Wüste, schliesst er einen Bund mit Israel und gibt ihnen die zehn Gebote. Nach der Befreiung aus der Sklaverei, dem Exodus, und vor der Übergabe des Gesetzes befindet sich ein zentraler Einschub: *„Werdet ihr nun meiner Stimme gehorchen und meinen Bund halten, so sollt ihr **mein Eigentum** sein vor allen Völkern; **denn die ganze Erde ist mein.** Und ihr sollt mir ein Königreich von Priestern und ein heiliges Volk sein"* (Ex 19,5–6). Gott erinnert Israel daran, dass er, als Schöpfer der Welt, alle Menschen der Erde sieht. Er hat Israel von Anfang an dazu bestimmt, den Dienst der königlichen Priesterschaft für die ganze Welt zu übernehmen. Dadurch macht er deutlich, dass Berufung nie Selbstzweck ist, sondern immer der Ruf zur Hingabe an andere. Gott platzierte dann die Stiftshütte als „mobiles Heiligtum" mitten unter dem wandernden Gottesvolk in der Wüste. Später übernahm der Tempel in Jerusalem die gleiche Funktion. Stiftshütte und Tempel waren damals die Orte, an denen der Himmel die Erde berührte. Von diesen besonderen Orten aus sollte der Segen Gottes in das ganze Volk Israel fliessen und von dort zu allen Nationen. Die Priester dienten dem Volk vom Tempel aus. Das ganze Volk sollte in priesterlicher Weise den Nationen dienen.

Die Propheten wussten aber um folgende Spannung: Wenn Gott der Schöpfer der ganzen Welt ist, kann er nicht auf ein physisches Haus limitiert werden. Einer der Propheten sagte: „Der Saum seines Kleides erfüllt den Tempel" (Jes 6,1). Gott selbst ist also viel grösser als der Tempel. Der Tempel ist darum vielmehr ein Symbol dafür, dass es schon jetzt Orte gibt, an denen Himmel und Erde zusammenkommen. Er weist wie ein Wegweiser auf das spätere Ziel hin und dieses ist nicht der Tempel selbst, sondern das Sichtbarwerden der Herrlichkeit Gottes auf dieser Welt.

Im Neuen Testament wird festgehalten, dass das Volk des Neuen Bundes, die Gemeinde Jesu, die gleiche Berufung hat wie das Volk Israel, nämlich königlich und priesterlich der Welt zu dienen (vgl. 1. Petr 2,9–10). Diese „königliche Priesterschaft" hat den Auftrag, Himmel und Erde, d. h. Gott und die Welt, zusammenzubringen. Gottes Stossrichtung ist unverkennbar: **vom Himmel auf die Erde**.

Wright vergleicht in diesem Zusammenhang königliche Priesterschaft mit einem schräg gestellten Spiegel. Gott strahlt von oben auf diesen Spiegel und wird durch den Spiegel in die Welt hineinreflektiert. Priester sind wie dieser schräge Spiegel. Sie spiegeln nicht nur Gottes Liebe und Heiligkeit in die Welt hinein, sondern auch die Welt zurück zu Gott. So werden sowohl die Sorgen und Lasten der Welt als auch die Anbetung und der Lobpreis der Menschen zu Gott reflektiert. Königliche Priesterschaft kann klagen und bitten, kann aber auch anbeten und jubeln.[75]

Wir sind aber nie königliche Priester, damit es uns selber gut geht oder wir uns und unsere Kirchen fördern können. Nein, wir sind königliche Priester, weil Gott der Herr der ganzen Welt ist, dem alle Anbetung gebührt, und weil er durch uns diese Welt segnen will. Schon zu Abraham sagte er: „Ich will Dich segnen, und durch dich sollen alle Geschlechter (Familien) der Welt gesegnet werden" (Gen 12,3). Wir sind gesegnet, um uns zu verschenken.

AUF DEN PUNKT GEBRACHT

- Christen haben eine Berufung, königliche Priester zu sein. Um diese Berufung leben zu können, brauchen wir ein Wachstum hinein in die Christusähnlichkeit. Der Weg dahin führt durch die Schmerzen des Lebens (Röm 5,3). Wir hoffen nicht bloss auf eine plötzliche Veränderung und Erneuerung irgendwann im Himmel, sondern vertrauen darauf, dass die Reifungsprozesse schon hier und jetzt beginnen und in Gottes neuer Welt nicht vergeblich gewesen sind.

GLAUBE, HOFFNUNG, LIEBE

- Der **Glaube** erkennt, dass Christus jetzt schon in mir wächst und ich schon jetzt in einem Transformationsprozess bin, der für die Ewigkeit zählt.
- Die **Hoffnung** sieht schon jetzt die Herrlichkeit Gottes (Röm 5,2) grösser als alle Nöte und Probleme. Dadurch gewinnt sie die Kraft, diese positiv zu bewältigen. Das Verarbeiten der Nöte unseres Lebens vertieft unseren Charakter und die kleinen Siege im Alltag stärken unsere Hoffnung auf die grosse Erneuerung. Niederlagen hingegen machen uns bewusst, dass diese Erneuerung ein Akt der grossen Gnade Gottes sein wird und nicht durch unser menschliches Abmühen kommt.

- Königliche Priester können mit einem Spiegel verglichen werden: Sie bringen Gottes **Liebe** in diese Welt und reflektieren die Anbetung und die Nöte der Menschen zu ihm zurück. Und in dem Masse, wie sie als königliche Priester leben, werden sie selbst ein Teil des Werkes der Erneuerung der Welt durch den Heiligen Geist.

FRAGEN

Einige Fragen zum persönlichen Weiterdenken oder auch als Einstieg in ein Gespräch:

- Wie sieht meine *innere Stadt* aus? An welchen Strassen, Plätzen und Häusern arbeitet der Heilige Geist gerade? Wo fühlt er sich noch nicht wohl? Was könnte den Erneuerungsprozess unterstützen?

- Wie würde ich die Aufgabe als *geneigten Spiegel* in meine Lebenssituation übertragen?

- Habe ich es schon erlebt, dass schmerzliche Prozesse in meinem Leben positive Resultate hervorgebracht haben? Wie könnte ich lernen, in der Zukunft aus Schmerzen Segen zu gewinnen?

- Wenn Markus seine Aufgabe in seiner Firma und in der Kirche in der Haltung als königlicher Priester ausfüllt – was ändert sich für ihn?

ANGEBOTE ZUR VERTIEFUNG

Als Hilfen und zur Vertiefung zum Thema *Königliche Priester-schaft* empfehle ich in erster Linie das schon zitierte Buch WRIGHT, *Glaube – und dann?* Von der Transformation des Cha-rakters, Neukirchen-Vluyn, 2011. Es gelingt Wright ausge-zeichnet, die Wichtigkeit der Charakterveränderung zu um-schreiben und die Wege dorthin aufzuzeigen.

Dann auch das Buch: WILLARD, Dallas, *Jünger wird man unter-wegs.* Jesus-Nachfolge als Lebensstil, Schwarzenfeld, 2011.

Auch sehr zu empfehlen ist das Kursmaterial: *Durch die Schmerzen des Lebens hindurch siegreich.* Bestellinformationen: www.walterduerr.profibooks.ch

SECHS:
ZEICHEN DER HOFFNUNG

„Der Glaube funktioniert dann am besten, wenn er (1) uns auf eine Reise sendet, (2) uns auf dem Weg leitet und führt und (3) wenn er jeden Schritt, den wir tun, sinnvoll macht. Wenn wir den Glauben umarmen – wenn Gott uns umarmt –, werden wir zu neuen Geschöpfen und sind berufen, ein Teil von Gottes Volk zu werden.

Das ist der Anfang einer Reise: Wir werden Teil von Gottes Geschichte mit der Menschheit. Wenn wir einsteigen in diese Geschichte, leitet uns der Glaube, indem er uns eine Art und Weise des Lebens nahelegt. Er führt uns Wege, die wir gehen sollen und warnt uns vor dunklen Strassen oder Sackgassen, die wir vermeiden sollten. Dies alles zeigt uns unsere persönliche Aufgabe in der grossen Geschichte, von welcher wir ein Teil sind. Zu guter Letzt gibt diese Geschichte allem, was wir tun und lassen, Sinn und Bedeutung, von der kleinsten Tat bis zur gewichtigsten.

Ist unser Handeln in Übereinstimmung mit dieser Geschichte? Dann ist es sinnvoll und hat bleibende Bedeutung, es wird glänzen wie korrosionsbeständiges Gold. Steht es im Widerspruch zu dieser Geschichte, zur grossen Geschichte Gottes? Dann ist es letztendlich bedeutungslos, unser Werk wird verbrennen wie Stroh, sogar wenn wir meinen, es sei das Aufregendste und Befriedigendste, das wir je getan hätten.

Damit der christliche Glauben nicht untätig oder nutzlos für die Welt bleibt, muss die Arbeit von Ärzten und Müllmännern, von Geschäftsleuten und Künstlern, von Wissenschaftlern und Elternteilen, die zu Hause bleiben, ihren Platz finden in Gottes Geschichte mit dieser Welt. Diese Geschichte vermittelt uns die grundlegenden Regeln, wie das ‚Spiel‘ in allen diesen Sphären gespielt wird. Und diese Geschichte muss den Charakter der Spieler prägen.“ [76]

Miroslav Volf

Christen im Umbruch haben einen Glauben, der mit der Wirklichkeit zu tun hat und als Orientierung für das gesamte Leben dient. Sie fragen nicht mehr danach, wie sie in den Himmel kommen, sondern sie fragen danach, wie der Himmel auf die Erde, an ihren Arbeitsplatz und in alle Lebensbereiche hinein kommen kann.

Wenn also Glaube, Hoffnung und Liebe die Kraft Gottes auf die Erde bringen sollen, dann muss sich der Glaube in allen Gesellschaftsbereichen als „Gute Nachricht“ erweisen. Wenn wir uns von unserer Arroganz der Besserwisserei (Kapitel 1) und der Kultur der Abgrenzung (Kapitel 2) verabschiedet haben – das ist die Voraussetzung –, dann sollen wir Christen uns demütig, aber zuversichtlich in die gesellschaftlichen Diskussionen einbringen und den Glauben im Alltag bezeugen – so wie Miroslav Volf, Professor in Yale, es oben vorschlägt.

Ich will in diesem Kapitel einige Menschen und Initiativen vorstellen, die für mich Zeichen der Hoffnung im deutschsprachigen Raum und in Europa sind. Sie repräsentieren für mich konkrete Umsetzungen, wie Glaube zu sichtbarer Hoffnung für diese Welt werden kann. Denn wenn Glaube und Hoffnung nicht bloss Passivität und Weltflucht, sondern Transformation und Engagement – sprich Liebe – produzieren sollen, dann muss das erfahrbar und sichtbar werden.

Die Auswahl ist sehr begrenzt, ich stelle hier nur Menschen vor, mit denen ich befreundet bin und die ich als Christen im Umbruch sehe. Selbstverständlich gibt es darüber hinaus viele

andere Gruppen und Initiativen, die in der heutigen Zeit ebenfalls Christus sichtbar machen.

Ich beginne mit dem Nehemia-Team, einer Gruppe von Christen, mit denen ich mich seit über zehn Jahren regelmässig zum
Gebet und Austausch treffe. Wir kommen alle zwei bis drei
Monate einen halben Tag zusammen, um uns über die Frage
auszutauschen: „Was braucht die Schweiz aus der Sicht des
christlichen Glaubens?" Als Team wurde uns die biblische Figur
von Nehemia zur Inspiration. In welchem Zustand sehen wir
unsere Stadt, unser Land? Was sagt uns Gott dazu? Was können
wir aus der Schrift erkennen? Welche praktischen Schritte sind
angesagt, um das Reich Gottes Gestalt werden zu lassen in unserem persönlichen Leben, unserem Umfeld und in der ganzen
Schweiz?
Dieses Beten und Ringen war für uns alle Inspiration für unsere eigene Praxis, jeder hat dann in seinem Arbeitsbereich Umsetzungen gesucht und gefunden. Gerne stelle ich euch ge-
wöhnliche Menschen vor, die einem aussergewöhnlichen Gott
dienen und deshalb ungewöhnliche Frucht für sein Reich produzieren. Ich versuche sie, wo immer möglich, selber zu Wort
kommen zu lassen.

JESUS AM RAND DER GESELLSCHAFT!

Johannes steht mit Tränen in den Augen vor den Zuhörern in
Biel und erzählt von seinen Begegnungen mit den Alkoholikern
und drogensüchtigen Menschen in seinem Dienst. Die jungen
Menschen am Transforum hängen an seinen Lippen und fragen
sich: „Wie kommt ein ehemaliger Geschäftsmann wie Johannes
zu einem solchen Herzen für randständige Menschen? Wie

kann er als Pastor einer der grössten Freikirchen der Schweiz
sich so um einzelne Menschen kümmern?"
Seine bewegende Geschichte über den Aufbau der Gemeinde
(*GvC, Chile Hegi*) und dem Sozialwerk *Quellenhofstiftung,* die er
als seine Antwort auf die offenen Drogenszenen in den 1980er-
Jahren sieht, erzählt Johannes in seinem Buch: „Gib nie auf".[77]
Johannes erinnert sich an die Anfangszeit:

> „Der Aufbau der Stiftung war alles andere als ein Spa-
> ziergang. Mehrmals stand ich vor dem offenen Grab von
> Therapieteilnehmern, die den Kampf gegen die Sucht
> verloren hatten. Finanzielle und personelle Engpässe,
> Rückschläge aller Art drohten mich und die Mitpioniere
> immer wieder zu entmutigen. Und doch überwog die
> Kraft der Vision, unseren Teil dazu beizutragen, um in
> der Schweiz Zeichen der Hoffnung, der Wiederherstel-
> lung und der Transformation zu setzen. Zusammen mit
> vielen anderen Kirchen und Institutionen wollen wir ei-
> nen Teil dazu beitragen, Reich Gottes hier und jetzt zu
> bauen.
> Der Preis war hoch. Aber nach all den Jahren lässt sich
> festhalten: **Es hat sich gelohnt ...**
>
> **... wegen Roswitha,** die nach einer schwierigen Kindheit
> mit 15 Jahren in äusserster Verzweiflung aus dem 2.
> Stockwerk in die Tiefe sprang. Durch viele Umwege wur-
> de sie in einem völlig depressiven Zustand zu uns in ei-
> nen Gottesdienst mitgenommen. Es kam zum Eintritt ins
> T-Home (Teenagerhaus), wo eine Zeit der ganzheitlichen
> Wiederherstellung begann und sie eine Ausbildung ab-
> solvieren konnte. Heute arbeitet Roswitha als Kauffrau
> und sagt von sich: ‚Ich habe erlebt, dass Jesus die negati-
> ve Energie aus der Vergangenheit heraus nehmen kann,
> und dann wächst Segen, Friede und Freude.'

... wegen Erwin: Er verprasste eine sechsstellige Summe, landete auf der Strasse und verfiel dort innerhalb von zwei Jahren der Drogensucht und verwahrloste völlig. Auf Umwegen meldete er sich zum Entzug und trat dann anschliessend ins Therapiehaus über. Nach der Therapie arbeitete er als Filialleiter, um seine Schulden abzuzahlen. Jetzt schreibt er: ,Heute leite ich das Team der Sozialen Dienste der Quellenhofstiftung. Im Gespräch mit Klienten kommt mir immer wieder meine eigene Geschichte sehr nahe und ich bin dankbar für alles, was ich mit Gott bis dahin erlebt habe.'

... wegen Elisabeth: Wohlbehütet und umsorgt erlebte sie die ersten 13 Lebensjahre. Die Scheidung der Eltern warf sie aber aus der Bahn. Alle Träume und Lebenspläne wurden vom zunehmenden Drogenkonsum erstickt. Mit 17 wurde sie schwanger. Ihre Tochter gab ihrem Leben wieder Sinn. Mit 20 konnte Elisabeth in unserer Stiftung eine kaufmännische Lehre beginnen und diese mit Bravour abschliessen. Heute arbeitet sie in diesem Beruf und ist mit ihrem Mann und der Tochter glücklich, nicht zuletzt, weil sie alle im Glauben an Gott ein gutes Fundament gefunden haben. Über die härteste Zeit ihres Lebens schreibt sie: ,Mein Wille war gebrochen. Ich war wie in einem Teufelskreis. Ich merkte zwar, es ist nicht gut, doch ich machte immer weiter.'

... wegen Etienne: Weil er einfach dazu gehören wollte, geriet er schneller und tiefer in den Drogensumpf, als er es je für möglich gehalten hätte. Krank, abgemagert und verwahrlost landete er in der offenen Drogenszene, die fortan sein Zuhause war. Über unsere Entzugsstation kam er ins Therapiehaus Quellenhof. Heute ist er aktiver Sportler und leitet das Therapiehaus, in welchem er selber Wiederherstellung erfahren hatte. Rückblickend schreibt er über die harte Zeit im Entzug: ,Ein anderer

Mensch weinte um mich? Ich war doch im Fehler! Das verstand ich nicht!'"

Johannes Wirth, Leiter GvC Chile Hegi/Gründer u. Präsident Quellenhofstiftung

JESUS IN DEN SOZIALEN BRENNPUNKTEN

Hans-Peter Lang war sein Leben lang radikal. Sein Vater war engagierter Kommunist. Er selber verbrachte einen Teil seiner Schulferien in der ehemaligen DDR in ideologischen Jugendlagern. In der Schule wurde er als „Kommunistensau" verprügelt, denn er stand im Kalten Krieg auf der falschen Seite.

Nachdem er Jesus kennenlernt, beginnt eine Zeit der Neuorientierung, der Massstab für sein Denken wird das Wort Gottes, er trachtet genauso radikal nach dem Reich Gottes, wie er sich zuvor dem Sozialismus verschrieben hatte. Und die sozialen Probleme unserer Gesellschaft beschäftigen ihn weiterhin. Die Tatsache, dass zu Beginn der 90er-Jahre eine wachsende Gruppe von Arbeitnehmern mit beruflichen Defiziten aus dem Erwerbsleben ausgeschlossen wird, führt am 4. Januar 1993 zur Gründung der Stiftung Wendepunkt.[78]

Mit nur eintausend Franken Startkapital und der Vision „Mit dem Wendepunkt – erlebt jeder einen Wendepunkt" beginnt Hans-Peter sich für Arbeitslose und Ausgesteuerte einzusetzen, es beginnt eine Erfolgsgeschichte, wie sie nur Gott schreiben kann.[79] Dabei war die Startphase geprägt durch Widerstand von Politikern und Gewerbevertretern und von Interpellationen und Medienberichten gegen die wirtschaftlichen Tätigkeiten der *Stiftung Wendepunkt* im Baugewerbe. Damals konnte niemand glauben, dass man im Bausektor mit randständigen Menschen Arbeiten zu marktüblichen Preisen und ebensolcher Qualität ausführen könne. Hans-Peter erinnert sich, wie mit der Zeit die Kritiker zunehmend zu Partnern wurden. „Es wurde immer mehr sichtbar, wie der Wendepunkt sich dazu verpflichtet, kontinuierlich nach neuen Lösungen zu suchen, welche den Menschen und der Gesellschaft als Ganzes dienen sowie wirtschaftlich nachhaltig sind. Unser Motto war: ‚*Predige so gut du kannst, wenn nötig gebrauche Worte!*' Dieser Ausspruch von Franz von Assisi war von Anfang an der Leitsatz unseres Dienstes", betont Hans-Peter und erzählt aus den Anfangsjahren:

„Im ersten Betriebsjahr renovierte ein Arbeitsteam ein Kirchendach in einer Gemeinde im Aargau. Obwohl ein Gerüst aufgestellt war, stürzte **Michael**, ein junger Sozialhilfeempfänger, aus 8 Metern vom Dach und fiel mit dem Rücken auf eine Betonplatte. Statt ins Spital geführt zu werden, stand er auf, trank eine Coca-Cola und stieg wieder aufs Dach. Seit diesem Tag erzählt er jedem, der es hören will: ‚Während ich vom Dach stürzte, sah ich Jesus, er hat mich aufgefangen, ich gehöre nun IHM.' Dieses Ereignis wurde für uns Mitarbeiter eine wegweisende Bestätigung, dass Gott unsere Morgengebete für die uns anvertrauten Menschen hört."

„Die Stiftung Wendepunkt ist heute eine gesamtschweizerisch tätige, auf christlicher und sozialer Grundlage geführte Sozialunternehmung mit vier Tochterfirmen. Ihre Ziele sind die Integration von sozial benachteiligten Menschen aller Altersgruppen in die Gesellschaft und das Berufsleben. Zur Erreichung ihrer Ziele bietet sie Arbeitsplätze, Wohngemeinschaften, Kindertagesstätten, Stellenvermittlung und Projektfinanzierungen an. Die 650 Angestellten der Gesamtunternehmung werden von 165 Fachpersonen im Voll- und Teilzeitpensum geführt.

Zur Sicherstellung höchster Qualitätsansprüche wurden die wichtigsten Zertifizierungen durchgeführt."

Hans-Peter erzählt drei Lebensgeschichten, die in wenigen Worten illustrieren, wie Gottes Liebe durch den Wendepunkt Menschen von Grund auf verändert hat:

„**Kurt** war im Kader einer renommierten Bauunternehmung und wurde durch den Verkauf der Firma im Alter von 51 Jahren arbeitslos. Ohne anerkannten Abschluss fand er 1997 keine Arbeit und trat als Stellensuchender in eines unserer Programme ein. Seinen beruflichen Werdegang beschrieb er bei seiner Pensionierung als Personalberater in unserer Tochterfirma Drehpunkt personal GmbH so: ‚Du, Hans-Peter, hast mir eine Chance gegeben und mit meinen Erfahrungen und meinem Netzwerk durfte ich in den vergangenen 14 Jahren für viele Stellensuchende zum Hoffnungsträger werden.'

Thomas suchte nach einer Drogentherapie als ehemaliger Forstwart eine Arbeitsstelle. In unserem Bereich „Wald und Umwelt" wurde gerade zu diesem Zeitpunkt eine neue Stelle geschaffen. Wir vertrauten Thomas diese Aufgabe an und er begann, Schritt für Schritt und mit Gottes Hilfe im Lebens- und Berufsalltag Sicherheit und Ruhe zu finden.

Heute, 17 Jahre später, steht Thomas bei uns dem Bereich Gartenbau vor und führt zwei Gruppenleiter mit 10 IV-Klienten, Sozialhilfeempfängern und Lehrlingen.

Sandra, die von ihrer Mutter nur Ablehnung und (Über-) Forderungen erlebte, schaffte die Abschlussprüfung als kaufmännische Angestellte nicht. Zur Wiederholung des 3. Lehrjahres kam Sandra zu uns in die Verwaltung. Wir erlebten sie in den ersten Wochen als eine junge, bildhübsche Frau, die nicht redete und deren Gesicht nie durch ein Lächeln verändert wurde. Sandra hörte im Wendepunkt zum ersten Mal in ihrem Leben, wie wertvoll Gott sie geschaffen hatte und dass wir am Morgen vor Arbeitsbeginn für sie beten würden. Ein Jahr später verliess uns Sandra mit einem strahlenden Gesicht und einem erfolgreichen Abschluss, denn ‚Mit dem Wendepunkt erlebt jeder einen Wendepunkt'."

Hans-Peter Lang, Gründer der Stiftung Wendepunkt und Delegierter des Stiftungsrates

JESUS IM BILDUNGSWESEN

David Schneider ist eine Persönlichkeit, die man nicht so schnell wieder vergisst. Er hat Physik und Lehramt studiert, war mit zweiundzwanzig Jahren Ausbilder für Hochseesegler, kann an der Börse Geld verdienen und Konferenzen mit 5000 Teilnehmern organisieren. Er ist im Parlament der Stadt Winterthur und steht trotz alledem noch mit beiden Füssen auf dem Boden. Und er ist nie um einen witzigen Kommentar verlegen.

Seine eigene Schulzeit hat David allerdings nicht als Highlight erlebt. Im Gegenteil: Für ihn war die Schule ein Korsett ohne Perspektive und Sinn. Dabei stammt David aus einer Akademikerfamilie, für die Bildung Sicherheit bedeutete. Doch der Elfenbeinturm interessierte ihn nicht genug, als dass er ihn zu seinem Lebensinhalt machen wollte. Die akademische Welt war ihm zu abgehoben.

Während des Physikstudiums kommt David zum Glauben, weil er „die Welt erkannte", wie er berichtet. Der Glaube wird zu der Orientierung für das gesamte Leben. Endlich beginnen Wissenschaft und Schule, Gott und die Welt wieder Sinn zu machen. Als er dann im Zürcher Niederdorf auf Prostituierte und Drogensüchtige trifft – und auf ihre Probleme –, da wird sein Herz bewegt. Er gründet nach dem Studium den „Läbesruum"[80], ein Sozialunternehmen für Randständige und Arbeitslose. Schon damals war die sinnvolle Hilfe wichtiger für ihn als die finanzielle Sicherheit.

David sagt über sich:

> „Ich bin zu 100 Prozent Unternehmer, doch es brauchte einige Zeit, bis ich das selber merkte." Nach der Zeit beim Läbesruum arbeitete er viele Jahre im Leitungsteam der Schleife Winterthur, einer Stiftung, die sich stark im Seelsorge- und Versöhnungsdienst engagiert. Rückblickend bezeichnet er diese Zeit als persönlichkeitsbildend: „Ich habe gelernt, als Leiter der Letzte zu sein, am Schluss zu laufen (und nicht als Erster, wie dies viele Leiter zu tun pflegen), und ich lernte im Team zu arbeiten. Das Geheimnis des göttlichen Segens liegt meiner Meinung nach klar in der Zusammenarbeit im Team."

> „In dieser Zeit, auch durch die Gemeinschaft im Nehemia Team, wuchs in mir der Wunsch, mich im Bildungswesen zu engagieren. Dabei motivierten mich nicht die Bedürfnisse meiner eigenen Kinder, denn diese hatten ihre Schulzeit schon hinter sich. Ich war inspiriert worden am Transforum in Biel für den Bildungsauftrag und ich wollte zur Veränderung der Gesellschaft beitragen. Jesus sollte sichtbar werden, auch im Bildungswesen. Als Sekundarlehrer gründete ich zusammen mit meiner Frau und einem kleinen Team im Jahr 2001 die SalZH.[81] Bevor wir begannen, hatten wir zwei Jahre lang gebetet", betont David. Alles begann ganz klein, seine Frau Vreni unterrichtete damals in einem Zimmer in Winterthur-Seen 14 Kinder, während David noch bis 2007 im Leitungsteam der Schleife tätig war.

> „Die Zahl der Kinder wuchs schnell," staunt David und erzählt: „Im Moment umfasst die SalZH zwei Kindertagesstätten, zwei Vorkindergärten, einen zweijährigen Kindergarten, eine Primarschule von der 1. bis zur 6. Klasse, eine Oberstufe sowie je zwei Kleinklassen auf der

Primar- und Sekundarstufe. Sie zählt 17 Klassen und über 260 Schüler! Die SalZH ist staatlich bewilligt und verfügt über eine Tagesstruktur mit Mittagstisch. In der Administration und in den Kindertagesstätten werden insgesamt acht Lernende und Praktikantinnen ausgebildet." Für David ist klar: „Schule ist ein Beziehungsbusiness." Das Produkt „Schule" ist faszinierend für ihn, denn es ist sehr nachhaltig. „Meine grösste Herausforderung sehe ich darin, die Schule langfristig auf hohem Niveau zu halten, obwohl die Finanzen konstant knapp sind und die Löhne rund ein Viertel tiefer als in Staatsschulen."

David ist und bleibt ein Pionier. Um schweizweit alternative Bildungssysteme anzubieten, hat er die Initiative für christliche Bildung (ICB)[82] mitgegründet. ICB setzt sich für die Gründung und Förderung von Schulen ein, die den christlichen Glauben als Gesamtkonzept für das Leben verstehen.

„Dies hat für mich nichts mit einem Rückzugs- oder Ghettoverhalten zu tun. Im Gegenteil: Die Kinder sollen an solchen Schulen befähigt werden, sich für diese Welt zu engagieren und sie positiv zu prägen. Ich bin überzeugt, dass es einfach wichtig ist, eine Alternative zur Volksschule zu haben." Mit der Visionja AG,[83] der Schulkooperative Biel[84] und der SalZH haben sich diverse Schulmodelle entwickelt, die weitere Gründungsinitiativen in der Schweiz inspirieren und als Modelle dienen können. „Ich berate zurzeit Schulgründungen in verschiedenen Städten der Schweiz und ermutige andere, die sich ebenfalls mit dem Thema Privatschule als Ergänzung zur Volksschule befassen", schliesst David ab.

David Schneider, Schulalternative Zürich SalZH

JESUS BEI DEN JUGENDLICHEN

Robert Roth kenne ich aus dem Nehemia Team schon am längsten. Er war Mitbegründer einer charismatischen Gemeinschaft innerhalb der reformierten Landeskirche in Basel und gründete 1979 die geschützte Werkstatt *Weizenkorn*,[85] die heute über 200 Menschen mit psychischen Problemen und Invalidenrente beschäftigt.

Für Robert sind die „Fakten" zwar wichtig, doch darüber hinaus fragt er immer nach dem „Warum": Was steckt dahinter? Als Visionär weiss er, dass es immer auch noch ganz anders sein kann. Er denkt zwar viel nach, macht aber nicht nur grosse Worte. Er lebt, was er glaubt, und er glaubt, was er lebt; er ist das, was man heute eine „authentische Person" nennt. Er hat eine tiefe Gottesbeziehung und sieht die Probleme dieser Gesellschaft als Chancen für das Reich Gottes. Als er mit der Jugendarbeitslosigkeit im Kanton Basel konfrontiert wurde, meinte er: *„Einen Job für jeden Jugendlichen? – Das ist möglich!"* Und dann arbeitete er sehr hart dafür.

Robert erzählt uns, wie es dazu kam:

> „Ende 1998 kam ein Delegierter der Basler Schulen auf mich zu und erklärte mir, dass immer mehr Jugendliche keine Lehrstelle fänden und darum auf der Strasse endeten. ‚Können sie diese jungen Arbeitslosen nicht im Weizenkorn aufnehmen?', fragte er mich damals. ‚Auf keinen Fall', antwortete ich ihm, ‚ein Schulabgänger gehört nicht in eine IV-Werkstätte.' Er antwortet bestimmt: ‚Herr Roth, bitte philosophieren sie nicht, nehmen Sie sie einfach. Lieber beschäftigen wir die Jugendlichen in einer Behindertenwerkstatt, als dass sie auf der Strasse rumlungern.'"

Robert sah das anders. Darum gründete er mit Partnern die Job Factory,[86] ein Basler Unternehmen, das Jugendliche mit Berufspraktika in die realen Arbeitsabläufe integriert. „Dadurch werden ihre Chancen auf dem Lehrstellenmarkt erhöht", betont Robert. „In 15 verschiedenen Abteilungen können jährlich über 300 Jugendliche, die keine Arbeit und keine Ausbildungsmöglichkeit finden, erste Arbeitserfahrungen in den Bereichen Verkauf, Produktion und Dienstleistungen sammeln. Gleichzeitig werden sie gezielt gecoacht. Durch das Praktikum werden die Jugendlichen innerhalb kürzester Zeit fit für den Arbeitsmarkt." Danach wird gemeinsam mit ihnen eine Anschlusslösung gesucht. Wenn Robert die Job Factory beschreibt, kann er ganz schön in Fahrt kommen. „Wir brauchen jeden Jugendlichen. Wir können es uns nicht leisten, einen einzigen nicht auf das Spielfeld zu bringen." Allerdings ist die Realität in der Schweiz leider anders. Auch hier kennt man hohe Arbeitslosenquoten unter den 18- bis 25-Jährigen und dazu Tausende, die von der Sozialhilfe und Invalidenrente (IV) abhängig sind. Robert weist darauf hin, „was passiert, wenn nichts passiert: Isolation, Krankheit, Drogen, Gewalt und Kriminalität." Der Vorsteher der Sozialhilfe Basel lobt: „Roth hat die heutige Dimension des Problems vorausgesehen." Denn Robert hat einen Unternehmergeist, den er für ein soziales Ziel einsetzt. „Die jungen Leute arbeiten in einem Unternehmen, das sich auf dem freien Markt bewähren muss. Die Sozialhilfe oder andere staatliche Träger finanzieren bloss das nötige Coaching und die interne Berufsschule", fügt der Vorsteher der Sozialhilfe Basel an. Jedes Jahr absolvieren durchschnittlich 300 Jugendliche ein halbjähriges Berufspraktikum in der Job Factory – mehr als 70 Prozent dieser Jugendlichen beginnen nach ihrem erfolgreichen Praktikumsabschluss mit einem Zeugnis in der Tasche eine Berufslehre, eine weiterführende Schule oder treten direkt eine Arbeitsstelle an.

Robert ist der erste Schweizer, der als Social Entrepreneur[87] durch die Schwab Foundation, der Stiftung von Klaus und Hilde Schwab, ausgezeichnet wurde. Klaus Schwab ist der Gründer des World Economic Forum (WEF) in Davos. Nachdem er die Ehrung erhielt, wurde Robert auch zum WEF eingeladen. Eigentlich behagt Robert der Rummel rund um die WEF-Auszeichnung nicht. Er betont: „Es geht nicht um den Roth. Ich freue mich für die Sache. Ich hoffe, dass der Preis den Jugendlichen hilft. Wichtig ist, dass man jeden einzelnen Menschen ernst nimmt und ihm ermöglicht, einen sinnvollen Beitrag zum Ganzen zu leisten." Robert geht noch einen Schritt weiter. „Ans Gemeinwohl zu denken, macht auch ökonomisch Sinn, denn wer es schafft, die sozialen Probleme in den Griff zu kriegen, wird höchst wettbewerbsfähig sein und kann unter anderem den nächsten grossen wirtschaftlichen Wachstumsschub auslösen." Kraft und Hoffnung schöpft Roth aus seinem christlichen Glauben, der übrigens die gesamte Gründergeneration der Job Factory verbindet.

Robert Roth, Gründer und Leiter der Job Factory in Basel

JESUS IN POLITIK UND WIRTSCHAFT

Drei weitere Freunde im Nehemia-Team sind Joel Blunier, Beat Christen und Werner Jakob.

Joel Blunier arbeitet als Generalsekretär der EVP Schweiz auf dem politischen Parkett: „Die Politik ist in den Augen vieler ein Drecksgeschäft. Es ist daher nicht verwunderlich, dass Politikerinnen und Politiker auf der Beliebtheitsskala oft ganz weit unten zu finden sind. Und trotzdem ist die Politik dafür verantwortlich, wie das Zusammenleben in einer Gesellschaft ge-

regelt wird. Es betrifft somit jeden Bürger und jede Bürgerin –
auch die Christen." Denn der Glaube bietet eine Orientierung
für das ganze Leben und ist nicht nur ein Wegweiser in den
Himmel! Darum ist auch die Politik einer der Gesellschaftsbe-
reiche, der vom Reich Gottes beeinflusst und transformiert
werden soll. Das ist die Überzeugung von Joel Blunier: „Für
mich ist die Politik auch der Ort, wo sich Fürbitte und Gebet für
Verfolgte, Bedrängte, Kranke, Arme, Vernachlässigte, Unter-
drückte, Einsame und Schwache konkretisiert. Der Staat kann
und soll nicht alle gesellschaftlichen und strukturellen Probleme lösen, weil er immer den ‚Charakter als unvollkommene
und vorläufige Ordnung'[88] behalten wird. Gerade deshalb ist
die Politik dazu da, einen Staat zu gestalten, der Menschen
schützt, aber nicht bedrängt und Hilfe bietet, ohne die Selbst-
hilfe zu schwächen. Für Joel gehören daher Gebet und politi-
sches Engagement direkt zusammen. „Gott wird Gebete nicht
im luftleeren Raum erhören, sondern durch Menschen, die sich
für ihn verfügbar machen – eben auch in der Politik", meint er.
Joel ist für mich ein Vorbild eines engagierten Christen, der
immer wieder vermitteln muss. Einige Christen wollen nichts
mit dem „Drecksgeschäft Politik" zu tun haben, andere wissen
immer „kompromisslos klar", was zu tun ist. Er meint: „Zwischendurch frage ich mich selbstkritisch, wo engagierte Christen sichtbare Spuren in der Schweizer Politik hinterlassen haben. In den letzten Jahren ist eher eine politische Polarisierung
und Frontenverhärtung unter aktiven Christen spürbar. Das ist
dem öffentlichen Ansehen der Christen leider eher abträglich.
Auf der anderen Seite wage ich aber auch nicht, mir auszuma-
len, wie es wäre, wenn gar keine Christen politisch engagiert
wären." Denn auch wenn der christliche Glaube eine Orientierung für das Leben und Denken ergibt, so ist die Bibel doch

kein direktes „Rezeptbuch" für die Politik. Politik findet im Raum des Vorläufigen statt und ist immer nur mit Kompromissen zu gestalten. Und das bedeutet eben wieder harte Arbeit. Doch für Joel lohnt sich der Aufwand „wegen Gottes Reich" allemal.

Ganz anders gestaltet **Beat Christen** sein Engagement in der Politik. Er geht im Schweizer Regierungsgebäude, dem Bundeshaus in Bern, ein und aus. Er kennt die Bundesräte wie auch die National- und Ständeräte persönlich. Doch ist er weder Promi noch Politiker. Er hat eine ganz besondere Berufung. Vor über 30 Jahren las er in der Bibel (1. Tim 2,1–2), dass Christen für „alle Obrigkeit" beten sollen, und er empfand dies als einen persönlichen Auftrag für sich. Viele Jahre betete er „im stillen Kämmerlein", bis er 1992 begann, auf der Tribüne des Nationalrats für das Parlament zu beten. Einen festen Zutritt ins Bundeshaus als Beter oder „Lobbyist des lieben Gottes"[89], wie man ihn im Bundeshaus nennt, erhielt er drei Jahre später. *„Wenn wir für eine gute Regierung beten, dann profitieren letztlich alle davon. Wenn der Glaube nur Privatsache ist, fehlt ihm die Relevanz. An Gott glauben heisst für mich immer auch, in der Öffentlichkeit Verantwortung zu übernehmen."*
Dabei kann sich Christen auf eine gute Tradition berufen, denn der Schweizer Bundesbrief von 1291 beginnt mit den Worten: „Im Namen Gottes des Allmächtigen", und endet mit: „Diese Ordnungen sollen, so Gott will, dauernden Bestand haben."
Beat war bis zu seiner Pensionierung bei den Vereinigten Bibelgruppen der Schweiz (VBG) für die Arbeit unter Berufstätigen verantwortlich. Für ihn ist klar: *„Der Mensch steht für mich im Zentrum, nicht die Sachpolitik."*

Gebet ist für ihn sowohl in der Politik als auch in der Wirtschaft wichtig. Deshalb engagierte er sich auch stark für die Gründung von Firmengebetsgruppen. In der Schweiz gibt es inzwischen über 200 solcher Gruppen. Mit der Frage „Job oder Berufung?" fordert der Bundeshausbeter die Christen unermüdlich heraus, ihre Arbeit nicht nur als „Job" zu betrachten, sondern den Beruf als Berufung zu verstehen. „Wo sonst kommt man mit anderen Menschen so direkt und intensiv in Kontakt, wie in den vielen Stunden des gemeinsamen Arbeitens? Und das wiederum ergibt immer wieder neue Gelegenheiten, um über die Grundfragen des Lebens aus christlicher Sicht zu sprechen, Probleme anzuhören und auf Gott hinzuweisen", meint Beat.

Gottes Reich in der Arbeitswelt zu vermitteln, ist auch das Anliegen von **Werner Jakob**, einem langjährigen Freund von mir. Auch als Verkaufschef für die Schweiz in einer international tätigen Firma war er immer auch in der Kirche engagiert. Ihm war klar, dass das *Priestertum aller Gläubigen* nicht nur den Dienst in der Kirche betrifft, sondern auch Wirtschaft und Politik mit einschliesst. Das bedeutet nichts anderes, als dass der Beruf (die Arbeitswelt) zur Berufung Gottes wird, zum Gottesdienst in der Welt. Er arbeitete selber erfolgreich in diesem Spannungsfeld, sah aber, wie einige Kollegen Schiffbruch erlitten. Zunehmend erkannte er, wie unser Wirtschaftssystem nicht nur auf christlichen Werten basierte. So wuchs in ihm der Wunsch, Alternativen zum reinen Profitdenken aufzuzeigen. „Das biblische Menschenbild führt in der Ökonomie zu einer sinnvollen Sicht vom Berufsleben und darüber hinaus auch zu Wachstum", meint Werner überzeugt. Mit über fünfzig Jahren gründete er darum vor rund 20 Jahren die *vita perspektiv AG*, ein Beratungsunternehmen, das mithilft, Unternehmen auf biblischen Prinzipien aufzubauen. Eine faszinierende Aufgabe, die er inzwischen erfolgreich seinem Sohn Stefan übergeben konnte.

Für Werner war damals klar: Christliche Unternehmer müssen zuerst einmal ihren Glauben aus der Privatkammer wieder an die Öffentlichkeit, vor allem auch an ihren Arbeitsplatz bringen, also ihre Selbstsäkularisierung überwinden. Das ist harte Arbeit, denn die Erneuerung des Denkens kommt nicht von selber und ist nie einfach. Die Übertragung von geistlichen Prinzipien ins persönliche Leben der Jüngerschaft ist für viele schon schwierig genug. Doch das dann auch noch für die Arbeitswelt und sogar die Wirtschaft zu reflektieren, das ist für die meisten Verantwortungsträger nicht mehr „nebenbei" zu leisten. Aus dieser Erkenntnis heraus setzte sich Werner zusammen mit anderen für die Gründung der *Schule für biblische Prinzipien in der Geschäftswelt* (SBG)[90] ein. Nach Werner baut die Schule auf mehreren Grundbausteinen auf:

> „Die Selbstverantwortung unter Gott bringt Frieden; die Familie ist der Kern einer gesunden Gesellschaft; biblische Verwalterschaft fördert politische und soziale Reife; die christliche Gemeinschaft (Kirche) ist u. a. ein Ausbildungszentrum; und schliesslich eine Politik der kleinen Schritte, die bei der Veränderung des Individuums beginnt und dann bis zu gesellschaftlichen und strukturellen Veränderungen führt."

Nach der persönlichen Schulung (Erneuerung des Denkens durch eine vertiefte Aneignung der Schrift in Bezug auf das eigene Leben und den Bereich Arbeit/Wirtschaft) kommt natürlich die Frage der Umsetzung im Geschäft und der Wirtschaft als Ganzes. Genau dafür wurde die die *vita perspektiv AG* gegründet,[91] die professionelles Coaching und die Begleitung der Praxisschritte anbietet, die sich aus diesen neuen Perspektiven ergeben.

Hier sollen einige Freunde von Werner zu Wort kommen, welche begonnen haben, Arbeitswelt und Reich Gottes im Zusammenhang zu sehen:

Armin: „Durch Mentoring und Begleitung werde ich unterstützt, eine gesunde Balance zwischen Geschäft, Ehe und Familie nicht aus den Augen zu verlieren. Das hat positive Wirkungen auf beide Bereiche. Gerade wenn das Tagesgeschäft drängt und nach andern Prioritäten verlangt, ist es wichtig, dass jemand von aussen mich an diese Balance erinnert. Für mich ist es auch hilfreich, mich mit anderen Geschäftsleuten unserer Gemeinde verbindlich zum Gebet und Austausch treffen. Im Vertrauen und grosser Offenheit können wir uns so gegenseitig ermutigen und ermahnen. Für mich sind das eine wesentliche Voraussetzungen dafür, dass das Reich Gottes in meinem Berufsumfeld ankommt!"

Marc: „Nachdem ich einmal begriffen habe, dass im Hebräischen das Wort ‚avodah' sowohl für Arbeit als auch Lobpreis verwendet wird, hat sich meine innere Einstellung zur Arbeit radikal entspannt. Es spielt keine Rolle mehr, ob ich eine sogenannt ‚geistliche' Tätigkeit oder eben eine ‚weltliche' Arbeit ausführe, es ist ja beides eine Form der Anbetung."

Bruno: „Nachdem meine Frau und ich die ‚Schule für biblische Geschäftsprinzipien' besucht hatten, war uns klar, dass wir mit unserer Firma ein ‚Unternehmen nach biblischen Geschäftsprinzipien' werden möchten. Der dazu nötige Transformationsprozess, inkl. Zertifizierung, hatte u. a. folgende Konsequenzen: Alle zehn Nachkommen von meinem Bruder und mir wurden nach ihrem Bezug zum Unternehmen und ihrer persönlichen Berufung befragt. Daraus wurde allen klar, wer als Vertreter der 5. Generation die Geschäftsleitung übernehmen wird. Es besteht heute Einigkeit in der Nachfolgeregelung! Das bedeutete grünes Licht für den Geschäftsneubau ...“

Marlene und **Stefan**: „Nachdem meine Frau und ich in einer schwierigen Lebensphase im Jahr 1992 Jesus persönlich in unser Leben aufnehmen durften, war für uns sofort klar, dass wir keinen Unterschied zwischen dem Sonntag und dem Rest der Woche mehr machen können. Schon bald entschieden wir uns, kein Schwarzgeld mehr in unserer Firma zu akzeptieren. Uns war aber klar, dass noch viel mehr dazugehört, damit unser Betrieb von christlichen Werten geprägt wird. Durch ein richtungsweisendes Gespräch mit Jürg Opprecht kamen wir zur SBG – Schule für biblische Geschäftsprinzipien. Nach dieser zweijährigen Ausbildung begannen wir, in Begleitung mit vita perspektiv, diese Prinzipien in unserem Unternehmen umzusetzen. Unsere Firmenwerte wurden definiert, ein Leitbild mit christlicher Ausrichtung entstand, regelmässige Schulungen im Unternehmen wurden abgehalten u. v. m. Es wurde über Jahre ein guter Boden gelegt ... Ehrungen wie ‚Familienfreundlichstes Kleinunternehmen in Südtirol‘ bestätigen den eingeschlagenen Weg. Gott segnet uns und unser Haus und diesen Segen möchten wir sehr vielen Menschen weitergeben.“

Heute, im Alter, in dem andere längst im Ruhestand sind, ist Werner dankbar für jeden Schritt auf seinem Weg. Seine „Karriere“ konnte er ohne Probleme aufgeben, denn sein Lebensmotto hiess damals schon: *„Trachtet zuerst nach dem Reich*

Gottes und seiner Gerechtigkeit und dann wird euch alles andere zufallen." Dass er sich heute immer noch für neue Herausforderungen bewegen lässt, hängt mit seiner Leidenschaft für die Menschen in der Arbeitswelt und für Gott und sein Reich zusammen.

EUROPA IM BLICK

Am Schluss dieses Kapitels stelle ich zwei Männer vor, die mich beide prägten und die *Europa als Kulturraum* besonders auf dem Herz haben bzw. hatten. Es sind dies der inzwischen verstorbene Helmut Nicklas vom CVJM München („Miteinander für Europa") und Jeff Fountain („Hope for Europe", ehemaliger Leiter von Jugend mit einer Mission Europa).

MITEINANDER FÜR EUROPA

Mitte der 80er-Jahre gründeten wir bei Jugend mit einer Mission Biel die Schule für biblisch-christliche Weltanschauung (SBCW).[92] In diesem Zusammenhang lernten wir die Gemeinschaft Immanuel in Ravensburg und dadurch auch die katholische Erneuerung sowie den CVJM München kennen und schätzen. Durch die Zusammenarbeit verdichtete sich der Kontakt mit Helmut Nicklas, dem Leiter des CVJM in München. Gemeinsam haben wir über einige Jahre das *Seminar für künftige Verantwortungsträger* (SKV) – eine Ausbildung der Verantwortlichen unserer Gemeinschaften, eine „Dienerschulung" – getragen. Das grosse Thema am SKV war immer wieder die Einheit unter Christen aller Gruppierungen – die sogenannte „Ökumene der Herzen". Wenn wir uns alle auf Christus zubewegen, kommen wir uns dabei gegenseitig näher.
Eine Begegnung mit Chiara Lubich, der Gründerin der (katholischen) Fokolar-Bewegung, wurde für Helmut wegweisend. Die Fokolar-Bewegung ist eine in 182 Ländern vertretene Bewegung von Menschen, die sich für Einheit und Geschwisterlichkeit engagieren. Die beiden haben sich die Frage gestellt, wie

die Christen Europa dienen können. Sie kamen zum Schluss: „Nur gemeinsam, das ist doch klar!" Motiviert durch die biblische Aufforderung „Ein neues Gebot gebe ich euch: Liebt einander! Wie ich euch geliebt habe, so sollt auch ihr einander lieben." (Joh 13,34) haben die beiden sich verbündet und auf den Weg gemacht.

Christliche Bewegungen und Gemeinschaften sind so unterschiedlich wie die Kulturen, Sprachen und Regionen unseres Kontinents. Aber stärker als das, was sie trennen könnte, ist die gemeinsame Mitte, ihre Beziehung zu Jesus, die sie verbindet. Davon waren die beiden überzeugt und darum ist *Miteinander für Europa* entstanden. *Miteinander für Europa* ist der Name für viele Aktionen und Dienste christlicher Bewegungen und Gemeinschaften, die zu Versöhnung, Frieden und Geschwisterlichkeit in ganz Europa führen sollen. Unter anderem gehörte das grosse ökumenische Treffen *Stuttgart I* dazu, an dem im Jahr 2004 über 9000 Menschen aus allen Denominationen teilnahmen. Helmut Nicklas, einer der Visionäre dieser „Ökumene der Herzen", prägte den Kongress wesentlich mit. Auch bei den Vorbereitungen der Nachfolgekonferenz *Stuttgart II* im Jahr 2007 half er noch tatkräftig mit, konnte aber aufgrund einer schweren Erkrankung nicht mehr daran teilnehmen und starb noch im selben Jahr.

Helmut war überzeugt: Wo eine Gemeinschaft für sich nicht das Ganze sein kann und auch nicht mehr sein will, da ist sie bedürftig und damit überhaupt erst gemeinschaftsfähig. „Ich spüre", sagte er kurz vor seinem Tod, „dass die Zeit kommt, wo wir ein einziges Zeugnis sind für den einen Christus. Es gibt keinen katholischen Christus und keinen reformatorischen Christus, es gibt *einen* Christus, und ihn können wir nur gemeinsam bezeugen." Der Heilige Geist führe sein Volk auf einen Kulminationspunkt hin, so seine Überzeugung. Nun gehe es darum, dass das Volk Gottes sich sammle und tief im Herzen die Sendung Jesu aufnehme. Der Heilige Geist sei dabei, eine Bewegung zu schaffen, in der wir Christen zu Freunden werden, weil sich Jesus als unser Freund nähert.

Europas Gründungsgeschehen kam aus einem gemeinsamen „Nein" zum Krieg heraus, betont Helmut. „Doch was ist das gemeinsame Ja der Europäer?" Denn Menschen finden leichter zu einem gemeinsamen Nein zusammen! Man schliesst sich zusammen, um gemeinsam eine Diktatur zu stürzen, einen Krieg zu verhindern, ein Gesetz zu boykottieren usw. Viel schwieriger ist es aber, ein gemeinsames Ja zu finden und dafür zu leben. „Die Politik hat dieses Ja nicht", war Helmut überzeugt. Deshalb formulierten im Mai 2007 über 10.000 Christen aus mehr als 180 geistlichen Bewegungen ein neues Programm für Europa als ein **Ja** zu Jesus, zum Evangelium, zu Europa, zum Verbindlichen und Verlässlichen, zu Solidarität in der Wirtschaft, zu Gerechtigkeit und zu Frieden. Von Europa sollte noch einmal eine Botschaft ausgehen, die der Welt guttut. Eine Botschaft, die das Unselige auslöschen kann, das auch von Europa ausgegangen ist.

Der Dienst der Versöhnung von *Miteinander für Europa* wird auch nach dem Tod von Helmut Nicklas und Chiara Lubich von Hunderten von Gemeinschaften auf dem Weg und in vielen lokalen Initiativen (Miteinander! Wie sonst?)[93] weiter getragen![94]

HOPE FOR EUROPE

Eine weitere gesamteuropäische Initiative geht von Jeff Fountain aus. Er ist in Neuseeland aufgewachsen, ursprünglich Historiker und lebt heute in Holland. Er war für viele Jahre der Leiter von Jugend mit einer Mission Europa und damit mein Chef, als ich JMEM-Leiter der deutschsprachigen Schweiz war. Sein Interesse an der Vergangenheit, der Gegenwart und der Zukunft Europas hat ihn das *Schuman Centre for European Studies*[95] gründen lassen. Dabei beschäftigt ihn die Dimension der Hoffnung für Europa und für das Christentum in besonderem Mass. In seinem Buch *Living as a People of Hope*[96], das es leider nur auf Englisch gibt, stellt er den Christen Europas verschiedene Fragen: „Wo sind eigentlich die Christen, die eine europäische Perspektive haben? Gibt es in dieser Zeit, in der multinationale Firmen, die Mafia und andere Organisationen in erster Linie **international denken**, Christen mit einer überregionalen Perspektive? Christen, die gemeinsam das Beste für Europa suchen, nicht nur für ihre eigene Organisation oder für ihr Land?"

Jeff ist auch Mitbegründer von *Hope for Europe*[97], einer europäischen, auf Beziehungen aufgebauten Bewegung, die das Ziel verfolgt, Transformation für den Einzelnen und in die Gesellschaft zu bringen. *Hope for Europe* hilft Menschen in Europa, die gegenwärtige und zukünftige Hoffnung der guten Nachricht neu zu entdecken und weiterzutragen. Dies geschieht u. a. durch die Förderung von europaweiten Netzwerken von Spezialisten aus allen Berufen, die miteinander beten, sich austauschen und schlussendlich zusammenarbeiten. Dadurch werden lokale und nationale Initiativen unterstützt, welche ihrerseits dazu beitragen, die europäische Gesellschaft geistig, sozial und

kulturell zu verändern und die Christen Europas zu sensibili-
sieren für die Transformation und Evangelisation.

Jeff meint, Christen im Umbruch seien als Hoffnungsträger dazu angehalten, Gott bei der Umsetzung seiner Absichten dien-
lich zu sein. „Wir sind gerufen, die Völker Europas zu Jüngern
Jesu Christi zu machen und sie zu lehren, Gott zu gehorchen
und ihn zu verherrlichen (Matth 28,19)."

Darum ist seine Einstellung viel stärker überzeugt und optimistisch als verzweifelt und pessimistisch! Er blickt voll Hoffnung
auf das zukünftige Wirken Gottes in Europa. Er hat deshalb
schon zwei *Hope-for-Europe*-Kongresse organisiert, wo sich
Hunderte von christlichen Verantwortungsträgern trafen, um
neue Hoffnungsstrategien für Europa zu entwickeln, die in den
kommenden Jahren umgesetzt werden sollen.[98]

AUF DEN PUNKT GEBRACHT

- Gottes Reich will sich auf der Erde in allen Lebensbereichen etablieren. Gottes Geist sucht Menschen und
  Gemeinschaften, die sich in Bewegung setzen lassen. So
  wird aus der Hoffnung einzelner Menschen eine ansteckende Bewegung, die viele andere mit auf den Weg
  nimmt und eine Kultur von Glaube, Hoffnung und Liebe
  fördert.

GLAUBE, HOFFNUNG, LIEBE

- Der **Glaube** sieht die Probleme unserer Zeit und vertraut gleichzeitig darauf, dass Gott diese Welt mit ihren Menschen nicht aufgegeben hat. Denn er kann auf Jesu Leben und Werk im Glauben zurückschauen, dass dem so ist.

- Die **Hoffnung** weiss in allen Nöten und Problemen, dass es noch einmal ganz anders sein wird. Aus dieser Perspektive erkennt sie immer wieder Gottes Möglichkeiten und offene Türen. Sie kann in Hoffnung vorausschauen auf den Tag, an dem unsere Welt verändert werden wird zu einer Welt der Liebe.

- Die **Liebe** bewegt uns, aus der eigenen Komfortzone herauszutreten und wie Johannes, Robert und viele andere etwas zu wagen für das Reich Gottes. Von Gottes Liebe erfasst, werden wir selbst zu Botschaftern dieser Liebe.

FRAGEN

Einige Fragen zum persönlichen Weiterdenken oder auch als Einstieg in ein Gespräch:

- Wie würdest du die Hoffnung beschreiben, die du bei Jeff, Hans-Peter, Joel, Werner und den anderen Menschen in diesem Kapitel siehst?

- Gibt es in deinem näheren Umfeld schwierige Menschen oder scheinbar unlösbare Probleme? Was braucht es, damit biblische Hoffnung in diese Situationen hineinkommen kann?

- Markus ist in der Arbeitswelt und in der Kirche entmutigt und lebt mit einem Gefühl von dauerhafter Überforderung. Was könnte ihn entlasten? Wie entwickelt man eine langfristige Perspektive der Hoffnung?

- Welche Voraussetzungen braucht es, damit Markus oder du selbst zu einem Hoffnungsträger für andere werden können?

ANGEBOTE ZUR VERTIEFUNG

Die in diesem Buch vorkommenden Menschen, Initiativen, Werke oder Firmen können über die oben angegebenen Links noch genauer kennengelernt werden.

Darüber hinaus kann das Lesen der Biografien von inspirierenden Christen zeigen, wie sie mit den gesellschaftlichen Herausforderungen ihrer Zeit umgingen, z. B. William Wilberforce, Martin Luther King etc. Als Beispiel neu und empfehlenswert: METAXAS, Eric, *BONHOEFFER*: Pastor, Agent, Märtyrer und Prophet, Holzgerlingen, 2011.

TEIL DREI

DAS LEBEN DER LIEBE

Im ersten Teil dieses Buches ging es um den **Glauben**. Wir haben zur Kenntnis genommen, wie die Allmachtsfantasie der Moderne meinte, sie hätte die objektive Wahrheit im Griff. Die christliche Variante davon bestand darin, dass man glaubte, die eigene Gruppe oder Kirche kenne die ganze, absolute Wahrheit und alle anderen Kirchen und Gruppen lägen dementsprechend falsch.

Moderne Christen haben mit ihrer Überheblichkeit die Menschen oft mehr abgestossen, als dass sie sie zur Liebe Gottes eingeladen hätten. Die Art und Weise, wie wir als Christen miteinander umgegangen sind, war für Andersdenkende nicht sehr überzeugend. Wir müssen also in unserem Denken und Handeln erneuert werden. Dazu braucht es sowohl ein neues Eintauchen in Gottes Wort als auch eine daraus erwachsende Liebe zu Gott und zum Nächsten. Die Antwort der Christen im Umbruch ist eine neue Demut. Sie sind sich bewusst, dass keine Kirche oder Gemeinschaft die gesamte Wahrheit für sich gepachtet hat.

Im zweiten Teil betrachteten wir die **Hoffnung**. Sie beschreibt das, was wir von der Zukunft erwarten. Christliche Hoffnung ist weit mehr als menschliches Wunschdenken, denn sie ist begründet in der Geschichte der Auferstehung Jesu Christi: Weil er schon auferstanden ist, hat auch die Neuschöpfung der Welt schon begonnen. Deshalb dürfen wir erwarten, dass der Herr in der Auferstehung und der Neuschöpfung der Welt seine Geschichte zur Erfüllung bringen wird.

Diese Hoffnung soll und wird sich in unserem Leben so auswirken, dass wir durch unsere Erneuerung immer mehr ein Zeugnis für die Liebe Gottes werden. Gott vertraut seinem Volk die kostbare Berufung an, königliche Priester zu sein, Glaube und

Hoffnung von ihm zu empfangen und in diese Welt hineinzu-
tragen.

Im dritten Teil dieses Buches kommen wir nun zur **Liebe**.
Während sich der Glaube auf das Handeln Gottes in der Vergangenheit stützt, vor allem das Leben, das Sterben und die
Auferstehung Jesu Christi, kommt die Hoffnung sozusagen von
vorne auf uns zu. Sie richtet das Leben auf die Zukunft Christi
aus und motiviert uns dadurch zur Transformation im Hier und
Jetzt. Doch die Liebe der Gläubigen richtet sich „in der Gegenwart auf die Geliebten in der Gegenwart"[99] aus. Liebe ist ein
Tätigkeitswort und geschieht immer in der Gegenwart. Wir
können weder in der Vergangenheit noch in der Zukunft lieben,
nur im Jetzt.

„Liebe ist…" ein schillernder Begriff. Wir reden oft über sie, als
ob für uns klar wäre, was damit gemeint ist. Dabei ist kaum ein
Wort in unserer Sprache mit so viel Sehnsüchten und Enttäu-
schungen verbunden wie dieses.

Wenn wir davon ausgehen, dass der dreieinige Gott Liebe in
Person ist, lohnt es sich, dass wir uns im siebten Kapitel, *Liebe
ist die Grösste,* mit ihm auseinandersetzen. Wir wollen etwas
vom Wesen der Liebe erfassen, indem wir Gott selber, sein
Wesen und sein Handeln betrachten. Wir werden vielleicht
überrascht feststellen, wie viel die scheinbar trockene Lehre
von der Dreieinigkeit mit der begeisternden Liebe Gottes zu
tun hat.

Kapitel 8, *Lieben lernen*, führt uns in sechs Punkten vor Augen,
was passieren kann, wenn Christen sich von der Liebe Gottes
anstecken lassen, wenn Hoffnung unser Handeln prägt und der
Glaube zu einem festen Fundament des Lebens und der Ge-

meinschaft wird. Wir haben Auftrag: Gottes Liebe einander und der Welt bringen.

In Kapitel 9, *Gewinnende Liebe*, hören wir dem Apostel Paulus zu. Er beschreibt im Epheserbrief die grossen Pläne Gottes mit dieser Welt. Wir lesen einen Vers aus jedem der sechs Kapitel und werden staunend sehen, wie sich Gottes Plan entfaltet und welchen Platz wir darin einnehmen können.

Vielleicht begegnet uns beim Lesen dieser Kapitel etwas, was für Johanna eine Hilfe sein kann. Sie sehnt sich danach, dass Gottes Liebe sie frisch erfüllt. Und sie fragt sich, wie sie mit ihrem Leben die Liebe Gottes so ausleben kann, dass sich das Klima in der Schule verändert und auch die Schüler neue Lebensqualität erfahren können. Wie kann sie in ihren verschiedenen Herausforderungen, unter anderem in der örtlichen Politik, mit den Waffen der Liebe kämpfen?

SIEBEN:
DIE LIEBE IST DIE GRÖSSTE

Was ist eigentlich Liebe? Die kleinen Karikaturen, die in vielen Zeitungen unter dem Titel „Liebe ist..." erscheinen, geben uns einen ersten Hinweis. Sie umschreiben die Liebe mit einer Zeichnung und mit einem kurzen Satz, z. B. „Liebe ist... ...sich gegenseitig zu unterstützen" oder „...einander zu trösten". Es gibt viele Versuche, die Liebe zu umschreiben, doch es ist schwierig, sie zu definieren. Das Wort schillert in allen Regenbogenfarben und berührt die tiefsten Sehnsüchte des menschlichen Herzens.

Auch die Bibel gibt uns keine abstrakte Definition von „Liebe". Sie erzählt uns vielmehr konkrete Geschichten, wie bei allen ihren grossen Themen und Begriffen. Für das hebräische Denken ist klar, dass die Welt zu vielgestaltig ist, als dass sie in einem knappen Satz erklärt werden könnte. Deshalb werden wichtige Themen beschreibend umkreist und von verschiedenen Seiten beleuchtet. So entdeckt man mehr und mehr Facetten und lernt ein Thema vertieft kennen. Das ganze Alte Testament erzählt in verschiedenen Geschichten, wie Gott seinem Volk Israel aus Liebe nachgeht.

Er spricht zu ihnen durch die Propheten. Er ermahnt sie immer wieder aus Liebe, ja selbst seine Strafen geschehen aus Liebe. Ein ums andere Mal vergibt er ihnen und nimmt sie wieder an. Das geht so weit, dass er sogar um Israel werben kann wie um seine Braut!

Doch am Leben und Sterben Jesu sehen wir schliesslich, wie gelebte Liebe aussieht: Jesus teilt sein Leben mit seinen Jüngern. Er geht Ausgestossenen nach und heilt Kranke, diskutiert mit den Weisen seiner Zeit, umarmt und segnet Kinder. Er feiert sogar Feste mit Sündern und Zöllnern und sagt ihnen allen: Euer Vater im Himmel meint es gut mit euch!

All diese Bilder, Geschichten und Erlebnisse fasst Paulus im *Hohelied der Liebe* folgendermassen zusammen:

> „Liebe ist geduldig, Liebe ist freundlich. Sie kennt keinen Neid, sie spielt sich nicht auf, sie ist nicht eingebildet. Sie verhält sich nicht taktlos, sie sucht nicht den eigenen Vorteil, sie verliert nicht die Beherrschung, sie trägt keinem etwas nach. Sie freut sich nicht, wenn Unrecht geschieht, aber wo die Wahrheit siegt, freut sie sich mit. Alles erträgt sie, in jeder Lage glaubt sie, immer hofft sie, allem hält sie stand."
>
> 1. Kor 13,4–7

Diese Worte werden oft an Traugottesdiensten gelesen. Dann klingen sie sehr romantisch. Oder wir nehmen sie bloss als moralischen Appell wahr: So sollten wir eigentlich sein!

Doch diese Worte beschreiben zunächst einmal Gott selbst, seine Person, sein Wesen, seine Art. Deshalb wollen wir in diesem Kapitel zuerst einmal fragen: „**Wie ist denn Gott?**" Und daran anschliessend die zweite Frage stellen: „Und was hat das mit uns zu tun?"

GOTT ALLEIN IST GOTT, DOCH GOTT IST NICHT ALLEIN[100]

Im ersten Johannesbrief lesen wir: „Gott **ist** Liebe" (1. Joh 4,16). Das ist aus unserer Perspektive schwierig zu verstehen, denn wir Menschen **haben** Liebe und vollbringen je nach dem eine Tat der Liebe, doch niemandem käme es in den Sinn zu sagen:

„Ich bin Liebe". Aber Johannes sagt eben nicht: „Gott hat Liebe" (neben anderen Dingen), sondern: „Gott ist Liebe". Wenn also Gott seinem Wesen nach „die sich selbst verschenkende Liebe" **ist,** so wie es sein Wort uns offenbart, dann war das schon immer so. Also noch vor der Schöpfung und Erlösung der Welt war Gott in seinem Wesen schon Liebe. Und damit nähern wir uns dem inneren Leben Gottes, dem Geheimnis der Drei-Einigkeit. Damit ist die theologische Einsicht angesprochen, dass Gott Einer und alleine Gott ist (Theologen sprechen von *einer* „Hypostasis", einem Wesen), aber gleichzeitig aus drei Personen besteht (Vater, Sohn, Heiliger Geist). Er ist also weder alleine noch einsam. Die Dreieinigkeit ist das Miteinander dreier Personen, die eine Gemeinschaft der Liebe *sind*, die sich so sehr aneinander verschenken, dass sie vollständig („wesensmässig") eins sind.[101]

DREI PERSONEN SIND VOLLSTÄNDIG EINS

Liebe ist unteilbar. Sie lässt sich nicht in Metern oder Kilogramm messen oder aufteilen. Stellen wir uns z. B. eine Mutter vor. Sie liebt ihr erstes Kind von ganzem Herzen und schenkt ihm ihre ganze Liebe. Wenn später ein zweites Kind dazukommt, muss sie keine mathematischen Berechnungen anstellen, wie ihre Liebe aufgeteilt werden soll oder ob ihre Liebe für beide Kinder reichen wird. Das „Wunder" geschieht, es ist genug Liebe für beide da. Beide erhalten die ganze Liebe der Mutter![102]

Ich lade dich jetzt zu einem Gedankenexperiment ein: Stell dir vor, du bist in einem Raum mit zwei anderen Menschen. Du verschenkst deine ganze Liebe an diese beiden, du gibst alles. Die beiden anderen tun es dir gleich, sie geben all ihre Liebe an die beiden anderen. Jeder verschenkt sich ganz. Du gibst einmal deine ganze Liebe an beide und du erhältst zweimal ihre Liebe zurück. Doch dabei bleibt es nicht, aus Freude über das Empfangene gebt ihr alle wiederum all eure Liebe weiter. Das heisst, jeder empfängt schon wieder zweimal mehr als er verschenkt hat usw. In dieser Gemeinschaft wächst die Liebe und die „innere Energie" exponentiell. Liebe lässt sich natürlich nicht auf Mathematik reduzieren, und doch lässt dieses Beispiel uns erahnen, dass reicher wird, wer sich verschenkt, weil immer mehr zurückkommt als gegeben wurde. Man kann an dieser Stelle in der Tat von einem **Mehrwert der Liebe** sprechen.

So ähnlich könnte es sich mit dem dreieinigen Gott verhalten: Drei Personen, die sich so sehr lieben und vertrauen, dass es gar keine Distanz mehr zwischen ihnen gibt. Sie leben in vollständiger Transparenz, es gibt gar keine Entfremdung mehr ihn ihrer Kommunikation. Was heisst das?

Stell dir vor, du hast ein Gespräch mit deinem Chef (oder mit einem Lehrer oder sonst jemand), mit dem du wichtige Meinungsunterschiede besprechen willst. Nachdem dann das Gespräch stattgefunden hat, liegst du am Abend im Bett und lässt dir die wichtigsten Punkte noch einmal durch den Kopf gehen. An verschiedenen Punkten denkst du: „Ich hätte noch dies oder jenes sagen sollen." Oder: „Ich wollte noch jenes erwähnen, aber das wäre nicht gut angekommen." Je grösser jeweils der Unterschied zwischen dem „inneren Gespräch" am Abend und dem „äusseren Gespräch" mit dem Chef ist, desto „entfremdeter" oder desto unechter ist meine Kommunikation. Und umso fremder mir mein Gesprächspartner ist, desto weniger tief ist unsere Gemeinschaft. Doch in dem Masse, wie wir in unseren

Beziehungen das, was wir denken, auch ausdrücken können, haben wir echte und tiefe Gemeinschaft und Kommunikation.

Die völlige und liebevolle Kommunikation der Dreieinigkeit, von der wir oben sprachen, führt nun zu einer so intensiven Kommunion, einer so ganzheitlichen Gemeinschaft, dass die Drei nicht nur Einheit erleben oder haben, sondern Einheit sind. Sie werden tatsächlich so sehr eins, dass sie in ihrem Wesen eins sind.[103] Wir tasten uns hier an ein „Innenleben Gottes" heran, das für uns Menschen kaum vorstellbar oder beschreibbar ist. Im Gegensatz zu uns Menschen ist Gottes Liebe nicht durch Sünde und Eigensucht beeinflusst. Keine Angst bremst die Liebe, keine Unreinheit trübt sie. Die drei Personen verschenken sich gegenseitig, halten nichts für sich selbst zurück und werden dabei trotzdem immer reicher an Freude, an Friede und an unvorstellbar überfliessendem Leben. Das ist Liebe in Reinkultur, Energie in höchster Potenz, das ist der wahre Referenzpunkt des ganzen Universums. Und aus diesem höchsten Punkt des göttlichen Lebens und der göttlichen Liebe heraus sagen diese Drei dann zueinander: „Das, was wir hier erleben, ist einfach zu gut, als dass wir das für uns alleine behalten können. Das müssen wir mit anderen teilen." Darum *„lasst uns Menschen machen, in unserem Ebenbild"* (Gen 1,26), sodass wir mit ihnen und sie untereinander eine ähnliche Gemeinschaft und einen ebenso tiefen Austausch auf allen Ebenen haben können.

Weil Gott also schon immer liebevolle Beziehung war, schafft er Menschen in seinem Ebenbild, die berufen sind, Gott und einander so zu lieben, wie Gott Liebe ist und lebt.

GOTT IST AUCH LEIDENSCHAFTLICH

Der Geschichte von der guten Schöpfung Gottes folgt die Geschichte von der Rebellion der Menschen und den Konsequenzen der Sünde. Damit wird alles komplizierter, die Entfremdung zwischen Gott und seinen Ebenbildern zieht Kreise auf
dieser Welt.

Die Liebe von Gott dem Vater, dem Sohn und dem Heiligen
Geist untereinander ist die vollkommene Liebe unter vollkommen Liebenden. Diese Liebe erstreckt sich auf die ganze Schöpfung und damit auch auf die Menschen, die in Sünde gefallen
sind. Damit stellt sich die Frage: „Wie sieht Gottes vollkommene Liebe aus, wenn sie auf uns ‚unvollkommene Sünder' trifft?"
Gottes Liebe hört nicht auf, uns zu suchen, sie sehnt sich immer
noch nach Gemeinschaft mit den Menschen und Gott tut alles,
um diese wiederherzustellen. Denn seit der Sintflut richtet er
seine Schöpfung nie mehr als Ganzes. Er will nicht immer wieder von vorne beginnen, das hat er uns schriftlich gegeben.
Vielmehr will er diesen Planeten endgültig erlösen von der
Macht der Sünde. Erstaunlich ist die Art und Weise, wie er die
Welt erlöst: Er will die Welt von innen her heilen und er möchte dies auch durch uns Menschen hindurch bewirken. Er will
das nicht einfach selber tun, sozusagen mit einem gewaltigen
„Zaubertrick". Es gehört nämlich zum Geheimnis der Liebe,
dass sie sich nur freiwillig verschenken kann. Gott hat uns
Menschen diese Freiheit gegeben, deshalb kann die Erlösung
auch nicht ein „erzwungener Befreiungsschlag von aussen"
sein. Das würde eben diese Freiheit und damit die Liebe selbst
zerstören. Gott will also Menschen erlösen, um dann durch
diese Menschen Segen und Heilung für andere Menschen in die
Welt bringen.

Deshalb sprach er zu Abraham und durch ihn zu seinen Nachkommen im Glauben: *„Ich habe dich erwählt, damit du zum Segen werden kannst für die ganze Welt."* (Gen 12,1–2) Er gab
Israel seine Gebote und die Herrlichkeit seiner Gegenwart im
Tempel. Gott wohnte mitten unter seinem Volk, wenn auch
noch sehr im Verborgenen.

Seine Liebe zu seinem Volk und zu allen Menschen ist nicht
abstrakt. Sie spielt sich nicht allein im Kopf ab und findet ihren
Ausdruck nicht nur in schönen Worten oder Ritualen. Gottes
Liebe zu Israel, seiner Braut, ist auch voller Leidenschaft. Der
Prophet Hosea spricht von dieser Liebe Gottes, die bereit ist,
Israels Sünde zu vergeben. Doch wenn Israel seinen Gott ver-
lässt, dann ist das für Gott wie Ehebruch. Das Bild der Beziehung von Mann und Frau ist das stärkste Bild der Beziehung
zwischen Gott und den Menschen in der Bibel. Das bedeutet
nichts anderes, als dass auch der Herr selber sich nach Gemeinschaft mit den Menschen sehnt, er will uns seine Liebe
schenken und er sehnt sich auch nach unserer Liebe. Wenn wir
sie ihm versagen, wenn wir anderen Göttern nachlaufen (die
Bibel spricht in diesem Fall von „nachhuren"), dann ist das tief
verletzend für ihn. Gott selber nennt sich in der Bibel einen
„eifersüchtigen Gott" (Ex 20,5). Das heisst aber nicht, dass Gott
egoistisch oder kleinlich wäre. Vielmehr ist seine Liebe zu uns
Menschen so gross, so leidenschaftlich – und damit auch so
verletzlich.

Einen weiteren Hinweis auf die leidenschaftliche Liebe Gottes
finden wir im Hohelied. Das Hohelied spricht zunächst von der
Liebe zwischen einem Mann und einer Frau und ist ein hoch-
erotischer Text. Die Bibel hat also gar kein Problem mit Erotik
– im richtigen Kontext.

Doch schon im Judentum und auch in der frühen Kirche sah man, dass dieser Text auf einer Ebene zwar über die menschliche Liebe schreibt, auf einer anderen Ebene aber auch als eine Beschreibung der Liebe zwischen Gott und den Menschen verstanden werden kann. Der Satz „Gott ist Liebe" ist für die Bibel nicht bloss eine abstrakte Aussage oder philosophische Wahrheit, sondern eine leidenschaftliche Wirklichkeit, die sich in der Geschichte Gottes mit seinem Volk immer und immer wieder zeigt.

DIE EHE ALS BILD FÜR DIE LIEBE GOTTES

Gehen wir noch einen Schritt weiter im Nachdenken über die Liebe. In der ganzen Bibel wird immer wieder die Beziehung von Mann und Frau mit der Liebe Gottes zu seinen Menschen verglichen.

Das beginnt schon im Schöpfungsbericht, wo wir lesen, wie zwei grundverschiedene und einzigartige Wesen sich in der Ehe so erkennen, dass sie dabei völlig eins werden. Die Bibel beschreibt dies mit den Worten: *„Die zwei werden einander anhängen und ein Fleisch sein"* (Gen 2,24). Ich finde das folgende Bild hilfreich, um sich vor Augen zu führen, was das Wort „einander anhängen" bedeutet. Stell Dir zwei Papierblätter vor, die aufeinander gelegt und zu einem Blatt Papier zusammengeleimt werden. Es sind immer noch zwei Blätter, aber sie sind so eng verbunden, dass man sie fast nicht mehr trennen kann. Und wenn doch, dann nur mit grosser Mühe – und es wird immer grosser Schaden angerichtet. Deshalb lesen wir in der Bibel, man solle das, was Gott zusammengefügt hat, auch nicht mehr scheiden. Gott ist also weder ein Spassverderber noch ein saurer Moralist, sondern will uns vor den schmerzhaften Konsequenzen unseres Tuns bewahren. Treue und Verbindlichkeit zeigen etwas über das Wesen der Liebe und über das Wesen Gottes selbst! Auch die Liebe Gottes hat etwas an sich, das sich binden und einzigartig in unserem Leben sein will. Paulus kann sogar so weit gehen, dass er die Ehe als ein grosses Geheimnis bezeichnet, das er auf Christus und die Gemeinde hin deutet (vgl. Eph 5,32).

AGAPE UND EROS GEHÖREN ZUSAMMEN

Doch wenn Ehe gelingen soll, muss jeder Mensch, der heiraten will – also eins werden will mit einem anderen Menschen –, zuerst eins mit sich selbst sein.

Jeder Mensch besteht ja aus einem äusseren Teil (Leib) und einem inneren Teil (Seele, Geist).[104] Um mit sich selbst eins zu sein, müssen wir lernen, in eine Balance und Harmonie von Leib und Seele zu kommen. Das heisst, wir „umarmen" unseren Leib und damit unsere Sexualität als Teil der guten Schöpfung Gottes.[105] Und gleichzeitig und gleichwertig „umarmen" wir unsere geistliche Dimension, die alle unsere natürlichen Triebe zugleich bejaht **und** begrenzt. Die Seele weiss nämlich auch um die Sünde, um die möglichen Masslosigkeiten und Übertreibungen unserer Triebe. Sie weiss, dass wahre Liebe begehrt, aber auch warten kann, sie kann auch auf ihr Recht verzichten, ja sie kann sich sogar selber verschenken oder hingeben, ohne etwas zurückzufordern. Diese Agape-Liebe gehört genauso zum gesunden Mensch-Sein wie die Eros-Liebe. Ein reifender Mensch wird immer seine Balance von Leib und Seele suchen und Schritt für Schritt in das richtige Mass hineinwachsen.

Wem das alles zu kompliziert und zu anstrengend erscheint, der kann sich natürlich auch anders entscheiden. Wer Leib und Seele trennen will, dem stehen zwei unterschiedliche Wege offen. Der Erste besteht darin, den Leib zu verachten und zu versuchen, sich selber auf eine (angeblich) höhere, rein geistige Ebene zu bringen. Die Sexualität ist in dieser Sicht etwas Niederes, gar Tierisches, das man mit Askese und Meditation überwinden muss. Leider waren auch die Christen vor dieser Gefahr nicht immer gefeit; heute noch kann eine übersteigerte Spiritualität versuchen, die guten Ordnungen der Schöpfung zu überspringen.

Der zweite Weg geht ins andere Extrem und sagt: „Es spielt überhaupt keine Rolle, was man mit seinem Leib macht." Auch in dieser Sicht werden Leib und Seele nicht als Einheit verstanden. Sex ist dann nur „äusserlich" und hat nichts mit meinem „Wesen" zu tun. So wie ich in verschiedenen Restaurants esse, so kann ich auch mit verschiedenen Partnern Sex geniessen. Auf meine eigentliche Person hat das überhaupt keinen Einfluss, das berührt den inneren Menschen ja gar nicht.

Wer also bloss Agape ohne Eros will, ist ein „geistlicher Überflieger", der die Schöpfung nicht wirklich ernst nimmt. Wer dagegen den Eros von der Agape ablöst, steht in der Gefahr, ins Animalische abzurutschen.

Der Mensch steht somit immer in der Spannung zwischen seinem Leib und seinem Geist. Ein reifer Mensch hat die Anteile von Eros und Agape, von seinem Körper und seinem Geist, so in eine Balance gebracht, dass er beide Teile bejahen und „umarmen" kann und seine innere Einheit gefunden hat.

Eros und Agape gehören schöpfungsmässig zusammen. Und sie sind auch in Gott selbst nicht voneinander getrennt. Denn Gott liebt seine Geschöpfe nicht nur „platonisch", sondern immer auch leidenschaftlich! Und damit kommt die Rückfrage nach *unserer Liebe zu Gott*. Ist sie rein „intellektuell" und geistig oder aber ganzheitlich und leidenschaftlich? Ist sie statisch und „abgeklärt" oder wachsend und begeisternd?

Doch zuerst gehen wir noch einen Schritt tiefer in die Liebe des Vaters und des Sohnes hinein.

DIE LIEBE GOTTES ZEIGT SICH AM KREUZ

Der Gott der Liebe, der Vater Jesu Christi, sehnt sich nach einer Beziehung zu den Menschen. *„Denn Gott hat die Welt so sehr geliebt, dass er seinen einzigen Sohn hingab, damit jeder, der an ihn glaubt, nicht zugrunde geht, sondern das ewige Leben hat."* (Joh 3,16) Wir kommen hier zu der „fleischgewordenen Liebe Gottes". Diese Liebe ist so stark, dass er nicht nur die Welt aus Liebe geschaffen, sondern auch die Lösung für die menschliche Rebellion bereitgestellt hat. Jesus wurde Mensch als Ausdruck der Liebe Gottes: *„In der Fülle der Zeit, sandte er seinen Sohn"* (Gal 4,4). Der Ausweg aus dem Problem der menschlichen Sünde kostete Jesus alles, er gibt sich für uns alle hin. Papst Benedikt XVI. hat in seiner ersten Enzyklika „Deus Caritas est" (Gott ist Liebe) darüber Folgendes gesagt:

> „Das Handeln Gottes nimmt seine dramatische Form nun darin an, dass Gott in Jesus Christus selbst dem ‚verlorenen Schaf', der leidenden und verlorenen Menschheit, nachgeht. Wenn Jesus in seinen Gleichnissen von dem Hirten spricht, der dem verlorenen Schaf nachgeht, von der Frau, die die Drachme sucht, von dem Vater, der auf den verlorenen Sohn zugeht und ihn umarmt, dann sind dies alles nicht nur Worte, sondern Auslegung seines eigenen Seins und Tuns. In seinem Tod am Kreuz vollzieht

sich jene Wende Gottes gegen sich selbst, in der er sich verschenkt, um den Menschen wieder aufzuheben und zu retten – Liebe in ihrer radikalsten Form."[106]

Benedikt XVI. fasst es so zusammen, dass der Blick auf die durchbohrte Seite Jesu in letzter Deutlichkeit zeigt: „Gott ist Liebe". Am Kreuz wird diese Wahrheit über das Wesen Gottes sichtbar für alle Menschen. Er gibt sich hin, damit wir leben können.

Im Abendmahl feiern wir bis heute Kreuz und Auferstehung. Wir feiern diese Selbsthingabe Gottes in Christus. Jesus will uns durch das Abendmahl immer auch in die Einheit untereinander führen: „Nehmt und esst und werdet dadurch eine Gemeinschaft. Ich, der Eine, werde zerbrochen, damit ihr, die Vielen, durch meinen Leib, dieses Stück Brot, Anteil erhaltet an meinem Leib. Wenn ihr meinen Leib im Glauben und durch den Heiligen Geist aufnehmt, dann werdet ihr, die Vielen, zu meinem Leib, dem Einen. Durch eure Anteilnahme an mir werdet ihr zu einer Gemeinschaft. Ich werde zerbrochen, damit ihr einen Teil nehmen könnt. Wenn ihr mich aufnehmt in Glaube und Sakrament, so werdet ihr, die Vielen, zu meinem Leib." Hier zeigt sich das Geheimnis der Liebe Gottes, das uns einlädt in diese Einheit des Leibes und in die Beziehung mit ihm selbst.

DAS DOPPELGEBOT DER LIEBE

„Wir haben die Liebe, die Gott zu uns hat, erkannt und gläubig angenommen. Gott ist die Liebe, und wer in der Liebe bleibt, bleibt in Gott und Gott bleibt in ihm."

1. Joh 4,16

Diese Stelle vertieft eine wichtige Wahrheit über den christlichen Glauben. Er ist nicht bloss eine Idee oder Information über historische oder theologisch richtige Sätze, die wir bejahen. Er ist vielmehr eine Erfahrung oder besser noch eine Begegnung mit einer Person, bei der wir die Liebe Gottes erkennen, bejahen und in unsere Lebensmitte hinein aufnehmen.

Denn Menschen kommen nicht allein dadurch zum Glauben, dass sie die Geschehnisse aus dem Glaubensbekenntnis (Gott wurde Mensch, Jesus starb am Kreuz für uns alle usw.) für wahr halten. Vielmehr erkennen wir am Geschenk der Gnade die Liebe Gottes, aus der er all dies getan hat. Mit anderen Worten, wir sehen seine Taten in der Geschichte. Und dann gibt der Heilige Geist uns die Offenbarung seines Herzens dazu. So **glauben wir der Liebe Gottes**, öffnen uns dieser Liebe und vertrauen wir uns dieser Liebe im Glauben an.

Doch Johannes geht noch einen Schritt weiter und sagt uns, dass Gott selbst diese Liebe **ist**. Gott **hat nicht** nur Liebe und vollbringt deshalb einige Taten der Liebe für uns. Gott ist in seinem Wesen Liebe. Alles was er tut, fliesst aus dieser Liebe heraus! Wir können also den Satz „Liebe ist..." vollenden mit „...Gottes Wesen". Und dann erklärt Johannes: Wenn wir in der Liebe bleiben, dann bleiben wir in Gott und Gott in uns. Ob wir Gott tatsächlich lieben, zeigt sich für ihn darin, wie wir in seiner Liebe bleiben. An dieser Stelle müssen wir etwas ausholen.

Mit der Aussage *Gott ist die Liebe* nimmt Johannes die Kernbotschaft des Alten Testaments auf. Denn als Jesus nach dem wichtigsten Gebot der Schrift gefragt wurde, fasste er das Alte Testament durch zwei Gebote zusammen. Er begann mit der Stelle, die jeder fromme Jude bis heute täglich betet (5. Mose 6,4–5):

> „Höre, Israel! Jahwe, unser Gott, Jahwe ist einzig. Darum sollst du den Herrn, deinen Gott, lieben mit ganzem Herzen, mit ganzer Seele und mit ganzer Kraft."

Und er verknüpft das Gebot der Gottesliebe mit dem Gebot der Nächstenliebe aus 3. Mose 19,18:

> „Du sollst deinen Nächsten lieben wie dich selbst."

Er macht also aus den beiden Geboten **einen** Auftrag und betont dabei die vollständige Gleichwertigkeit der beiden Gebote. Denn Jesus kennt uns Menschen. Er weiss, dass wir nicht lieben *müssen*. Aber wir dürfen und können lieben, weil die Liebe zu Gott *unsere Antwort auf seine Liebe ist*, die er uns zuerst gezeigt hat. Weil Gott uns zuerst geliebt und uns in seinem Sohn alles geschenkt hat – sein Liebstes –, deshalb gibt es eigentlich nur noch eine angemessene Reaktion für uns: Wir empfangen diese Gnade und erwidern seine Liebe. Wir tun dies durch den Glauben an die Liebe Gottes, die Hoffnung auf unsere Transformation in diese Liebe hinein und dann durch unsere wachsende Liebe zu Gott und zu den Nächsten. So können wir in der Liebe bleiben und die Liebe bleibt in uns. Damit dürfte klar sein, dass der Glaube nicht zuerst ein Aufruf zu einem „moralischen Leben" ist. Vielmehr ist er eine Einladung, so zu werden, wie Gott selber ist. Christusähnlichkeit heisst in ein SEIN hineinzuwachsen, das auch dem Bild Gottes entspricht.

Das Doppelgebot der Gottesliebe und die Liebe zum Nächsten sind deswegen auch nicht bloss äussere Gebote. Jesus hat sie zusammengenommen, weil sie wirklich zusammengehören. Denn auch Jesus selber tut alles aus Liebe zum Vater („Liebe Gott!"). Aus dieser Liebe heraus ist er sogar bereit, sich zu entäussern und ein Mensch zu werden, der sich für uns alle hingibt („Liebe deinen Nächsten!"). Durch sein Kommen offenbart er uns das Herz Gottes. Somit heisst Jesus-Nachfolge nun für uns, es ihm gleich zu tun. Jesus zeigt uns in seinem Leben, wie die Liebe zu Gott und die Liebe zum Nächsten zusammengehören und nicht mehr getrennt werden können. Daraus folgt auch, dass wir Gott nur in der Gemeinschaft mit den Nächsten lieben können. Denn wir werden durch den Glauben in einen Leib „hineingetauft", zu einer geistlichen Familie gemacht, die nun liebesfähig und das heisst zugleich dienstfähig werden soll. Damit dürfte auch endgültig klar sein, dass die Liebe mehr ist als ein blosses Gefühl. Denn am Kreuz wurde uns demonstriert, wie die Liebe Gottes zur Tat der Hingabe geworden ist. Diese lädt nun ihrerseits alle Menschen in ebendiese Liebe hinein ein.

„LIEBE IST..."

Gott ist Liebe, stellten wir oben fest. Aus überfliessender Liebe und Leidenschaft erschafft er die Welt und die Menschen. Und aus derselben Liebe heraus sendet er Jesus zur Erlösung der Menschen und der Welt. Er lädt uns alle ein, wieder in diese Liebesgemeinschaft mit ihm einzutreten, und das heisst zuerst einmal, uns von ihm lieben zu lassen. Als Geliebte Gottes gibt er uns dann den Auftrag, diese Liebe weiterzugeben. Wie kann das aussehen? Weil die Bibel nicht an abstrakten Definitionen interessiert ist, sondern viel mehr am konkreten Leben, stellt sich die folgende Frage: Wie kann ich Liebe zu Gott und zu den Nächsten praktisch leben? Doch bevor wir uns dieser Frage im nächsten Kapitel zuwenden, noch einige abschliessende Gedanken zum Wesen und zur Herkunft der Liebe.

WILLE ZUR GEMEINSCHAFT

Im Konfirmandenunterricht gab uns unser Pfarrer seine Version von „Liebe ist...". Nach ihm war die Liebe der „Wille zur Gemeinschaft". Dieser Satz betont zwei wichtige Aspekte. Erstens hat die Liebe auch mit **Willen** zu tun und nicht nur mit Gefühlen. Denn Gefühle sind wechselhaft und manchmal fühlen wir uns überhaupt nicht nach Liebe! Zweitens ist die Liebe der Wille zur **Gemeinschaft,** weil die Liebe uns bereit macht, auch schwierige Situationen miteinander durchzustehen und unsere Konflikte konstruktiv lösen zu wollen, ohne vor jedem Problem wegzulaufen.

Auch Paulus schrieb ja im 1. Kor 13 nicht über das Gefühl der Liebe, sondern über die *Agape*, die sich selbst verschenkende Liebe, die aktive Liebe, die bereit ist, anderen zu dienen. Weil wir von Gott beschenkt worden sind, können wir zurück- und weiterschenken. Weil wir von Gott geliebt sind, soll diese Liebe weiterfliessen.

Selbstverständlich dürfen wir uns auch an unseren Gefühlen freuen, denn der *Eros*, die leidenschaftliche Liebe, ist ja immer Teil der Liebe. Doch Gefühle und Leidenschaft sind unbeständiger und nicht so zuverlässig wie die *Agape*-Liebe. So dürfen wir uns z. B. freuen, wenn wir verliebt sind, doch immer im Bewusstsein, dass dieser Zustand nicht ewig dauern wird. Wenn aus dem Verliebtsein später nicht eine reife Liebe wächst, bleibt es ein blosses Strohfeuer. Beim Reifen der Liebe kommt dann auch der Wille zum Durchhalten und zur Gemeinschaft hinzu. Liebe, die reift, wird sich an den Gefühlen freuen, doch ohne von ihnen abhängig zu sein.

FRUCHT VON GLAUBE UND HOFFNUNG

Paulus bezeichnet in der Einleitung zum Kapitel 13 im Korintherbrief die Liebe als den „alles übersteigenden Weg". Und er erklärt dann auch, was er mit dieser Liebe meint. In der Gewichtung steht die Liebe für Paulus deshalb an der Spitze, doch sie kommt nicht als Erstes in unser Leben. Es beginnt für uns immer mit dem Glauben, dem Gnadengeschenk Gottes, das Paulus als Fundament bezeichnet. Wir schliessen unser Herz für IHN auf. Weil wir geliebt sind, können wir glauben und der Friede Gottes kommt in unser Leben.

Damit verbunden käme untrennbar der Prozess des Reifens. Nun soll also die erwartete Hoffnung zusammen mit dem Glauben uns im Hier und Jetzt aktiv verändern. So kommt die sich selbst verschenkende Liebe in uns zum Wachsen. *Die christliche Liebe baut also auf dem Glauben und auf der Hoffnung auf.* Diese Liebe ist einerseits als Geschenk in unsere Herzen ausgegossen durch den Heiligen Geist (Röm 5,5) und sie wächst andererseits durch die Gestaltwerdung von Glauben und Hoffnung als Frucht in unserem Leben.

Die *Agape*, das heisst die Liebe, die sich selbst verschenkt, kann im Extremfall bis zur Selbstverleugnung führen. Deshalb ist es wichtig, dass christliche Liebe im Glauben und in der Hoffnung verwurzelt bleibt, denn das „Sich-Verschenken" der Liebe darf nicht vom „Zuerst-selber-beschenkt-werden" getrennt werden. Denn Jesus sagt nicht, „du sollst deinen Nächsten lieben *anstelle* deiner selbst", sondern „*wie* dich selbst". Also nur Menschen, die durch das Geschenk der Liebe Christi beschenkt worden sind, sollen sich selber verschenken.

Noch ein weiterer Hinweis. Der „richtige" Glaube schliesst nicht automatisch die richtige Hoffnung oder die richtige Liebe ein. Ich kann sehr wohl „glauben" mit falscher (oder keiner) Hoffnung und vor allem auch ohne Liebe. Das ist die Warnung von Paulus im 1. Kor 13,1–3. Schon der reformierte Theologe Adolf Schlatter wies darauf hin, dass die Reformation wohl den Glauben an sich richtig erfasst, dabei aber in Abwehr der „katholischen Werke" den Glauben tendenziell von der Liebe getrennt habe.[107]

Paulus dagegen sieht sie untrennbar zusammen, denn die **Liebe** *„erträgt alles, glaubt alles, hofft alles, hält allem stand"* (1. Kor 13,7).

ÜBER DIE GEBOTE HINAUSGEHEN

Daraus leitet sich eine weitere Glaubenswahrheit ab. Wer zwar glaubt, aber kaum hofft, also auch kaum oder wenig von der Hoffnung transformiert wurde, und wer dementsprechend auch kaum liebt, kann trotzdem gerettet sein, jedoch nur „wie durchs Feuer" (vgl. 1. Kor 3 und die Einleitung dieses Buches). Wer auf der anderen Seite dabei ist, „die Sprache des Himmels" immer besser anwenden zu können, der darf sicher sein, dass nichts, was wir aus Liebe tun, in Gottes neuer Welt verloren sein wird.

In Kapitel 5 stellten wir fest, dass die Hoffnungsebene das Verhalten regelt, also auch den Anstand der Christen. Nun ist die Liebe selbstverständlich immer auch anständig. Die Liebe kann aber viel weitergehen, als den blossen Anstand zu beachten. Denn sie kann sich unanständig behandeln lassen und auf ihr eigenes Recht verzichten. Liebe kann deshalb weit mehr tun als nur das, was die Gebote verlangen, welche die Hoffnung und das praktische Leben bestimmen. Sie missachtet diese Gebote nicht, sondern erfüllt sie, oder geht sogar weiter als sie. Eine „Liebe", welche die Gebote missachten würde, wäre für Paulus gar keine Liebe. Die erstaunlichen Aussagen von Paulus über die Liebe (1. Kor 13) sind nur vor dem Hintergrund des biblischen Zeugnisses über die Liebe Gottes verständlich.

„Gott ist Liebe". Das ist das Wesentlichste, was wir über Gott sagen können. Alle Aussagen über sein Schöpfersein, seine Heiligkeit, seine Gerechtigkeit und seinen Zorn können wir nicht richtig verstehen, wenn wir nicht zuerst seine Liebe und Zuwendung zu den Menschen begriffen haben. Ein Gott der Liebe wird sich selbst verschenken, sowohl im Werk der Schöpfung als auch im Werk der Erlösung. Alles was Gott tut und sagt, ist von seinem Wesen der Liebe her motiviert.
Der Vater von Jesus Christus fordert nicht unsere Unterwerfung, sondern wirbt um unser Herz und er gibt sich selber für uns hin! Wer das erfassen kann, der wird dann endlich auch bereit sein, mit seinen selbst fabrizierten Gottesbildern aufzuräumen, ob dies nun das Bild von „Gott als dem strafenden und wütenden Polizisten" oder das Bild vom „Geschenke verteilenden Sankt Nikolaus" ist, oder welche Bilder auch immer wir in uns tragen mögen.

AUF DEN PUNKT GEBRACHT

- Gott ist Liebe, deshalb liebt er uns. Weil wir geliebt sind, darum können auch wir lieben. Wer in dieser Realität lebt, der hat den Geist der Sohnschaft.

- Gott liebt leidenschaftlich und er möchte uns diese Leidenschaft auch erleben lassen. Als Christen sind wir eingeladen, in das Beziehungsgeschehen und das Gespräch der Dreieinigkeit hineinzuwachsen.

- Darum ist der Himmel nicht ein Ort „irgendwo weit da oben", sondern ein Zustand der völligen Kommunikation und Kommunion mit Gott und einander.

- Liebe ist für Christen deshalb sowohl ein Geschenk des Heiligen Geistes (Röm 5,5) als auch eine Frucht ihrer Lebensprozesse (Gal 5,22), auch wenn sie schwierig sind.

GLAUBE, HOFFNUNG, LIEBE

- Der **Glaube** erkennt die Liebe Gottes in seinen Taten, deshalb kann er Gottes Charakter vertrauen, auch mitten in den Herausforderungen unseres Alltags.

- Die **Hoffnung** bewirkt Veränderung in uns. In unserer eigenen Lieblosigkeit kann die Hoffnung auf die Liebe Gottes schauen, nach ihr trachten und ihr in unserem Leben Raum machen und sie wachsen lassen.

- Die **Liebe** zu Gott und zum Nächsten ist nicht ein ethischer Appell oder eine moralische Forderung. Sie ist vielmehr die Antwort auf das Beschenkt-Sein, das Zuerst-geliebt-Sein. Liebe wird so zu unserer Motivation, dieses Geschenk mit Dankbarkeit zu erwidern und weiterzugeben.

FRAGEN

Einige Fragen zum persönlichen Weiterdenken oder auch als Einstieg in ein Gespräch:

- „Liebe ist…": Mit welchen Bildern, Erlebnissen oder Vergleichen würde ich Gottes Liebe beschreiben?
- Wie würdest du deine Beziehungsqualität zu Gott beschreiben? Wie kann Leidenschaft in deiner Gottesbeziehung wachsen?
- Johanna will Liebe schenken und das ist auch gut so. Sie läuft dabei aber Gefahr, selber innerlich auszutrocknen. Was könnte man ihr raten, damit sie Gottes Liebe noch stärker in ihrem Leben erfährt?

ANGEBOTE ZUR VERTIEFUNG

Wer seine Beziehung zum himmlischen Vater vertiefen will, dem empfehlen wir in erster Linie eine persönliche geistliche Begleitung. Bibelwochen, Exerzitien, Schweigewochen o. Ä., die der eigenen Spiritualität entsprechen, können eine grosse Hilfe sein.

Lesenswerte Bücher zum Thema sind:

- KELLER, Timothy, *Der verschwenderische Gott. Von zwei verlorenen Söhnen und einem liebenden Vater*, Basel, 2010. Eine frische Auslegung des bekannten Gleichnisses aus Lukas 15.

- KELLER, Geri, *Vater*. Ein Blick in das Herz Gottes, Winterthur, 2002. Gesammelte Predigten von einem begnadeten Seelsorger.
- NOUWEN, Henri J.M., *Nimm sein Bild in dein Herz*. Geistliche Deutung eines Gemäldes von Rembrandt, Breisgau, 1991. Nouwen blickt auch auf Lukas 15, doch durch das Gemälde von Rembrandt hindurch.

ACHT: LIEBEN LERNEN

Gott ist in sich Liebe. Verschwenderisch, begeisternd, überwältigend. Er lässt seine Liebe überfliessen zu den Menschen, die sich ihm anvertrauen. Aus einzelnen Jesus-Nachfolgern formieren sich geistliche Familien: Kirchen, Gemeinden, Hauszellen.

Diese Gemeinschaften sind aber nicht die *Endverbraucher* der Liebe Gottes. Jedenfalls war es von Gott her nicht so gedacht. Die Aufgabe der Geliebten besteht darin, Gott und den Nächsten zu lieben wie sich selbst.

Wie sehen Christen im Umbruch aus, wenn sie demütig im Glauben verwurzelt sind, wenn sie durch die Hoffnung auf das Reich Gottes Jesus immer ähnlicher werden und das auch durch die Schwierigkeiten und Schmerzen des Lebens hindurch? Wenn die Liebe so in ihnen Gestalt gewinnt, dass sie ihr ganzes Leben als Anbetung und Dienst zu verstehen beginnen? Hier einige Impulse über das Christsein im 21. Jahrhundert.[108]

BETROFFEN, NICHT BLOSS EMPÖRT

Christen, die Veränderung in die heutige Welt bringen wollen, müssen betroffen sein über das, was um sie herum geschieht, nicht nur empört über das, was alles schiefläuft. Betroffenheit heisst, dass wir *wahrnehmen*, was effektiv um uns herum passiert. Die Welt, in der wir alle leben, hat echte Probleme! Aber statt bloss zu kommentieren und zu kritisieren, könnten wir wirklich hinhören, uns berühren lassen und uns aufgrund unserer Betroffenheit solidarisieren. Doch wenn wir als Christen bloss „auf den Himmel warten", ziehen wir uns zurück und warten dann wie der Prophet Jona darauf, dass es mit dieser

Welt noch schlimmer wird. Auch Jona sass unter seiner Staude und war zornig, dass Gott die Stadt nicht schon längst zerstört hatte (Jona 4).

Betroffene Christen nehmen den ersten Satz des Buches *Leben mit Vision* von Rick Warren ernst: „Es geht nicht um mich."[109] Es geht um sein Reich und darum, dass die Welt Erlösung braucht, d. h., in erster Linie geht es um IHN. Spätestens wenn wir einmal Gott von Angesicht zu Angesicht sehen, wird uns dies bewusst werden.

Doch wir alle sind heute schon eingeladen, unser Herz zu öffnen, um schon jetzt ein betroffener Christ zu werden, denn auch „Gott hat diese Welt so sehr geliebt" (Joh 3,16), dass er nicht ein unbeteiligter Zuschauer blieb. Weil er Liebe *ist*, darum liebt er diese Welt wirklich! Er hat sie gut geschaffen und er weint darüber, dass die Welt nicht dort ist, wo sie sein sollte. Es geht ihm nicht bloss darum, einige Sünder aus der Welt in den Himmel zu retten. Er will diese Welt durch erneuerte Menschen erlösen, also durch dich und durch mich. Er ist echt betroffen in seiner Liebe, lange bevor er sich empört und richtet.

Wenn uns das bewusst wird, bekommen unsere Probleme, die kleinen und sogar die grossen, den angemessenen Stellenwert. Probleme sind real und wir müssen sie nicht herunterspielen. Doch wenn wir wahrnehmen, was wirklich um uns herum geschieht, dann sehen wir unsere eigenen Herausforderungen zunehmend in der richtigen Relation.

Schlussendlich dürfen wir als Christen sogar zugeben, dass wir selbst Teil des Problems sind und es nicht nur „da draussen" ist. Eine solche demütige Betroffenheit ist die Voraussetzung für unser Engagement in der Gesellschaft. Denn wenn wir Christen so tun, als ob wir immer schon alle Antworten hätten und wir selber nicht mehr herausgefordert wären, werden wir in Zukunft immer mehr in eine bestimmte Ecke der Gesellschaft gedrängt werden. In der Postmoderne hat niemand mehr Lust, arroganten Christen zuzuhören. Also könnten wir ja eigentlich anfangen, demütiger zu werden, und mit Paulus sagen: „unsere Erkenntnis ist Stückwerk", oder mit anderen Worten: Wir wissen echt nicht alles! Nur so kann der Weg der Erneuerung beginnen. Dann nämlich können wir in unserer Betroffenheit um die Hilfe des Heiligen Geistes bitten, wir können nachdenken und diskutieren. Wir beginnen aus dem Wahrnehmen der Not, aus Betroffenheit nach Lösungsansätzen zu suchen und fragen uns: „Wie könnten wir Teil der Lösung sein?"

GESTALTEN, NICHT BLOSS KRITISIEREN

Während Betroffenheit mit Wahrnehmung zu tun hat, geht es beim Gestalten um das Handeln. Betroffene Christen kritisieren nicht nur, sie bringen sich ein und versuchen Probleme kreativ zu lösen.

Demgegenüber sagen Christen, die einen Kulturkampf führen: „Wir haben den Glauben, die Welt ist ungläubig. Die Welt geht zur Hölle und wir kämpfen für die Bewahrung unserer christlichen Kultur." Was nicht in das christlich-traditionelle Schema passt, ist neu und deshalb möglicherweise gefährlich und muss bekämpft werden. Wer das Lied des Kulturkampfes singt und sich deshalb aus der Öffentlichkeit zurückzieht, der kann weder Salz noch Licht sein.

Doch betroffene, engagierte Christen definieren sich nicht mehr in erster Linie durch das, was sie *nicht* wollen. Sie haben zwar klare Überzeugungen und eine definierte Weltanschauung, doch sie artikulieren in erster Linie, *wofür* sie einstehen. Sie sind nicht gegen homosexuell empfindende Menschen. Vielmehr sind sie *für* die Ehe von Mann und Frau und *für* eine gelebte, erfüllende, wunderschöne Sexualität im Rahmen der Ehe. Sie sind nicht gegen Menschen, die abtreiben, auch wenn Abtreibung für sie selbst keine Lösung ist. Vielmehr sind sie *für* das Leben vom Anfang bis zum Schluss. Sie sind im Allgemeinen *für* die Gestaltung und Bewahrung der Schöpfung. Sie sind dafür, das Leben zu entfalten und sein Potenzial auszunutzen.

Christen haben in der Vergangenheit verschiedene Reaktionen im Umgang mit der Kultur gezeigt. Die einen lehnten sie glattweg als „unchristlich" ab und zogen sich daraus zurück. Andere versuchten sie „kritisch zu konsumieren". Das ist an und für sich in Ordnung, doch zusammen mit der „modernen Arroganz" gab das den Christen oft einen rechthaberischen Ton.

Da haben es die postmodernen Christen einfacher: Sie kopierten einfach alles, was auf dem Markt angeboten wird, und machten eine „christliche Variante" daraus. Das Problem dieser drei Reaktionen besteht darin, dass sie alle jeweils *nur reagieren, jedoch nicht agieren*. Statt kreativ neue Kultur zu schaffen, definiert man sich immer in Bezug auf die vorherrschende Kultur.

Christen im Umbruch werden die Kultur weder nur ablehnen oder kritisieren noch einfach kopieren. Vielmehr *schaffen sie neue Kultur*. Sie suchen und finden neue Ausdrucksformen von Leben und Liebe, sie feiern Feste und gestalten Neues. Dabei rede ich jetzt nicht von Hochkultur, im Sinne von: „Ich muss zuerst 20 Jahre Kunst studieren, bevor ich Kulturschaffender sein kann." Alles, was wir Menschen schaffen und gestalten, alles, was nicht Natur ist, ist eine Form von Kultur. Es gibt kunstvolle und weniger kunstvolle Kultur, aber jeder von uns hat einen Beitrag, jeder gestaltet, jeder kann und soll sich einbringen. Wir können diese Sicht durch ein Bild einsichtiger machen. Vergleichen wir doch mal einen Schweizer Bauernhof mit einer australischen Farm: In der Schweiz ist Land rar, die Höfe klein und fein. Jeder Bauer hat sein Grundstück und baut um sein Land einen Zaun mit Pfosten und Stacheldraht oder noch besser mit Elektrozaun. Jede Kuh weiss dann haargenau, wie weit sie gehen darf, denn die Grenze ist genau definiert und spürbar. In Australien dagegen gibt es sehr viel Land und dementsprechend gross sind die Grundstücke. Weil es unmöglich ist, Zäune um solche Ländereien zu bauen und zu unterhalten, haben die Bauern dort eine andere Strategie entwickelt: Sie graben mitten auf ihrem Land einen Brunnen. Dort, wo das frische Wasser sprudelt, da sammeln sich die Tiere wie von selbst. Die Kühe und Schafe können sich frei bewegen, ja sie können sogar davonlaufen, doch der Durst wird sie immer wieder zurückbringen.

So ähnlich haben wir Christen uns oft viel Mühe gegeben, die „Grenzen zur Welt" so genau wie möglich zu definieren und uns abzugrenzen. Die Alternative bestünde nun darin, die Brunnen mit dem Lebenswasser freizulegen und dann Freiheit zu geben. Christen, die betroffen sind, gestalten solche Lebensräume für sich und für viele andere. Sie laden alle ein, zu diesem Brunnen zu kommen, und versuchen mit so wenig Zäunen wie möglich auszukommen. Das Ziel solcher Ansätze ist nicht volle Kirchenbänke, sondern mündiges Christsein im 21. Jahrhundert.

Dieses Bild stammt von Michael Frost, einem australischen Missiologen,[110] und kann uns beim Kontakt mit anderen Menschen eine Hilfe sein. Andersdenkende Menschen wollen nicht ein Missionsobjekt sein. Vielleicht hast du selber auch schon mal so empfunden – zum Beispiel im Kontakt mit Mormonen oder Zeugen Jehovas. Darum sollten wir auf die Worte Jesu hören, der uns empfiehlt, die anderen Menschen so zu behandeln, wie wir auch selber behandelt werden wollen.

BERUFEN, NICHT BLOSS EINEN JOB ERLEDIGEN

Für Christen im Umbruch heisst göttliche Berufung vor allem nach dem Reiche Gottes auf der Erde zu trachten. Mit anderen Worten bringen sie durch ihr Leben den Himmel in alle ihre Lebensbereiche hinein, um so auf dieser Erde einen Unterschied zu machen und mit andern Christen der *Stadt Bestes zu suchen* (Jer 29,7).

Wenn jeder Einzelne seine persönliche Berufung Gottes erkennt und darin lebt, wenn also jeder als Sohn oder als Tochter Gottes lebt, dann bringt er das Reich Gottes in seine Lebenswelt und an seinen Arbeitsort. Dadurch werden sie zu „Christusträgern" in und für die Welt. Gottes Berufung zu folgen, heisst dann, so wie er die ganze Welt zu umarmen. Die Welt lässt sich nämlich nicht in zwei Bereiche auftrennen, in einen „weltlichen, materiellen" im Gegensatz zu einem „geistlichen." Beide sind Bestandteil von Gottes guter Schöpfung.

Gott hat sich etwas gedacht, als er dich erschuf. Seine Gedanken werden zum Ruf an dich und du darfst nun in Liebe auf diesen Ruf antworten. Wenn du dich für einen anderen Platz entscheidest, dann lebst du nicht in deiner Berufung, setzt nicht um, wozu du gemacht wurdest. Wenn das der Fall ist, dann können an und für sich gute Projekte oder Berufe für dich ungeistlich werden.

Denn unser Vater im Himmel will uns nicht nur für den Himmel retten, er will uns vielmehr für diese Erde engagieren. Er sehnt sich nicht nur nach Gemeinschaft mit uns, er freut sich auch, wenn wir produktiv werden und uns ihm zur Verfügung stellen. Unser Vater freut sich an Christen, die sich als Berufene erkennen, die in ihrem Beruf gute Leistungen erbringen und sich nach dem Reich Gottes sehnen. Gott will sie für den Aufbau seines Reiches einsetzen. Doch das ist noch nicht alles.

GEGRÜNDET, NICHT BLOSS ZERSTREUT

Jason war Filmemacher. Er glaubte, er könne dem Reich Gottes dienen, indem er nach Hollywood gehe. Er wollte Erfolg haben und diesen wichtigen Teil der Kultur so beeinflussen, dass auch dort wieder vermehrt christliche Werte zum Tragen kommen. So zog Jason mit seiner Familie nach Hollywood, hatte etwas Erfolg und machte ein wenig Geld. Mit der Zeit nahm dieser Erfolg zu und er musste darum immer öfter auf die „wichtigen Partys", um dort die richtigen Leute für die nächsten Filmprojekte zu treffen. Daraus ergab sich noch mehr Erfolg, noch mehr Geld, noch mehr Grund, auf Partys zu gehen, um Erfolge zu feiern und die nächsten Filmprojekte einzufädeln. Auf solchen Partys lernte er nicht nur Filmemacher und Schauspieler kennen, sondern auch viele attraktive Frauen. Der Alkohol floss, die Hemmungen verflogen und es kam, wie es kommen musste: Jason verspielte seine Berufung. Es begann mit Ehebruch und endete im finanziellen Ruin. Eigentlich war er doch ein guter Christ mit einer grossartigen Vision gewesen. Er hatte sich herausfordern lassen, seine gestalterischen Fähigkeiten zu entwickeln, er war seiner Berufung gefolgt. Doch was ihm fehlte, war das geistliche Fundament.[111]

Viele Christen ziehen mit gut gemeinten Absichten aus, um diese Welt mitzugestalten. Entweder meinen sie, sie seien gut genug ausgerüstet, oder sie wollen das Ganze nicht allzu eng sehen und finden: „Christusähnlichkeit und geistliche Disziplinen sind doch nur gesetzlicher Ballast. Gott ist nicht so. Er liebt mich auch, wenn ich keine Stille Zeit mache, oder? Schliesslich sind wir durch Gnade gerettet, nicht durch Werke!" Nun ja, wir werden zwar nicht durch Werke gerettet, das stimmt. Doch wir können durch falsche Werke unsere Berufung verlieren. Wir können während 20 Jahren unsere Berufung aufbauen – um sie dann in bloss 20 Minuten aufs Spiel zu setzen.

Die Frage ist deshalb: Wie bauen und pflegen wir ein Fundament für unser Leben, sodass wir langfristig und nachhaltig das tun können, was Gott uns aufgetragen hat? Da Christen nicht für einen Sprint, sondern für einen Marathon berufen sind, stellt sich die Frage: Bist du in 20, 40 oder 60 Jahren immer noch auf der Linie dessen, was Gott sich für dich ausgedacht hat, was er in dir und durch dich tun will?

Ein solides Fundament zu haben, bedeutet gegründet zu sein, auf festem Grund zu stehen. Jesus bringt es am Ende der Bergpredigt (Mt 7) auf den Punkt. Er fragt nach dem Fundament unseres Lebenshauses: Ist es auf Sand oder auf soliden Fels gebaut?

Ein tief gegründeter Mensch hält stand. Wer nicht gegründet ist, ist einfach nur zerstreut. In unserer Spassgesellschaft geht es oft nur noch um das Chillen und sich gut fühlen, eben um das Spass haben. Wir hasten von Zerstreuung zu Zerstreuung und können ohne sie nicht mehr leben. Man spricht seit einiger Zeit von „Facebooksucht" als wachsendem Phänomen, wer andauernd seinen Status überprüfen *muss*, hat ein echtes Problem.[112]

Der durchschnittliche TV-Konsum in Europa beträgt 2–3 Stunden pro Tag. Und dann klagen wir, wir hätten keine Zeit für Stille Zeit oder für das Lesen eines guten Buches. Wie viel Nonsens ziehen wir uns mit dem Fernseher immer wieder rein? Bruce Springsteen sang schon 1992: „57 channels – and still nothing on" (57 Kanäle – und noch immer nichts zu sehen). Heute haben wir 250 oder mehr Kanäle und es immer noch nichts zu sehen. Das Zappen dient einzig und alleine der Zerstreuung.

Christen, die sich bloss noch zerstreuen lassen und die nicht geistlich gegründet sind, haben ein echtes Problem. Damit wir uns richtig verstehen: Ich plädiere nicht für den totalen Medienverzicht, das wäre blosse Kulturverweigerung. Soziale Netzwerke und Medien können auch wertvolle Tools sein. Doch die Frage bleibt: Sind wir gegründet? Oder sind wir bloss zerstreut? Kann ich das Tool gebrauchen oder braucht das Tool mich? Der einfache Test, um diese Frage zu klären, besteht darin, auf dessen Gebrauch eine Zeit lang zu verzichten.

Um unsere eigene *Spiritualität zu entwickeln*, brauchen wir eine neue Kultur der Achtsamkeit und der Zuwendung. Wir müssen uns wieder mehr Zeit nehmen, um uns Christus und einander zuzuwenden. Denn Liebe buchstabiert man folgendermassen: Z-E-I-T.

Wenn wir jemanden lieben, dann geben wir ihm oder ihr unsere Zeit. Wie sehr liebst du deine Frau, deine Familie, deine Wohngemeinschaft? Und wie sehr liebst du den Herrn? Und wie sehr liebst du eben doch die Zerstreuung und Ablenkung in deinem Leben?

Wenn du ein fruchtbares Leben führen willst – nicht ein problemloses, das kann dir niemand versprechen –, dann beginne früh mit der *Entwicklung deiner geistlichen Disziplinen*. Denn wenn wir regelmässig Zeit mit dem Herrn verbringen, werden wir von ihm geprägt und verändert. Seine Liebe kann in uns wachsen und wir werden brauchbar für das Reich Gottes. Wenn wir dagegen hauptsächlich Zeit vor dem Fernseher oder dem Computer verbringen, dann werden wir zwar auch Früchte hervorbringen, nur ganz andere. Jeder entscheidet für sich, wie und mit welchen Materialien er sein Lebenshaus baut. Einen bleibenden Beitrag leisten wir nicht bloss mit unserer menschlichen Energie, mit unserer Intelligenz oder einer anderen Gabe Gottes. Unsere Begabung, unsere Seele oder unsere menschliche Begeisterung allein macht noch keinen Unterschied, obwohl sie alle an sich gut sind!

Christen im Umbruch wissen, dass es zum Gegründetsein **sowohl eine Kultur des Feierns als auch eine Kultur des Verzichtes braucht**. Beides gehört zur Nachfolge. Festen und Geniessen ist gut (zu seiner Zeit) und auch Fasten und Verzichten ist gut (zu seiner Zeit). Ein Hinweis speziell für die Jüngeren: Fasten heisst heute nicht mehr nur, auf das Essen zu verzichten, sondern auch auf die (sozialen) Medien. Das heisst zum Beispiel: Wir haben einen Tag pro Woche, an dem Handy und Computer ausgeschaltet bleiben. Das könnte man heute Sabbat nennen. Einen Tag in der Woche, an dem ich für die Wirtschaft oder für die sozialen Medien nicht erreichbar bin. Und an dem ich meine Zeit der Familie, der Gemeinde und natürlich Gott gebe. An den anderen sechs Tagen der Woche arbeite ich hoffentlich mit Energie und Kompetenz. Doch ein Tag Sabbat pro Woche und ein paar Wochen Fastenzeit pro Jahr, wo wir alles äussere herunterfahren und sagen: „Du, Herr, bist mir über alles andere wichtig", brauchen wir, um geistlich gegründet zu sein.

Ein solides geistliches Fundament mit einer gelebten Spiritualität beinhaltet sowohl eine regelmässige Zeit der Meditation
(Gebet, Schriftlesung etc.) als auch geistliche Disziplinen (Fasten inklusive „Sabbat", Meditation und Stille etc.). In letzter Zeit
haben viele Menschen für die Entwicklung ihrer Beziehung zu
Gott auch die „geistliche Begleitung" als Hilfe neu entdeckt.[113]

IN GEMEINSCHAFT, NICHT ALLEIN

Im Mittelalter baute man Städte mit festen Mauern zum Schutz
gegen Räuber und Ritter. Wenn wir heute also glauben, dass es
da draussen in der Welt nicht nur Schäflein, Lämmer und
Freunde des Reiches Gottes gibt, dann reicht es nicht, dass ich
persönlich gegründet bin. Ich muss zusätzlich eingebettet sein.
Christen, die einen Unterschied in dieser Welt machen, sind
darum in einer konkreten Gemeinschaft eingepflanzt.

In unserer Gemeinschaft haben wir folgende Redewendung:
„Es braucht ein Dorf, um ein Kind zu erziehen." Wir müssen
verstehen, dass die Gemeinschaft der Nährboden ist, auf dem
unsere jungen Leute aufwachsen können. Wer in Christus gegründet und in Gemeinschaft verwurzelt aufwächst, kann sich
auch in der Öffentlichkeit einbringen, kann Projekte entwickeln, die gerade nicht nur der eigenen Gemeinschaft dienen,
sondern dem Allgemeinwohl. Solche Jugendliche ziehen dann
auch die Aufmerksamkeit der Medien auf sich. Doch das alles
kann nur gelingen, wenn man weiss, wo man zu Hause ist, und
wenn man mit geradem Rücken als Sohn und Tochter des lebendigen Gottes in der Welt steht. Christen im Umbruch wissen: *Wir sind nicht nur ein Kind unserer natürlichen Familie,
sondern auch ein Kind unserer geistlichen Familie.* Zusammen

leisten sie demütig *und* selbstbewusst ihren Beitrag in dieser Welt und repräsentieren so das Reich Gottes.

Es ist eigentlich unglaublich, dass Gott dich und mich brauchen will, doch er hat sich dazu entschieden. Durch uns will er alle Menschen einladen: Lasst euch mit Gott und miteinander versöhnen! Leider liefert der zerstrittene Zustand der Christen den Menschen gute Gründe, nicht erkennen zu müssen, dass Jesus vom Vater gesandt ist. Wenn wir bloss verstehen würden, was Jesus meinte, als er zu uns Christen sagte: „An eurer Einheit wird die Welt Gottes Liebe erkennen" (Joh 17,21). Dann würden wir uns ständig fragen: „Wie kann ich eins sein mit Gott? Wie können wir in unserer natürlichen Familie eine Einheit werden? Wie können wir als unterschiedliche Familien in der Gemeinde an unserer Einheit arbeiten? Auf welche Art und Weise können wir als christliche Gemeinde mit den anderen Gemeinden vor Ort Einheit haben? Wie können wir als Christen in einer Stadt mit dem ganzen Leib Christi Einheit haben, sodass Jesus in seiner Sehnsucht nach seiner Welt Befriedigung durch unsere Einheit findet?" Jede Stufe hat einen anderen Grad an Verbindlichkeit. Schon im zweiten Kapitel dieses Buches entdeckten wir die „Ökumene der Herzen". Für mich habe ich sie folgendermassen definiert: Ich werde mich nie mehr von einem Bruder in Christus distanzieren, auch wenn er noch so eigenartig ist und ich theologisch völlig andere Überzeugungen habe.

Die frühen Christen hatten keine Machtmittel, kein TV, kein Internet, nichts dergleichen. Sie wurden verfolgt. Sie durften nicht evangelisieren, konnten keine Einsätze auf der Strasse machen. Ihre Versammlungen mussten geheim bleiben. Bevor jemand den Gottesdienst besuchen durfte, musste er erst einmal zwei Jahre durch ein sogenanntes Katechumenat gehen, einer christlichen Unterweisung im Glauben und in seinem *Leben Früchte der Veränderung* zeigen. Erst dann konnte er getauft werden und war danach auch zum Gottesdienst zugelassen. Dieses Verfahren war alles andere als besucherfreundlich. Und trotzdem wuchsen die ersten Gemeinden enorm. Was war das Geheimnis? Nicht ihre tollen Prospekte und auch nicht der überzeugende Internetauftritt, sondern ihr Lebenszeugnis und die gelebte Gemeinschaft.

Christen, die ein solides Fundament haben und gut verwurzelt sind in ihren Beziehungen, können dann auch Äste haben, die sich weit hinausstrecken und auf denen „die Vögel des Himmels nisten" können. Nur wer tiefe Wurzeln hat, kann auch, geistlich gesprochen, weit ausragende Äste haben, die Früchte tragen. Wer also eine Heimat hat, wer begründet ist, der kann weit in die Welt hinausziehen. Wer dagegen keine Wurzelstruktur hat, der ist nicht etwa „flexibel", wie manche meinen würden, oder gar frei, sondern ist einfach nur „free floating", frei herumtreibend, von den Wellen des Meeres ziellos hin und her getrieben. Und dazu kommt zum Schluss noch ein weiterer Aspekt, der bei den Christen der Moderne in den Hintergrund getreten ist. Christen im Umbruch suchen das Wohl der ganzen Stadt und aller Menschen.

KULTUR FÜR DAS ALLGEMEINWOHL

Thomas von Aquin prägte im Mittelalter den Begriff vom „Allgemeinwohl". Er hat in der katholischen Soziallehre seinen festen Platz. Aber auch die Lausanner Bewegung entdeckt den damit verbundenen Auftrag zunehmend wieder, wie z. B. die Verpflichtung von Kapstadt von 2010 zeigt. Unter Punkt 7 „Wir lieben Gottes Welt" wird festgehalten: „Wir teilen Gottes Leidenschaft für seine Welt."[114]

Weil Gott Liebe ist und die Welt so sehr liebt (siehe Johannesevangelium), verschenkt er diese Liebe frei an diese Welt. Durch uns als seine Beschenkten soll diese Liebe nun weiterfliessen, um so das „Schöne", das „Wahre" oder das „Gute" in diese Welt kommen zu lassen.

Christliche Kunst beispielsweise sich nicht limitieren auf die Botschaft: „Du bist ein Sünder, aber Jesus liebt dich." Sie darf das Wahre, das Gute und das Schöne kreativ in aller Breite und Tiefe thematisieren, ohne überall einen leuchtenden Jesus abbilden zu müssen. Genauso kann man über Wissenschaft oder Alltagsthemen reden, ohne immer den Namen Jesus nennen zu müssen – und trotzdem ist es „christlich", weil es mit der einen, guten Schöpfung Gottes zu tun hat.

Wenn wir dem Allgemeinwohl dienen, wenn wir „das Beste der Stadt" suchen und wenn wir das zudem noch gut machen, dann werden Menschen es sehen und uns fragen: „Was tust du da?" „Verkündigt Jesus mit allen Mitteln", sagte Franz von Assisi, „und wenn nötig, braucht dazu Worte." Assisi widmete sein ganzes Leben dieser Überzeugung. Während einer Messe im Jahr 1208 soll er nämlich eine vom Kreuz her zu ihm erschallende Stimme vernommen haben, die ihn mit dem Wortlaut des Matthäusevangeliums aufforderte, in die Welt zu gehen, allem Besitz zu entsagen und Gutes zu tun (Mt 10, 5–14). Er lebte so, dass alte Freunde ihn neckten, seine Braut heisse nun „Armut". Die Berufung zur Armut, zu hilfreicher Tat und Predigt legte er dann mit der Gründung des „Ordens der Minderbrüder" (Franziskanerorden) seiner Ordensregel zugrunde.[115]

Wer dem Allgemeinwohl dient, lebt in der Nachfolge und bezeugt das kommende Reich Gottes. Doch falls er sich so sehr für die Welt einsetzt, dass seine Spiritualität oder die Gemeinschaft darunter leidet, dann passt er sich der Welt an. Dadurch wird er gemäss dem Matthäusevangelium zu „salzlosem Salz" und repräsentiert nicht mehr einen Boten der anbrechenden Gottesherrschaft.

Ein Leuchtturm eines solchen christlichen Engagements für das Allgemeinwohl ist zweifellos Mutter Teresa gewesen. Ihr selbstloses Dienen an den Ärmsten der Armen in Kalkutta hat ihr den Respekt bis in die höchsten Stellen der Politik gebracht. Neben unzähligen Auszeichnungen erhielt sie 1979 den Friedensnobelpreis. Ich erinnere mich noch gut, wie sie anlässlich ihrer Beerdigung von Indien ein Staatsbegräbnis erhielt und wie viele ausländische Staatoberhäupter und Würdenträger ihr die letzte Ehre zollten. Hier hat ein Mensch sein Leben ganz in den Dienst des Allgemeinwohls investiert und wurde zu einem Zeugnis für die Mächtigsten und Reichsten der ganzen Welt.

Ich schliesse dieses Kapitel mit einem Brief eines frühen Apologeten, d. h. einem Verteidiger des Christentums, an Diognet. Dieser Brief weist darauf hin, wie selbstverständlich es für die ersten Christen war, dem Allgemeinwohl zu dienen, und was das für sie bedeutete.

BRIEF AN DIOGNET

„Denn die Christen sind weder durch Heimat noch durch Sprache und Sitten von den übrigen Menschen verschieden." Christen waren also in der Welt und haben sich nicht aus der Welt zurückgezogen. „Sie bewohnen nirgendwo eigene Städte, bedienen sich keiner abweichenden Sprache" – das hat sich heute z. T. mit der Insidersprache der Christen geändert – *„und führen auch kein absonderliches Leben. Sie bewohnen Städte von Griechen und Nichtgriechen, wie es einem jeden das Schicksal beschieden hat, und fügen sich der Landessitte in Kleidung, Nahrung und in der sonstigen Lebensart, legen aber dabei einen wunderbaren und anerkanntermassen überraschenden Wandel in ihrem bürgerlichen Leben an den Tag."* Das heisst, dass man rein äusserlich gesehen nicht merkte, dass sie Christen waren. Sie hatten als Erkennungszeichen weder überall „Fischli-Kleber" angebracht noch eine Riesenbibel unter dem Arm. Sie sahen aus wie alle anderen, aber ihr Lebenswandel überraschte. *„Sie bewohnen jeder sein Vaterland, aber nur wie Beisassen; sie beteiligen sich an allem wie Bürger und lassen sich alles gefallen wie Fremde; jede Fremde ist ihnen Vaterland und jedes Vaterland eine Fremde. Sie heiraten wie alle andern und zeugen Kinder, setzen aber die Geborenen nicht aus."* Abtreibung gab es damals so noch nicht, doch unerwünschte Kinder wurden einfach ausgesetzt. Christen haben solche Kinder gesammelt und dann in ihren Familien aufgenommen und zu Jüngern gemacht. So gab es immer mehr Christen, die dann selber auch wieder Leute aufgenommen haben usw.

„Sie haben gemeinsamen Tisch, aber kein gemeinsames Bett." Sie teilen also ihre Nahrung mit allen, aber nicht ihr Ehebett. *„Sie sind im Fleische, leben aber nicht nach dem Fleische. Sie weilen auf Erden, aber ihr Wandel ist im Himmel. Sie gehorchen den bestehenden Gesetzen und überbieten in ihrem Lebenswandel die Gesetze."* In anderen Worten: Weil sie lieben, können Christen mehr tun, als das Gesetz verlangt. *„Sie lieben alle und werden von allen verfolgt. Sie sind arm und machen viele reich; sie leiden Mangel an allem und haben doch auch wieder an allem Über-*

fluss. **Um es kurz zu sagen, was im Leibe die Seele ist, das sind in der Welt die Christen.**"[116]

Der letzte Satz ist der Schlüsselsatz des ganzen Briefes. Der Schreiber vergleicht die Christen in der Gesellschaft mit der Seele, die den Leib belebt. Damit ist auch der Auftrag der Christen und der Kirche, nämlich für das Allgemeinwohl aller Menschen da zu sein, sehr treffend zusammengefasst. Und um es noch einmal auf den Punkt zu bringen, diesmal in den Worten von Dietrich Bonhoeffer: „**Die Kirche ist nur Kirche, wenn sie für andere da ist** ... Sie muss an den weltlichen Aufgaben des menschlichen Gemeinschaftslebens teilnehmen."[117]

AUF DEN PUNKT GEBRACHT

- Gottes Liebe will bei allen Menschen wohnen. Damit dies geschehen kann, sucht er Menschen und Orte, an die er sich so verschenken kann, dass durch diese Menschen der Segen in die ganze Welt hineinfliessen kann.

- Menschen, die durch die Liebe Gottes transformiert werden, sind dabei, Stück für Stück zu Augen, Ohren und Händen Gottes in der Welt zu werden. Sein Leib besteht aus den Menschen, die von seiner Liebe erfasst sind und sich von ihr verändern lassen.

GLAUBE, HOFFNUNG, LIEBE

- Der **Glaube** lässt uns die Herausforderungen und Nöte unserer Zeit sehen und identifiziert sich mit den Armen und Ausgestossenen dieser Welt. Jesus hat ihnen Barmherzigkeit gezeigt und darum wissen wir, dass er sie nicht vergessen hat.

- Die **Hoffnung** sieht Gottes Möglichkeiten und Verheissungen grösser als die gegenwärtigen Probleme und motiviert uns, schon in der Gegenwart so zu leben, wie wir es in der zukünftigen Welt der Liebe tun werden.

- In dem Mass, wie die **Liebe** mich prägt, kann ich sie in die Welt hineintragen. Die Liebe gibt mir die Kraft, beharrlich, mit Ausdauer und in kleinen Schritten auf das grosse Ziel zuzugehen.

FRAGEN

Einige Fragen zum persönlichen Weiterdenken oder auch als Einstieg in ein Gespräch:

- Wie schätze ich mein persönliches Leben (meine Gemeinde/Kirche) ein, im Licht der sechs genannten Punkte? Wo sehe ich Möglichkeiten, dass sich etwas positiv verändert?

- Finde ich biblische Hinweise, Beispiele oder Bilder für das „Engagement für das Allgemeinwohl"? Ist mir dieser Gedanke nah, neu oder fremd?

- Wenn die Kirche von Johanna die sechs Punkte (betroffen – gestalten – berufen – gegründet – in Gemeinschaft – für das Allgemeinwohl) stärker leben und umsetzen würde – wie könnte das für sie in ihren Herausforderungen zur Hilfe werden?

ANGEBOT ZUR VERTIEFUNG

Ein neues und spannendes Buch von einem wichtigen Theologen der Yale-University, leider noch nicht übersetzt:

- VOLF, Miroslav, *A PUBLIC FAITH.* How Followers of Christ Should Serve the Common Good, Grand Rapids, 2011.

Er beschreibt darin, dass eine prophetische Religion darin besteht, die Begegnung mit dem lebendigen Gott zu suchen und aus dieser Begegnung heraus der Welt und damit dem Allgemeinwohl zu dienen.

Weitere Literatur zur Vertiefung:

- LYONS, Gabe, *THE NEXT CHRISTIANS.* The Good News About the End of Christian America, New York, 2010. Die Grundstruktur dieses Kapitels lehnt sich an das Buch von Lyons an.
- BONHOEFFER, Dietrich, *Gemeinsames Leben,* Gütersloh, 2001. Ein immer wieder neu aufgelegter Klassiker über Gestaltung und Auftrag des gemeinsamen Lebens.

NEUN: GEWINNENDE LIEBE!
HIMMEL AUF ERDEN

Gott ist Liebe und er kann gar nicht anders, als zu lieben (Kapitel 7)! Wir Menschen sind nicht Liebe, wir sind auf dem Weg zur Wiederherstellung unserer Ebenbildlichkeit. Mit anderen Worten heisst das, Jesus ähnlicher zu werden, sodass auch wir immer mehr lieben. Damit tun wir, was Jesus als das wichtigste Gebot bezeichnet hat, nämlich Gott zu lieben, mit allem was wir haben, und unsere Nächsten wie uns selbst.

Wer wie Paulus Glaube, Hoffnung und Liebe zusammen sieht, für den wird die Liebe geradezu zum Prüfstein für den gelebten Glauben. *„Denn in Christus Jesus kommt es nicht darauf an, beschnitten oder unbeschnitten zu sein, sondern darauf, den Glauben zu haben, der in der Liebe wirksam ist."* (Galater 5,6) Nicht die Zugehörigkeit zu einer religiösen Gruppe (beschnitten oder unbeschnitten) ist nach Paulus das Kriterium, sondern der **Glaube, der in der Liebe wirksam wird**, der also in unserem Leben praktisch wird. Was das alles beinhalten kann, haben wir im vorigen Kapitel besprochen. Zum Abschluss versuche ich noch einmal, auf das grosse Bild einzugehen. Wir wenden uns der Bibel noch einmal ganz konkret mit folgenden Fragen zu: Wie sind Glaube, Hoffnung und Liebe in postmoderner Zeit möglich? Welche Perspektiven haben Christen in dieser Zeit des Umbruchs?

Dazu hören wir noch einmal Paulus, diesmal in seinem genialen Brief an die Epheser.[118] Wir werden über sechs Verse meditieren, je einen pro Kapitel, um uns an die Stossrichtung des ganzen Briefes heranzutasten.

DIE SICHTBARE UND DIE UNSICHTBARE WELT KOMMEN ZUSAMMEN

„Denn Gott hat uns wissen lassen das Geheimnis seines Willens nach seinem Ratschluss, den er zuvor in Christus gefasst hatte, um ihn auszuführen, wenn die Zeit erfüllt wäre, dass alles zusammengefasst würde in Christus, was im Himmel und auf Erden ist.“

Eph 1,10

Im alten Griechenland gab es den Brauch, dass bei einer Einladung zu einem Fest der Gastgeber jedem Gast die Hälfte eines zerbrochenen Tonringes sandte. Die andere Hälfte behielt er bei sich selbst. Wenn dann die Gäste ans Fest kamen, mussten sie „die Einladung“ vorweisen und es wurde überprüft, ob die beiden Ringteile zusammenpassten. Wenn der Ring passte, war er ein geladener Gast und am Fest herzlich willkommen. Die Hälfte des zerbrochen Ringes wurde zum Erkennungszeichen, dass man zusammengehörte. Das griechische Wort *„Symbolos“* bezeichnet diesen Teil eines zerbrochenen Ringes.
Das Gegenwort dazu ist *„Diabolos“*, der Durcheinanderbringer, in der Bibel einer der Namen für den Bösen. Jesus als Versöhner könnte man auch mit dem Begriff des Zusammenbringens beschreiben. Durch ihn fügen sich die verschiedenen Klänge der Menschen zu einer *Symphonie*. Durch ihn kommt zusammen, was zusammengehört, was zuvor durch die Sünde und ihre Konsequenzen zerbrochen wurde.
In Epheser 1,10 beschreibt Paulus eine gewaltige Schau, für ihn das „Geheimnis Gottes“, das ihm gezeigt wurde.[119] Alles, was im Himmel und was auf Erden ist, soll in Christus zusammengeführt werden. Damit ist ausgesagt, dass der Dienst der Versöhnung von Jesus dem Messias die ganze Schöpfung umschliesst

und nicht nur das persönliche Seelenheil, obschon das selbstverständlich mit eingeschlossen ist.

Das griechische Wort für „zusammenfassen" ist „enkephalein" – wörtlich „einhaupten", das zwar ein altes Wort ist, aber man versteht, was damit gemeint ist: Alles unter ein Haupt sammeln, in die Familie Gottes heimbringen. Gottes Ziel mit der ganzen Schöpfung (Kosmos) besteht darin, alles Sichtbare (Materielle) und Unsichtbare (Geistige) unter Jesus Christus zusammenzuführen und zusammenzufassen. Das ist die grosse Offenbarung, die Paulus empfangen hat und die er an dieser Stelle formuliert.

Die sichtbare wie auch die unsichtbare Welt sind Teil von Gottes guter Schöpfung und beide sind gut. Die Bibel widerspricht fundamental der Prägung, die wir oft unbewusst aus dem griechischen Denken und aus unserer Kultur in uns tragen, nämlich dass der „Geist" ewig sei, die Materie dagegen vergänglich, dass wir die materielle Welt hinter uns lassen müssen, um in den Himmel zu kommen, und dass wir, wenn wir sterben, wenn wir „das Zeitliche segnen", auch die Zeit hinter uns lassen und in die „Ewigkeit" eintreten. Das alles sind griechische Zerrbilder, die aber unser Denken bis heute beeinflussen, wenn wir mit ihnen im Hinterkopf an die Bibellektüre gehen. Für Paulus ist jedoch völlig klar, dass die geistige (immaterielle) Welt (inkl. Engel, Mächten usw.) genauso geschaffen ist wie die materielle Welt. Das „Geheimnis von Gottes Willen" besteht nun darin, dass Christus beide Teile der Schöpfung zusammenführen will.

Das ist für uns heute deshalb zentral wichtig, weil die Moderne in den letzten 200 Jahren genau das Gegenteil proklamierte. Sie sagte: Es gibt einen oberen Stock, das ist der Himmel, und einen unteren Stock, das ist die Erde. In der oberen Etage mag Gott zuständig sein, aber weil wir nichts über ihn wissen, ist der Glaube an ihn reine Privatsache. Jeder kann „im oberen Stock" glauben, was er will. Aber hier im unteren Stock gelten lediglich die Erkenntnisse der Wissenschaft. Hier regiert der Mensch mit seiner Vernunft. Diese Trennung, die auch Säkularismus genannt wird, steckt tiefer in uns drin, als uns bewusst ist, und prägt uns alle mehr oder weniger.

Doch für Paulus gab es diese Trennung nicht. Er bekämpfte den Dualismus seiner Zeit vehement und würde sich genauso klar gegen die modernen Formen davon wehren. Nach ihm gilt: „Das Sichtbare und das Unsichtbare wird zusammengeführt werden unter dem Symbolos, dem Herrn dieser Welt, der Einheit stiftet."

Daraus kann man ohne Übertreibung ableiten: Alles, was auf dieser Welt Einheit fördert, ist eine Vorstufe dessen, was passieren wird, wenn Christus wiederkommt. Jedes Stück gewonnene Einheit, jeder Schritt in Richtung Versöhnung, jedes noch so kleine Zusammenkommen von Zerbrochenem ist ein Schritt in die richtige Richtung, in Richtung „Himmel auf Erden." In die falsche Richtung dagegen führen Streit, Neid, das Auseinanderbrechen unserer Einheit, das falsche Hinterfragen, das zu Zweifeln führt, auch jeder Keil der zwischen Menschen getrieben wird, und jedes Gift, das Entzweiung bringt.

Spätestens bei der Wiederkunft Jesu, wenn die ganze Schöpfung, das Sichtbare und das Unsichtbare unter ihm „eingehauptet" sein wird, dann werden Entzweiung, Trennung, Vertrauensentzug, Herzensverhärtung usw. weichen müssen. Das war ja auch das Thema von Paulus im 1. Kor 3, wo er schreibt, dass die einen nur „wie durchs Feuer" gerettet werden. Dann wird laut Paulus aller Eigensinn, jede menschliche Sicherheit, alle Sturheit, alles Selber-im-Griff-haben-wollen verbrennen. Das hat, wie schon gesagt, nichts mit unserem Heil zu tun. Denn wir sind durch den Glauben gerettet. Paulus geht aber davon aus, dass wir, weil wir gerettet sind, nun darauf achten müssen, wie wir unser Haus auf dem Fundament aufbauen. Wenn einmal die ganze Welt unter Christus als Haupt zusammenkommen wird, kann keine von uns Menschen initiierte Entzweiung und kein Streit mehr vor ihm bestehen.

Das zweistöckige Weltbild der Moderne trennte Himmel und Erde. Gott war ein „ferner" Gott, der nicht mehr viel mit dieser Erde zu tun hatte.

Doch für den Glauben sind in Jesus Christus Himmel und Erde, die unsichtbare und die sichtbare Welt schon hier unten, also auf der Erde, zusammengekommen. Jesus war nicht nur ein guter Mensch, der Gott gefiel. Er war selbst Gott, der aus dem Himmel auf diese Erde kam, um die Welt mit Gott zu versöhnen. Was für das menschliche Denken unüberbrückbar scheint, ist in der Person Jesu schon vereint. So wie es durch ihn real schon geschehen ist, so kann es ansatzweise nun auch in uns und durch uns realisiert werden.

Die biblische Verheissung gilt: Dieselbe Kraft, die Christus von den Toten auferweckt hat, ist nun auch in uns wirksam. Das ist eine gute Nachricht, besonders für alle, die das Gefühl haben, der Himmel sei weit weg. Im Gegenteil: Der Himmel ist ganz nah! Er ist schon mitten unter uns und würde sich gerne noch viel mehr in uns und unter uns zeigen. Diese Sehnsucht Gottes nach Gemeinschaft mit den Menschen zeigt sich durch die ganze Bibel: Gott will bei den Menschen wohnen (Stiftshütte und Tempel), Gott wird selbst Mensch (Inkarnation) und Himmel und Erde kommen immer wieder zeichenhaft zusammen. Jesus selbst drückt im Vater-unser-Gebet dieses Sehnen Gottes mit folgenden Worten aus: „Dein Reich komme, dein Wille geschehe hier auf der Erde, wie es im Himmel bereits geschieht."

Was bedeutet dies alles für uns hier und heute? Wir sind schon jetzt dabei, auf der Erde die Sprache der Liebe, also des Himmels zu lernen. Wenn Himmel und Erde zusammenkommen und wenn es hier bei uns zunehmend himmlischer wird, dann wird unsere Gemeinschaft (Kirche) zu einer Wohnung Gottes. Solche Orte gibt es schon viele, und es werden noch viel mehr werden! Immer mehr, bis am Schluss alles unter IHM zusammengeführt sein wird.

WIR SIND GESCHAFFEN ZU GUTEN WERKEN

„Denn wir sind sein Werk, geschaffen in Christus Jesus zu guten Werken, die Gott zuvor bereitet hat, dass wir darin wandeln sollen."

Eph 2,10

Je nach theologischem Hintergrund bereitet einem dieser Vers Kopfschmerzen: „Geschaffen zu guten Werken – und ich dachte, Gnade allein genügt? Und jetzt sollen wir doch wieder gute Werke tun? Was gilt jetzt?" Vers 8 und 9 dieses Kapitels reden genau darüber: *„Aus Gnade seid ihr gerettet worden durch Glauben, und das nicht aus euch: Gottes Gabe ist es, nicht aus Werken, damit sich nicht jemand rühme."* Das Heil erlangen wir nicht aus unserer eigenen Anstrengung. Das Heil kommt, weil Gott uns seine Gnade schenkt. Das wird selbstverständlich vorausgesetzt. Doch gerade weil wir dieses Gnadengeschenk erhalten haben, sind wir nun *„sein Werk, geschaffen in Christus Jesus zu guten Werken, die Gott zuvor bereitet hat."* Wir Menschen sind Teil von Gottes Schöpfung. Für die Juden war das eine ganz wichtige Wahrheit. Paulus sagte damit: Jahwe ist nicht bloss „unser Stammesgott", ist nicht nur deshalb unser Gott, weil er uns bevorzugen würde. Nein, unser Gott ist deshalb unser Gott, weil er Himmel und Erde geschaffen hat. Wer alles geschaffen hat, was existiert, der ist wirklich Gott und verdient unsere Anbetung und unserer Liebe.

Das griechische Wort für „(ihr seid) geschaffen" ist *poiema*, wovon sich das englische Wort *poem* (Gedicht) ableitet. Dieser Vers sagt uns also: Gott schuf jeden von uns – auch dich – wie ein Gedicht. Wir sind seine Kunstwerke, einzigartig und gross-artig! Wenn Gott uns nicht als blosse Klötze oder als Arbeits-sklaven, sondern als wahre Kunstwerke erschaffen hat, dann gehört Schönheit wohl zum guten Plan Gottes! Daraus folg, dass Kreativität, Kunst und Schönheit in der Gemeinde Gottes kein Luxus mehr sein sollten.

Wenn wir davon ausgehen, dass Gott uns als Mitarbeiter rekru-tiert, dann werden wir zu Mitschöpfern, um aus dieser Welt einen herrlichen Ort zu machen. Gott hat Werke, also Arbeit für uns vorbereitet und hat uns dann berufen, diese auch auszu-führen. Er hat uns in seine Dienste gerufen. Er hat einen Traum für die Geschichte und für unsere Leben. Er hat im Himmel für jeden von uns eine Partitur geschrieben, die wir hier auf der Erde spielen können – wenn wir sie entdecken. Wenn wir das tun, was sich Gott für uns ausgedacht hat, führen wir ein wahr-haft erfülltes Leben.

Der Bau einer Kathedrale ist ein gutes Bild für diese Wahrheit. Wir sind Teil der Baumannschaft. Das, was wir gemeinsam bauen, ist ein Gesamtkunstwerk. Form und Material, Gestal-tung und Gedanken, Licht und Raum, die Theologie dahinter und die Physik – alle Bereiche gemeinsam ergeben das Ge-samtkunstwerk. Obwohl die Einzelteile enorm wichtig sind, finden sie ihre Erfüllung erst im Rahmen des Ganzen. Das ist ein tolles Bild für die Gemeinde. Jeder Einzelne und jede Familie ist ein Teil dieses Gesamtkunstwerks. Wenn eine Familie oder einzelne Menschen sich nicht einbringen, das heisst, „die vorbereiteten Werke" nicht ausführen, dann bleibt eine Lücke. Gemeinsam sind wir mehr als die Summe der Einzelteile. Hier ist kein Raum für Egotrips und Rückzugsgedanken. Es geht darum, dass wir uns hineininvestieren, unsere Verantwortung ernst nehmen und miteinander eins werden. Wir sind zwar einzigartig und haben von Gott spezielle Gaben erhalten, doch wir sind nicht allein.

Gott hat einen guten Plan für die ganze Welt, er hat eine Strategie. Das heisst, er hat immer das Ende im Blick. Er schreibt seine grosse Heilsgeschichte mit der ganzen Welt. Darin findet nun die Geschichte jeder Einzelperson, jeder Familie, jeder Gemeinde, jeder Firma und jedes Staates ihren Sinn, als Teil dieser grossen Geschichte Gottes mit seiner Welt.

Der Auftrag, den Jesus uns gegeben hat, ist klar. Er sagte: So wie Israel Salz und Licht der Welt sein sollte, so bin ich Salz und Licht geworden. Und so wie der Vater mich gesandt hat, so sende ich nun euch in diese Welt. Nachfolger Jesu finden ihren Platz in der Berufung Gottes und in den Werken, die er für sie vorbereitet hat. Darin werden sie zu Salz und Licht für diese Welt.

Vielleicht bis du ein guter moderner Individualist und sagst: „Das ist doch Fremdbestimmung, wenn Gott einen Plan für mich hat. Dann kann ich ja nicht mehr alleine bestimmen, was ich gerne tun möchte." Willkommen im Club! Gott hat tatsächlich Werke für dich vorbereitet und er hat ein Problem: Er meint, er sei Gott und dürfe dir etwas sagen. Doch eventuell weiss der, der dich gemacht hat, mehr darüber, was dir wirklich gut tut, als du selber?

Wenn du dich von Gott fremdbestimmt fühlst, dann wäre es wohl an der Zeit, einmal mit guten Freunden oder einer geistlichen Begleitung über dein Gottesbild und Selbstbild zu sprechen. Ist Gott einfach nur ein Kumpel, der mit allem einverstanden ist, was du sagst oder denkst? Gott ist zwar tatsächlich ein liebender Vater, doch er hat auch eine Idee, wohin deine Reise führen soll. Und gerade weil er die Fülle der Liebe *ist* und auch jeden von uns liebt, lässt er uns nicht alleine mit unseren eigenen „guten Ideen". Er will tatsächlich mit uns kommunizieren. Und damit stellt sich für uns die Frage: Sind wir bereit, unser Herz zu öffnen und auf seine Worte zu hören, oder sehen wir ihn doch eher als Partner, der uns unverbindlich beraten darf? Für Paulus ist klar, wir sind ein Kunstwerk Gottes, geschaffen zu guten Werken, die er vorbereitet hat und in denen wir wandeln sollen.

UNSERE GEMEINSCHAFT DEMONSTRIERT GOTTES WEISHEIT

> „So sollen jetzt die Mächte und Gewalten in der unsichtbaren Welt durch die Gemeinde die ganze Tiefe und Weite von Gottes Weisheit erkennen."
>
> Eph 3,10

Gott schuf eine sichtbare und eine unsichtbare Welt. In der unsichtbaren Welt gibt es nach biblischen Berichten verschiedene Mächte und eine gewisse geistliche Hierarchie. Es gibt Mächte, die sich in Rebellion von Gott gelöst haben und in irgendeiner Form gegen sein Reich auf dieser Welt kämpfen. Daneben gibt es die Engel und Mächte, die Gott anbeten und seinem Reich dienen.

In der sichtbaren Welt leben wir Menschen. Wir sollten eigentlich in Frieden und Harmonie mit Gott leben und diese Welt kultivieren (Gen 1–2). Doch der Mensch dachte, er wisse es besser, und stellte infrage, dass Gott ein guter Gott ist. Er war überzeugt, dass es für ihn besser wäre, sich um sich selbst zu kümmern. Diese Überzeugung hatte bittere Konsequenzen: Sünde breitete sich wie ätzendes Gift in der ganzen Schöpfung aus.

Jetzt tritt der Erlösungsplan in Aktion. Aus Liebe gibt sich Christus für uns alle hin, aus Gnade rettet er uns durch sein Werk am Kreuz. Doch dieser Jesus, der Kyrios (Herr) der ganzen Welt, rettet nicht nur „Seelen", also einzelne Menschen, er will die ganze Schöpfung erlösen und die sichtbare und die unsichtbare Welt unter sich als Haupt zusammenführen (Eph 1,10).

In Eph 3,10 lesen wir nun, dass alle unsichtbaren Mächte auf die Gemeinde (Kirche) blicken, das heisst auch auf dich und auf mich. Sie wollen wissen, wer *wirklich der Herr* im Leben dieser Gläubigen ist: Ist es Jesus Christus oder ist es der doch Cäsar oder die Nationalbank oder die UNO oder die USA – oder ist es am Ende doch die EU? Ungeachtet dessen, wer sich versucht in dieser Welt als Herr aufzuspielen,[120] die unsichtbaren Mächte blicken auf die „irdische" Gemeinde, und Jesus, im Himmel zur Rechten Gottes sitzend, sagt: „Schaut euch meine Gemeinde an, dann seht ihr die Weisheit und die Tiefe von Gottes Kraft." Das ist ziemlich mutig, nicht wahr? Mit dieser Aussage lehnt sich Gott ziemlich weit aus dem Fenster, finde ich. Trotzdem sagt er: „Diese konkrete menschliche Gemeinschaft reflektiert mich. Schaut her, all ihr unsichtbaren Mächte, all ihr Engel, Dämonen und was sich sonst noch in der geistlichen Welt[121] herumtreibt:

In meiner Gemeinde kommen Himmel und Erde, das Sichtbare und das Unsichtbare, unter einem Herrn zusammen."

Wenn wir als Gemeinde so leben, dass Jesus wirklich Herr ist und dadurch alle Trennungen in Christus überwunden werden, dann wird dadurch die Weisheit Gottes für die geistige Welt sichtbar gemacht. Wir zeigen dann, dass all die „Herren", die in der Welt regieren wollen, nicht mehr wirklich „Herr" sind, denn der Weg der Ohnmacht der Liebe am Kreuz ist mächtiger als jede andere Macht in der geschaffenen Welt.

Natürlich sollen wir Machthaber und Autoritäten in dieser Welt *ehren*, sie haben eine wichtige Funktion, die wir nicht lächerlich machen wollen. Sogar Jesus ermahnte uns, dem Kaiser zu geben, was des Kaisers ist! Doch der Kaiser hat nicht die letzte Autorität, ist nicht letztendlicher Herr. Diese hat für Christen im Umbruch allein Jesus Christus.

Epheser 3,10 steht in enger Verbindung mit dem Schluss des 2. Kapitels. Die heutige Vers- und Kapiteleinteilung gab es ja ursprünglich nicht. Im 1. Kapitel ging es um Himmel und Erde, die zusammenkommen sollen. Am Schluss des 2. Kapitels erweitert Paulus die Perspektive, denn nicht nur Himmel und Erde, sondern auch „Juden und Heiden" sollen zusammenkommen. Wir haben uns heute schon an diese Aussage gewöhnt und können uns kaum noch vorstellen, wie revolutionär sie zur damaligen Zeit war! Damals haben sich die Juden strikt von den Heiden abgegrenzt. Die Heiden waren für sie die *gojim*, mit denen sie nichts, aber auch gar nichts zu tun haben wollten. Sie wollten sich auf keinen Fall durch sie verunreinigen lassen. So kam es zu dem, was Paulus als „die trennende Wand der Feindschaft"[122] zwischen Juden und Heiden bezeichnete.

In diese kulturell-religiöse Wunde hinein kommt die Vision von Paulus. Er zeigt auf, dass nicht Abgrenzung und Trennung auf Gottes Herzen liegen, sondern das Zusammenfinden und die Versöhnung dieser verfeindeten Gruppen. Christus *„ist unser Friede. Er vereinigte die beiden Teile (Juden und Heiden) und riss durch sein Sterben die trennende Wand der Feindschaft nieder"* (Eph 2,14). Alle Spannungsfelder, die uns menschlich gesehen trennen, sind für Christen in Christus überwindbar. Wir können „in IHM" eins werden. Das ist das Geheimnis, die grosse Vision des Paulus.

Es gibt heute zwar auch noch Einheitsvisionen, um z. B. mit der Globalisierung die ganze Welt zusammenzubringen. Doch gleichzeitig gibt es einen unglaublichen Trend zur Individualisierung und der Auftrennung der Gesellschaft in immer kleinere Splittergruppen, die ihre Überzeugungen immer lautstarker vertreten. Diese kulturelle Zersplitterung und Aufgliederung der Wertesysteme (Pluralisierung) ist ein Megatrend. Der *Diabolos* will solche Trends ausnützen, um Menschen gegeneinander aufzubringen und Kulturen, Menschen, Gruppen und sogar Familien zu entzweien. Irgendwie kommen Keile in die Beziehungen und Samen des Hasses bringen ihre schlechten Früchte hervor (Nationalismen und Rassismus).

Der Diabolos proklamiert: „Jesus ist nicht Herr." Warum? „Er will euch zusammenbringen, aber mir gelingt es immer wieder, euch zu trennen. Ich bringe Hass und Zwietracht in eure Mitte. Ich bin erfolgreicher, also bin ich Herr!" Doch es wird sich zeigen, dass der Symbolos, Jesus Christus, uns trotzdem sammeln, vereinen und unter seine Herrschaft in sein Friedensreich einfügen wird. Er wird die Weisheit Gottes darin demonstrieren, dass Menschen zusammenfinden, Versöhnung erleben und eins werden. Denn in Wahrheit ist „Jesus Christus der Herr, der wahre Kyrios der ganzen Welt."

Christen im Umbruch sind befähigt, in ihrem Umgang untereinander schon jetzt so versöhnlich zu leben, dass ein Stück Himmel auf Erden Wirklichkeit wird. Wir müssen für diese Einheit einstehen, auch wenn uns die vielen Differenzen manchmal gemeindemüde machen. Der bereits erwähnte Spruch gilt immer noch: „Ein Christ ist kein Christ." Wer sich bei der Gemeinde abmeldet und sein eigenes geistliches Spezialprogramm verfolgt, der ist getrennt und nicht mehr zusammengefügt. Das grosse Ziel ist die „Einhauptung" unter ein Haupt, die wachsende vertrauensvolle Gemeinschaft aller Christen unter Christus. Das beginnt innerhalb der natürlichen Familie und geht in der Gemeinde weiter. Dort sammeln sich verschiedene Familien und Singles unter der grossartigen Vision, dass Gott uns zu seiner Familie zusammenfügt: „Let's be the church!"[123]

Himmel und Erde, Juden und Heiden[124] werden eins. Zuerst in der Gemeinde, später in der ganzen Welt! Es muss in der Gemeinde beginnen, weil die Gemeinde die Schnittstelle zwischen Himmel und Erde ist. Unsere Beziehungen und unsere konkreten Versöhnungsschritte sind sichtbare Zeichen für alle Mächte und Gewalten. Sie sind überrascht, wenn wir als Christen – besonders auch als verschiedene Gemeinden vor Ort – tatsächlich eins werden. **Die Mächte der Finsternis werden sprachlos, wenn die Liebe vom Kreuz gewinnt!** Doch bevor die Beziehungen zwischen den Ortsgemeinden gesunden können, muss die Einheit innerhalb der Gemeinschaften wachsen. Damit kommen wir zum nächsten Vers.

WACHSENDE LIEBE UND WAHRHEIT

„Lasst uns aber wahrhaftig sein in der Liebe und wachsen in allen Stücken zu ihm hin, der das Haupt ist, Christus".

Eph 4,15

In allen Stücken zu ihm hin zu wachsen, bedeutet, dass wir uns
nie zur Ruhe setzen können. „Moment mal, jetzt habe ich doch
vor 20 Jahren meine Jüngerschaftsschule abgeschlossen oder
letztes Jahr den Bibelkurs. Willst du mir sagen, dass ich noch
weiterwachsen muss?" Die Bibel sagt: „Das ist das ewige Leben,
dass sie dich, den allein wahren Gott, erkennen."[125] Wir werden
eine Ewigkeit damit beschäftigt sein, immer mehr von Gott zu
erkennen, zu wachsen und uns ihm anzugleichen. Alles, was
lebt, wächst. Überall, wo etwas nicht mehr wächst, ist der Tod
im Topf.

Lasst uns wahrhaftig sein in der Liebe – Wahrheit und Liebe! –
und wachsen in allen Stücken zu dem hin, der das Haupt ist, zu
Christus. Christen in der Moderne betonten die Wahrheit oft
auf Kosten der Liebe. Doch in turbulenten Zeiten wie heute
geht es nun nicht darum, eine „Schwamm drüber"-Mentalität
zu entwickeln und ins andere Extrem zu wechseln und zu sagen: „Vergesst die Wahrheit, seid einfach nett zueinander."
Wahrheit bleibt Wahrheit, Irrtum bleibt Irrtum und Sünde
bleibt Sünde. Damit ist uns die Herausforderung gegeben, nicht
nur für die Versöhnung aller Spannungen zu arbeiten, sondern
dabei noch in Wahrheit und Liebe zu wachsen, reifer zu werden und Christus widerzuspiegeln.

Jetzt wird's sehr praktisch: Der Himmel kommt auf die Erde, wenn wir in der Liebe wahrhaftig sind. Daraus kommen echte Beziehungen, echte Konfliktlösungen, tiefe Vergebung, prägende Nachfolge. Transformation heisst dann, dass der Himmel ein stückweit in mein Leben hineinkommt und mich verändert. In dem Mass, wie ich verändert bin, kann ich nun *mein Stück Himmel* in diese Welt hineinbringen. Gott sehnt sich nach „Händen und Füssen", also nach Menschen, die ihn in sich aufnehmen und ihn in die Welt hinaustragen. Damit sind wir alle gemeint, jeder Einzelne, jede Familie und die ganze Kirche.

Geistliches Wachstum ist ein lebenslanger Prozess, nicht ein Event. Was du jetzt säst, wirst du in drei oder fünf Jahren ernten. Wenn du einmal bestimmte Sachen in deinem Leben ernten willst, musst du heute mit dem Säen beginnen. Und umgekehrt gilt, dass du im Moment vielleicht Dinge in deinem Leben ernten musst, auf die du gut verzichten könntest, doch weil du sie früher gesät hast, musst du sie jetzt auch ernten. Zum Glück dürfen wir Christen in jeder Situation der Schwäche mit der Gnade und der Kraft Gottes rechnen!

WACHE AUF!

> „Darum heißt es: Wach auf, der du schläfst, und steh auf von den Toten, so wird Christus dich erleuchten."
> Eph 5,14

Das ist Ostersprache, Auferstehungssprache! Jesus wurde auferweckt. Mit Ostern hat die Neuschöpfung der Welt schon begonnen. Und darin ist unsere Hoffnung begründet, dass die Neuschöpfung der Welt am Ende der Zeit vollendet werden wird. In der Zwischenzeit sind wir Christen die Agenten, die in der Kraft des Heiligen Geistes daran arbeiten, Himmel und Erde zusammenzubringen. Darum wacht auf, ihr schläfrigen modernen Christen! Die Kraft für Veränderung und Neuanfang steht uns in Christus zur Verfügung. Ist Nachfolge denn eine Einschränkung meines Lebens? Begrenze ich mein Potenzial oder werde ich erst richtig Mensch, wenn ich Jünger von Jesus werde?

Wenn wir über Sünde nachdenken, meinen viele damit das, „was man als Christ *nicht tun soll*." Das ist allerdings nur die halbe Wahrheit, denn auch das, was Gott sich für uns ausgedacht hat und wir dann nicht tun, ist Sünde: zum Beispiel seine für uns geschriebene Partitur, die wir nie spielen, weil wir uns nicht danach fühlen, unsere Instrumente zu üben.

Im fünften Kapitel des Epheserbriefes kommt ein weiterer Punkt dazu. Wie entfalten wir unsere volle Menschlichkeit als Christen? Himmel und Erde werden zusammenkommen, so lasen wir im ersten Kapitel. Im zweiten Kapitel werden die Juden und die Heiden in Christus versöhnt. Und im fünften Kapitel geht es nun darum, dass auch Mann und Frau versöhnt leben und eine vollkommene Einheit werden. Vielleicht ist dies das grösste Geheimnis. Die Ehe ist ein sichtbares Zeichen unseres Schöpfergottes. Wenn Himmel und Erde zusammenkommen, werden die Mächte staunen. Wenn die Feindschaft zwischen den Juden und den Heiden überwunden wird, dann werden die Mächte staunen. Erst recht staunen die „Diabolos-Mächte", wenn es Mann und Frau gelingt, tief und echt eins zu werden. Wenn dies geschieht, kommt das Himmelreich, seine Herrschaft, auf die Erde.

Das Einswerden von Mann und Frau, die Herausforderung der Ehe, ist eine harte und schwere Aufgabe. Ehe ist aber auch eine unglaublich wertvolle Berufung.

Als Ehepaare müssen wir uns immer wieder fragen, inwiefern das Feuer in unserer Ehe noch brennt. Ihr Männer, die ihr schon längere Zeit verheiratet seid, wie sieht es bei euch aus? Leuchten die Augen eurer Frauen noch, wenn sie von euch sprechen? Oder sind sie schon ziemlich abgelöscht? Und auch ihr Frauen, schwärmen eure Männer noch von euch? Oder sind sie mehr am Schweigen? Welche Schritte sind nötig, damit ihr die Einheit unter euch und das Feuer in euch wieder so entfachen könnt, dass man an eurer Einheit und Liebe erkennen kann, dass Himmel und Erde in eurer Ehe zusammenkommen?

Weil gelungene Ehen ein so grossartiges und einzigartiges Zeichen für die Einheit von Himmel und Erde sind, lohnt es sich, treu zu sein und wegen dem einen Ehepartner oder der Ehepartnerin auf alle anderen Partnerschaftsmöglichkeiten in der Welt zu verzichten. Für die Ledigen hingegen ist es gerade darum so wertvoll, sich selber für die Ehe, für den Einen oder die Eine, zu reservieren.

Denn bei der ehelichen Verbindung kommen nicht bloss zwei Körper „zusammen", wie es der Dualismus lehrt. Es kommen aber auch nicht bloss ein Mann und eine Frau zusammen, wie es eine oberflächliche Betrachtung meinen könnte, vielmehr kommt in einer gelungenen Ehe ein Stück Himmel auf die Erde. Die ganze Hölle macht sich auf und steht gegen diese verbindliche Form von Einheit an. Der Diabolos versucht, sie mit allen Mitteln, die ihm als Durcheinanderbringer zur Verfügung stehen, anzugreifen und auseinanderzubringen.

Es geht hier nicht darum, dass Gott letztendlich doch ein moralinsaurer Typ ist, der uns im Leben nichts gönnt. Vielmehr hat er den Ehebund dazu bestimmt, sowohl an der jetzigen Schöpfung teilzuhaben und mitzuwirken als auch ein Zeichen für die kommende Neuschöpfung der Welt zu sein. Verheiratetsein ist also eine unendlich hohe Berufung nicht nur für zwei Menschen unter sich, sondern als Reflexion der Einheit von Himmel und Erde, von Christus und seiner Braut auf der Erde (Eph 5,32).

GERÜSTET GEGEN DIE MÄCHTE DES BÖSEN

„Deshalb greift zu allen Waffen, die Gott für euch bereithält! Wenn dann der Tag kommt, an dem die Mächte des Bösen angreifen, seid ihr gerüstet und könnt euch ihnen entgegenstellen. Ihr werdet erfolgreich kämpfen und am Ende als Sieger dastehen."

Eph 6,13

Wenn Christen im Umbruch sich auf diese Art und Weise auf Nachfolge einlassen, werden sie auf Widerstand und Gegenwehr stossen. Paulus nennt das einen „geistlichen Kampf", der nicht nur Unverständnis von Menschen oder gar Ablehnung beinhaltet. Für Paulus kommt eine geistliche Dimension hinzu, denn die „Mächte des Bösen" werden uns angreifen, um zu prüfen, was unser Glaubensbekenntnis „Jesus – nicht Cäsar – ist der Herr" wert ist.

Wo Hass und Entzweiung regieren, da regiert das Böse und spielt sich als „Herr" auf. Wo Verachtung und Lieblosigkeit herrschen, regiert nicht der Heilige Geist, sondern andere Mächte. Paulus warnt uns, dass wir nicht gegen Fleisch und Blut kämpfen sollen, das heisst, nicht gegen Menschen, sondern gegen die bösen Mächte der geistlichen Welt (Eph 6,12). Wie das geschehen kann und was das genau bedeutet, ist unter Christen ein heiss diskutiertes Thema, das hier nicht weiter erläutert werden kann. Ich denke, da sollte sich jeder an die Tradition seiner eigenen Gemeinschaft oder Kirche halten. Ich will hier lediglich einige Umsetzungsmöglichkeiten anführen.

Wir sollen zwar die Sünde und das Unrecht hassen und bekämpfen, nicht aber die Menschen, die es tun. Obwohl wir nicht alles gutheissen, was andere Menschen tun, sind sie doch im Ebenbild Gottes geschaffen und wir sollen dementsprechend mit ihnen umgehen. Wenn Jesus uns aufträgt, sogar unsere Feinde zu lieben, dann können wir alle Menschen lieben und das Ebenbild Gottes in ihnen respektieren, auch wenn wir ihre Taten oder Haltungen nicht gutheissen können. So sollte es auch in der Politik geschehen: Der „politische Gegner" kann mit „allen Mitteln der Politik" bekämpft werden, ohne dass er als Person mein Feind werden muss.

Paulus benutzt das Bild von den Waffen, um uns wachzurütteln, nicht um uns zu militarisieren. Die „Waffen" sind geistliche Wachheit, erneuerter Sinn im Wort Gottes, einen lebendigen Glauben, eine Hoffnung, die uns verändert, und viel Liebe. Wenn wir also in geistliche Kämpfe involviert sind, weil wir uns für Einheit einsetzen, brauchen wir Kraft, die von Gott kommt. Hier reichen menschliche Willensanstrengungen oder ein gutes Verhalten allein nicht aus. Darum beten wir: „Heiliger Geist, erbarme Dich unser, wir brauchen dich und deine Kraft! Erfülle uns und transformiere uns, sodass wir den Stürmen des Lebens standhalten können!"

Das soll vor der Zeit des Konflikts geschehen, damit wir am Tag des Angriffs gerüstet sind und widerstehen können, meint Paulus. Und eben, weil es sich hier um einen geistlichen Kampf handelt, sind diese „Waffen" nie mit menschlichen oder politischen Machtmitteln zu verwechseln.

Nachfolge im geistlichen Kampf heisst auch hier Nachfolge im Kreuz und in der Auferstehung. Der Geist, in dem dieser Kampf geschehen soll, ist der Heilige Geist, die Art und Weise des Kampfes geschieht durch Entschiedenheit und in Liebe: Lieblosigkeit hat keinen Platz in der Kultur des Reiches Gottes.

Was Gott bei der Auferstehung seines Sohnes begonnen hat, das wird er am Ende in der Neuschöpfung an der ganzen Welt vollenden – am Schluss werden Himmel und Erde unter Christus zusammenkommen.

So wie Christus sich ganz für seine Berufung hingab, so sind auch wir – einzeln und gemeinsam – aufgerufen, uns nun für die Versöhnung der ganzen Welt einzusetzen. Das heisst: Juden und Heiden kommen unter Christus zusammen. Arme und Reiche, Linke und Rechte, Schwarze und Weisse, Türken und Deutsche, Israelis und Palästinenser, Schweizer und Albaner versöhnen sich. Sogar Mann und Frau vereinen sich unter Christus, aber auch Hauskreise, Wohngemeinschaften, Familien mit und ohne Kinder, verschiedene Kirchen und alles, was man sich sonst noch als Problem vorstellen kann. Alt und Jung und jeder andere mögliche Konflikt kann und muss in Christus versöhnt werden, wenn Jesus wirklich „Herr dieser Welt" ist. Das ist die grosse Vision von Paulus. Einheit ist das Programm Gottes und die Kultur des Himmels. Auseinandertreiben und separieren, ist das Programm des Diabolos. Entweder sind wir dabei, Schritt für Schritt zu mehr Einheit unter Christus zusammenzuwachsen, oder wir bewegen uns auseinander in mehr Egoismus und Abtrennung. Am Schluss wird jeder das ernten, was er gesät hat. Himmel ist in dieser Perspektive wachsende Gemeinschaft und Einheit, Hölle dagegen steht für die Folge des trennenden Streits: Isolation und Einsamkeit.

Ist dieses Eins-werden eine mühsame Angelegenheit? Ja! Ist es ermüdend und manchmal frustrierend? Ja! Lohnt es sich? Noch mal Ja! Geht es zwischendurch schief? Selbstverständlich! Brauchen wir Gnade und Versöhnung? Unbedingt, und diese steht auch zur Verfügung! Wir brauchen sowohl andauernd Gnade und Vergebung und ebenso ein Wachsen in allen Stücken zu ihm, Jesus Christus, dem Haupt.

Greift zu den geistlichen Waffen, die Gott für uns bereithält, und kämpft gegen den Durcheinanderbringer. Unser Feind hat kein Interesse daran, fair zu kämpfen. Wann immer er kann, wird er unsere Einheit angreifen. Deshalb müssen wir wach und bereit sein, den Preis zu bezahlen: unermüdlich Versöhnung suchen, Oberflächlichkeiten bewusst überwinden und in die Tiefe gehen, schwierige Dinge ansprechen, Respekt zeigen, uns Zeit nehmen, anderen nicht ausweichen, die Scheidewände des Hasses niederreissen und konkret Einheit schaffen.
Das sind nicht nur menschliche Worte und Handlungen, das beinhaltet Gebet und Meditation, das fordert unser gesamtes Menschsein und unser ganzes Christsein. Hier wird Umbruch gelebt.

AUF DEN PUNKT GEBRACHT

- Gott will Harmonie. Er will die Welt wiederherstellen und versöhnen, was getrennt und zerstritten ist. Der *Diabolos* arbeitet dagegen und freut sich an Trennung und Zerstörung. Gottes Herz will Gemeinschaft mit den Menschen und wachsende Gemeinschaft unter uns Menschen.

- Je mehr Raum Gott in uns erhält, desto mehr kommt schon jetzt der Himmel auf die Erde. Wir sind eingeladen, aktiv daran mitzuwirken und die Sprache des Himmels hier und jetzt zu lernen und zu sprechen.

GLAUBE, HOFFNUNG, LIEBE

- Der **Glaube** weiss, dass Gott in der Auferstehung Christi schon angefangen hat, was er am Schluss mit dem ganzen Kosmos tun wird, nämlich die Neuschöpfung, die Erneuerung aller Dinge! Dahinter steckt die Sehnsucht Gottes nach Gemeinschaft mit den Menschen als Höhepunkt einer Welt, die von der Liebe Gottes erfüllt ist.

- Die **Hoffnung** lässt sich vom grossen Bild der Versöhnung und Wiederherstellung begeistern und lässt sich motivieren, durch alle Widerstände hindurch nach dem Reich Gottes zu trachten und daran mitzuarbeiten. Hoffnung weiss, dass wir selber die Ersten sind, die sich erneuern lassen müssen.

- Die **Liebe** lässt sich vom Glauben und der Hoffnung zum Dienst der Versöhnung und Wiederherstellung ermutigen. Mit jeder Tat der Liebe kommen Himmel und Erde schon jetzt ein Stück weit näher zusammen. Liebe weiss, dass in Gottes neuer Welt nichts verloren geht, was wir hier und jetzt in Liebe tun!

FRAGEN

Einige Fragen zum persönlichen Weiterdenken oder auch als Einstieg in ein Gespräch:

- Wo sehe ich das Wirken des *Symbolos* (= Gott in Aktion für eine *Symphonie)* oder des *Diabolos (= Durcheinan-derbringer)* in meinem näheren Umfeld? Wie sieht mein Dienst der Versöhnung aus?
- Vor dem Hintergrund dieses Kapitels: Was ist die Bedeutung der Gemeinschaft der Gläubigen für diese Welt?
- Gott hat einen grossen Plan und er ist daran, ihn umzusetzen. Ich muss als einzelner Christ nicht die ganze Welt retten, aber ich darf meinen Teil beitragen. Wie kann dieses Bewusstsein den Schulalltag und das politische Engagement von Johanna verändern?

ANGEBOTE ZUR VERTIEFUNG

WRIGHT, Tom, beschreibt in seinem Buch „*Warum Christ sein Sinn macht*", Lahr, 2009, Gottes grosse Geschichte. Er schreibt von den tiefen Sehnsüchten, die in jedem Menschen schlummern, und er beschreibt die Rolle der Christen darin. In diesem Buch befinden sich auch Hilfen zu Gesprächen und Austausch in Gruppen.

DAS WICHTIGSTE
ZUM SCHLUSS

Als Jesus einmal von einem Gesetzeslehrer gefragt wurde, was denn das Wichtigste am jüdischen Gesetz sei, gab er ihm folgende Antwort:

> „Höre, Israel: Der Herr, unser Gott, ist ein Herr; und du sollst den Herrn, deinen Gott, lieben aus deinem ganzen Herzen und aus deiner ganzen Seele und aus deinem ganzen Verstand und aus deiner ganzen Kraft!' Das zweite ist dies: ,Du sollst deinen Nächsten lieben wie dich selbst!'"
>
> Mk 12, 29–32

Wenn es stimmt, dass Gott der Schöpfer von Himmel und Erde ist und er uns als seine Ebenbilder geschaffen hat, dann kann es für uns Menschen nur eine angemessene Reaktion geben: den Schöpfer anbeten und die liebevolle Beziehung mit Gott Vater, Sohn und Heiligem Geist pflegen. Indem wir unseren Schöpfer anbeten, werden wir in sein Bild verwandelt und werden so und nur so ein erfülltes Leben führen können.

Jesus zitiert hier das Gebet, das alle frommen Juden damals und bis heute täglich beten, das „Höre Israel, unser Gott ist ein Herr" (Num 6, 4–5)! Luther übersetzt dieses mit „Der HERR ist unser Gott, der HERR allein". Gott allein ist Gott, doch er ist nicht allein. Er ist in sich eine Gemeinschaft des liebevollen Austauschs und das weiss niemand besser als der Sohn Gottes. Jesus beschreibt dann die Anbetung Gottes und die Beziehung zu ihm, indem er alles einbezieht, was wir als Menschen zur Verfügung haben:

- Er beginnt mit dem **Herzen** und der **ganzen Liebe,** zu der wir fähig sind.
- Er erwähnt die ganze **Seele** oder den **ganzen Willen**, also den Charakter und die Lebensführung. Das heisst: Alle unsere Entscheidungen sollen Gott verherrlichen!
- Dann erwähnt er den **ganzen Verstand**, also ist auch das Denken und das Studieren eine Form der Anbetung.
- Zuletzt schreibt er: „mit deiner **ganzen Kraft**", also ist auch dein Leib und alles, was du mit ihm tun kannst, mit eingeschlossen. Das heisst nichts anderes, als dass auch die Arbeit, die Kunst, die Politik, die Schule und die Medien zu einer Form der Anbetung und der Beziehung zu Gott werden können, ja werden sollen!

Wenn wir das auch nur einen einzigen Tag vollständig leben würden, meint Tom Wright in seinem Kommentar zu dieser Bibelstelle, dann wäre das Reich Gottes so auf der Erde angekommen, wie es im Himmel schon ist.

Ich schliesse das Buch in Anlehnung an Wright mit einem Segensgebet:

> „Der allmächtige Gott helfe dir, dass du seiner Berufung treu sein wirst. Freudig in seinem Dienst und fruchtbar in seinem Reich. Und der Segen Gottes des Allmächtigen, des Vaters, des Sohnes und des Heiligen Geistes sei auf dir und durch dich mit all denen, zu denen der Herr dich sendet, nun und für immer. Amen."

ZUM WEITERLESEN

Die am Ende jedes Kapitels angegebenen Bücher zur vertiefenden Lektüre sind hier noch einmal aufgeführt.

ASCHOFF, Friedrich, Br. JOEST, Franziskus, P. MARMAN, Michael, Hrsg., *Zuneigung.* Christliche Perspektiven für Europa, Gnadenthal, 2007.

BARTHOLOMEW, Craig G. & GOHEEN, Michael W., *The True Story of the Whole World*. Finding Your Place in the Biblical Drama, Grand Rapids, 2004.

BONHOEFFER, Dietrich, *Gemeinsames Leben,* Gütersloh, 2001.

DÜRR, Walter M., *Christliche Gemeinschaft in der Spannung von Sammlung und Sendung*. Eine praktisch-theologische Arbeit über die JAHU-Bewegung und ihre Reich Gottes-Theologie im Kontext gesellschaftlicher und kirchlicher Herausforderungen, Fribourg, 2004.

FEE, Gordon D. & STUART, Douglas, *Effektives Bibelstudium*. Die Bibel verstehen und auslegen, Giessen, 2005.

FROST, Michael, & HIRSCH, Alan, *Die Zukunft gestalten*. Innovation und Evangelisation in der Kirche des 21. Jahrhunderts, Glashütten, 2008.

FORSTER, Richard, *Nachfolge feiern*. Geistliche Übungen neu entdeckt, Brockhaus, 2000.

FOUNTAIN, Jeff, *Living as a people of Hope.* Faith, hope & vision for 21st century Europe, Rotterdam, 2004.

GOHEEN, Michael W. & BARTHOLOMEW, Craig G., *Living at the Crossroads.* An Introduction to Christian Worldview, Grand Rapids, 2008.

KELLER, Geri, *Vater*. Ein Blick in das Herz Gottes, Winterthur, 2002.

KELLER, Timothy, *Der verschwenderische Gott*. Von zwei verlorenen Söhnen und einem liebenden Vater, Basel, 2010.

LYONS, Gabe, *THE NEXT CHRISTIANS*. The Good News About the End of Christian America, New York, 2010.

METAXAS, Eric, *BONHOEFFER*: Pastor, Agent, Märtyrer und Prophet, Holzgerlingen, 2011.

MILLER, Darrow L. & GUTHRIE, Stan, *Wie sollen wir denn denken?* Leitfaden für eine christliche Weltanschauung, Lüdenscheid, 2004.

NOUWEN, Henri J.M., *Nimm sein Bild in dein Herz*. Geistliche Deutung eines Gemäldes von Rembrandt, Breisgau, 1991.

SCHLATTER, Adolf, *Die Bibel verstehen*. Aufsätze zur biblischen Hermeneutik, Giessen, 2002.

VOLF, Miroslav, *A PUBLIC FAITH*. How Followers of Christ Should Serve the Common Good, Grand Rapids, 2011.

WICK, Peter, *Paulus*, UTB Basics, Göttingen, 2006.

WILLARD, Dallas, *Das Geheimnis geistlichen Wachstums*, Asslar, 2002.

WILLARD, Dallas, *Jünger wird man unterwegs*. Jesus-Nachfolge als Lebensstil, Schwarzenfeld, 2011.

WRIGHT, Nicholas Thomas, The Last Word. Scripture and the Authority of God – Getting Beyond the Bible Wars, New York, 2005.

WRIGHT, Tom, *Glaube – und dann?* Von der Transformation des Charakters, Marburg an der Lahn, 2011.

WRIGHT, Tom, *Von Hoffnung überrascht.* Was die Bibel zu Auferstehung und ewigem Leben sagt, Neukirchen-Vluyn, 2011.

WRIGHT, Tom, *Warum Christ sein Sinn macht,* Lahr/Schwarzwald, 2009.

ENDNOTEN

Die wichtigsten Websites auf die in diesem Buch hingewiesen wurden, sind auch aufgeführt unter: www.walterduerr.profibooks.ch

[1] Das *Transforum* ist eine jährliche Konferenz in der Schweiz zum Thema *Reich Gottes – Suchet der Stadt Bestes*.

[2] KINNMAN, David & LYONS, Gabe, *UNchristlich*. Was eine neue Generation über Christen denkt, Holzgerlingen, 2008.

[3] SCHMID, Georg, *Plädoyer für ein anderes Christentum*, Zürich, 1998, 46.

TEIL EINS

[4] WICK, Peter, *Paulus*, UTB Basics, Göttingen, 2006, 128. Wick beruft sich hier auf Thomas Söding, nach dem es sich bei der Trias um „eine paulinische Kurzformel des Christseins" (ebd.) handelt. Die Gedanken dieser Hinführung sind von Wicks Ausführungen inspiriert.

[5] Englisch: „pattern of this world" (NIV). Im Griechischen ist auch vom Schema die Rede: *ou syschematizeste*.

[6] Was für Denkvoraussetzungen gilt, kann analog auch auf Weltanschauungen übertragen werden. Diese sind eine Art innere Gesamtsicht, die sich in konkrete einzelne Denkvoraussetzungen übersetzen lässt.

[7] SANDER, Hans-Joachim, *Nicht ausweichen. Die prekäre Lage der Kirche*, Würzburg, 2002, 13.

[8] KINNMAN, David & LYONS, Gabe, *UNchristlich*.

[9] In einer Vorlesung an der Universität Fribourg i. Ü., noch als Professor.

[10] WERBICK, Jürgen, *Vom entscheidend und unterscheidend Christlichen*, Düsseldorf 1992, 18.

[11] RORTY, Richard, *Solidarität oder Objektivität*. Drei philosophische Essays, Stuttgart 1995, 5 f.

[12] GOHEEN, Michael W. & BARTHOLOMEW, Craig G., *Living at the Crossroads*. An Introduction to Christian Worldview, Grand Rapids, 2008. Die Gedanken der nächsten Abschnitte sind inspiriert von diesem Buch.

[13] Paulus hat dies folgendermassen ausgedrückt: „Sie vertauschten die Wahrheit Gottes mit der Lüge, sie beteten das Geschöpf an und verehrten es anstelle des Schöpfers ..." (Röm 1,25) Philosophisch gesagt, wer das Absolute (Gott) relativiert, der muss dann ein Relatives (einen Teil der Schöpfung) für absolut erklären und dieses verehren.

[14] Es muss festgehalten werden, dass es keine Menschen gibt, die vollkommen modern oder postmodern sind. Unser Denken zeichnet sich immer durch eine Kombination der beiden erwähnten Weltanschauungen aus. Tendenziell sind jüngere Menschen jedoch stärker von der Postmoderne und ältere Menschen, die ja zum Teil noch völlig in der modernen Kultur aufgewachsen sind, stärker von der Moderne geprägt.

[15] Relativismus ist die Auffassung, dass es keine Wahrheiten gibt, die unbedingt gelten.

[16] Siehe bei: 1.4 Umbruch in die Postmoderne.

[17] Josef Ratzinger am 18. April 2005, dem Tag vor seiner Wahl zum Papst.

[18] Gefunden auf: www.derbund.ch.

[19] Das autonome Subjekt von René Descartes.

[20] Zum Beispiel: POSTMAN, Neil, *Keine Götter mehr. Das Ende der Erziehung*, München, 1997. Postman weist darauf hin, dass es ohne übergreifenden Zusammenhang, welcher der Schule Sinn vermittelt, auch keinen Sinn mehr macht, zur Schule zu gehen.

[21] LYONS, Gabe, *THE NEXT CHRISTIANS*. The Good News About the End of Christian America, New York, 2010, 29–48.

[22] KINNMAN, David & LYONS, Gabe, *UNchristlich*, 227.

[23] WRIGHT, Tom, *Von Hoffnung überrascht*. Was die Bibel zu Auferstehung und ewigem Leben sagt, Neukirchen-Vluyn, 2011, 247–305.

[24] Exil (Sklaverei und Gefangenschaft) und Exodus (Befreiung aus der Sklaverei), also Gefangenschaft und Rückkehr, waren die grossen Themen des damaligen Israels.

[25] Am 15. Juli 1099 eroberten die Kreuzfahrer Jerusalem und töteten Tausende von Muslimen und Juden. Danach dankten sie Gott dafür, dass er die Stadt in ihre Hände gegeben habe. Dieses Ereignis mit seinen zerstörerischen Folgen, an das man sich bis heute mit Bitterkeit erinnert, steht nach wie vor zwischen Ost und West. Christen, die mit Muslimen über Jesus reden, erleben immer wieder, dass die Kreuzzüge als abwehrendes Argument erwähnt werden. (vgl. dazu z. B.: FRIEDRCHS, Hanns Joachim [Hrsg.], *Weltgeschichte. Eine Chronik*, Köln 1994, 137)

Am 15. Juli 1999 – also genau 900 Jahre nach diesen Ereignis – fand in Jerusalem der „Versöhnungsmarsch" seinen Abschluss: Drei Jahre lang waren Christen der Route des ersten Kreuzzugs gefolgt und hatten unterwegs überall eine Versöhnungserklärung weitergegeben, die das Unrecht der Kreuzzüge beim Namen nennt und bedauert. Dieses Manifest stellt u. a. fest: „Jesus lehrte, dass seine Nachfolger für ihre Liebe bekannt sein sollten ... Die Kreuzzüge verletzten diesen Grundsatz in jeder Hinsicht." (Aus der JMEM-Zeitschrift: DER AUFTRAG, Ausgabe Nr. 83; 2002)

[26] Aus der JMEM-Zeitschrift: DER AUFTRAG, Ausgabe Nr. 83; 2002. Weitere Infos auf: www.ywam.org.

[27] Eindrücklich zeigt uns der Kinofilm „Invictus – Unbezwungen", wie die Trennung von schwarzen und weissen Menschen Stück für Stück überwunden werden musste, nachdem Nelson Mandela als Präsident von Südafrika gewählt worden war.

[28] Zu diesem Thema von evangelikaler Seite: FROST, Michael, & HIRSCH, Alan, *Die Zukunft gestalten*. Innovation und Evangelisation in der Kirche des 21. Jahrhunderts, Glashütten, 2008. Neu auch noch: *Christian Witness in a Multi-Religious World*. Recommendations for Conduct, Unterzeichnet von: World Council of Churches, Pontificial Council for Interreligious Dialogue und World Evangelical Aliance: www.worldevangelicals.org.

[29] NEWBIGIN, Lesslie, *Salz der Erde?!* Fragen an die Kirchen heute, Neukirchen-Vluyn 1985, 29.

[30] Natürlich gab und gibt es auch viele Zwischenstufen, doch auch die können wir anhand der etwas zugespitzten Gegenpositionen verstehen. Für eine Einführung in sechs verschiedene Positionen des Bibelverständnisses: LUZ, Ulrich (Hg.), *Zankapfel Bibel*. Eine Bibel – Viele Zugänge, Zürich, 1993. Ein Gespräch im evangelikalen Lager: SCHIRRMACHER, Thomas, *Irrtumslosigkeit der Schrift oder Hermeneutik der Demut?*, Nürnberg, 2001. Ein neuerer Beitrag zur Überwindung der Grabenkämpfe der Moderne: WRIGHT, Nicholas Thomas, *The Last Word*. Scripture and the Authority of God – Getting Beyond the Bible Wars, New York, 2005.

[31] So beinhalten die Evangelien einige scheinbar widersprüchliche Aussagen über die gleichen Geschehnisse. Doch das ist nun kein Zeichen der „Fehlbarkeit", wie einige befürchten könnten, vielmehr ist es ein Zeichen

für die Zuverlässigkeit der Zeugenberichte. Sie sind ein Hinweis, dass verschiedene Menschen aus verschiedenen Perspektiven authentisch berichtet haben.

[32] „Der griechische Text des Neuen Testamentes ist nach Angaben von Wissenschaftlern so zuverlässig überliefert und bezeugt, wie es bei keinem anderen Schriftstück der Antike der Fall ist. Die Direktorin des Institutes für neutestamentliche Textforschung an der Universität Münster (Westfahlen), Barbara Aland, wies ... in einem Gespräch darauf hin, dass in ihrem Institut alle bisher bekannten rund 5600 griechischen Handschriften mit neutestamentlichen Texten ab dem 2. Jahrhundert sowie die darin festgestellten 12'200 Varianten erfasst und ausgewertet worden seien. Von den griechischen Philosophen Platon und Aristoteles existieren dagegen jeweils nur zwischen 250 und 1000 Handschriften, die erst vom 9. Jahrhundert an datieren." Der von ihrem Institut herausgegebene griechische Text des NT, der „Nestle-Aland", wird inzwischen weltweit von allen Kirchen benutzt. ... So kommt z. B. der Neutestamentler Eduard Lohse in Bezug auf die Textforschung zu folgender Aussage: „Der Grad der Wahrscheinlichkeit, nunmehr den ‚Urtext' der verlorengegangenen Ersthandschriften des Neuen Testamentes herausgefunden und rekonstruiert zu haben, sei sehr hoch", und er fährt fort, der Nestle-Aland „schaffe zuverlässige Voraussetzungen, dass die Christen in aller Welt das Evangelium als ‚lebendige Botschaft' hören und lesen könnten. (epd)" In: „Sämann", dem ehemaligen Kirchenblatt der Ev.-ref. Kirche des Kantons Bern, leider ohne Datum.

[33] Wenn wir in diesem Abschnitt von „Geschichte" reden, dann meinen wir damit die Heilsgeschichte Gottes, wie sie in der Bibel umrissen ist und sich in der Weltgeschichte entfaltet. Sie ist sozusagen der rote Faden Gottes in der menschlichen Geschichte, das Herz des Evangeliums.

[34] Eindrücklich wird die Geschichte des Völkermordes in Terry Georges Film „Hotel Ruanda" aus dem Jahr 2004 dargestellt.

[35] BARTHOLOMEW, Craig G. & GOHEEN, Michael W., *The True Story of the Whole World*. Finding Your Place in the Biblical Drama, Gand Rapids, 2004.

[36] Messias heisst „der Gesalbte". Im AT wurden König und Priester, manchmal auch Propheten gesalbt und so in ihr Amt eingesetzt. Zur Zeit Jesu erwarteten viele Juden einen Heilsbringer, eben DEN Gesalbten, der das Reich Gottes in Israel wiederherstellen würde, in den Fussstapfen von König David und sogar von Moses.

[37] Bonhoeffer schreibt explizit vom „ohnmächtigen Gott": BONHOEFFER, Dietrich, *Widerstand und Ergebung*, Brief vom 16.7.1944.

[38] Die sogenannte „Konstantinische Wende" ist eines von viel zu vielen Beispielen aus der Kirchengeschichte, das zeigt, wie Christen mit Macht nicht weise umgehen. Zu wenig Christusähnlichkeit und zu viel Macht korrumpiert. Aus Verfolgten werden innerhalb kürzester Zeit Verfolger.

[39] Vgl. dazu WRIGHT, Nicholas Thomas, *The Last Word*, 126: „Es ist ein wesentlicher Teil der authentischen christlichen Jüngerschaft, das Neue Testament sowohl als Grundlage für den – immer noch andauernden – 5. Akt zu verstehen als auch anzuerkennen, dass wir davon nichts wegnehmen oder hinzufügen können. Während der 5. Akt mit unserer Beteiligung und Improvisation weitergeht, ist der erste Akt (sowie die vier anderen Akte) nicht verhandelbar. Er ist der Standard, an welchem sich unsere und alle anderen Improvisationen zu messen haben." Übersetzung: W.D.

[40] WRIGHT, Tom, *Hoffnung*, 105–173.

[41] Es gibt eine wachsende Anzahl von Autoren unter den Christen im Umbruch, die diese Sicht erklären und vertiefen, vgl.: Markus Müller, Dallas Willard, Johannes Reimer, Wolfgang Bittner, Tobias Faix, N.T. Wright, Tim Keller, u. v. m.

[42] Beide Geschichten der Wüstenväter haben wir von Dr. Atef, einem koptischen Arzt und Mönch. Mehr zu ihm in Kapitel 5, Weisheiten aus der Wüste.

TEIL ZWEI

[43] NEWBIGIN, Lesslie, *Salz der Erde?!*.

[44] Verschiedene Spielarten des Dualismus.

[45] WRIGHT, Tom, *Hoffnung*, 101.

[46] Aus dem Abschiedsbrief von Kurt: „Und das erschreckt mich so sehr, dass ich an dem Punkt angekommen bin, an dem ich nicht weiterleben kann. Ich muss immer dran denken, dass Frances (Kurts Tochter, W. D.) eine elende, selbstzerstörende Deathrockerin wird. Ich habe es gut, wirklich sehr gut, und ich bin dankbar dafür. Aber seit ich sieben war, habe ich alle Leute gehasst. Nur weil es so einfach scheint, zusammenzukommen und einfühlsam zu sein. Einfühlsam nur, weil ich die Leute zu sehr liebe und zu viel für sie empfinde, glaube ich. Danke für die Briefe

und Eure Sorge um meinen ekelhaft brennenden Magen in den letzten Jahren. Ich bin zu neurotisch (unbeständig), launisch und inzwischen leidenschaftslos, also **denkt dran, es ist besser auszubrennen, als langsam zu verblassen** ... Kurt Cobain." Auf: www.nirvana-music.de.

[47] Gefunden auf: www.labri.org.

[48] POSTMAN, Neil, *Wir amüsieren uns zu Tode*. Urteilsbildung im Zeitalter der Unterhaltungsindustrie, Frankfurt, 1988.

[49] STÜSSI Franziska, *Die Krise der Adoleszenz in der Postmoderne*. Identitätsbildung in der pluralistischen Gesellschaft, C. G. Jung Institut, 16.9.06, auf: www.panorama.ch.

[50] WRIGHT, Tom, *Hoffnung*, 91–118.

[51] WRIGHT, Tom, *Hoffnung*, 106.

[52] WRIGHT, Tom, *Hoffnung*, 107.

[53] WRIGHT, Tom, *Hoffnung*, 109.

[54] Röm 8, u. a. 19–22

[55] Das sind alles Titel, die damals der römische Cäsar trug.

[56] WRIGHT, Tom, *Hoffnung*, 115.

[57] Dies wurde auch schon in Phil 3 gezeigt.

[58] WRIGHT, Tom, *Hoffnung*, 118.

[59] Ich habe an anderer Stelle über das Fehlen der Reich-Gottes-Theologie in den deutschsprachigen Kirchen geschrieben. Vgl. DÜRR, Walter M., *Christliche Gemeinschaft in der Spannung von Sammlung und Sendung*. Konkretionen und Entfaltungen der Reich Gottes-Theologie in der jüngeren Theologiegeschichte, Fribourg, 2004, 191–201.

[60] Pietistischer Aufbruch bei den Blumhardts, in: DÜRR, Walter, *Christliche Gemeinschaft in der Spannung von Sammlung und Sendung*. Konkretionen und Entfaltungen der Reich Gottes-Theologie in der jüngeren Theologiegeschichte, Fribourg, 2004, 192–201. Dann: BLUMHARDT, Christoph, *Damit Gott kommt*. Gedanken aus dem Reich Gottes, hg. v. W. Bittner, Giessen, 1992.

[61] „Todesmächte" sind die Konsequenzen der individuellen und der „geronnenen strukturellen Sünde", welche die Menschen knechten und den Tod auf irgendeine Art und Weise fördern. Sich mit solchen Zuständen und Mächten zu arrangieren oder gar zu kooperieren, ist für Blumhardt Verrat am Auferstanden, denn dieser setzt sich immer für das Leben und für die Menschen ein.

[62] Das griechische NT verwendet z. B. in Offb 21,1–2 das Wort *kainos*. Das beschreibt mehr die „Erneuerung" und Wiederherstellung; *neos* wäre der Begriff für eine Neuschaffung nach einer totalen Zerstörung.

[63] Sprüche wie „Mein Porsche fährt auch ohne Wald" oder „Umweltschutz macht keinen Sinn, diese Erde verbrennt ja sowieso" haben also keinen Platz mehr im Denken von Christen mit biblischer Hoffnung.

[64] WICK, Peter, *Paulus*, 137.

[65] WRIGHT, Tom, *Glaube – und dann? Von der Transformation des Charakters*, Marburg an der Lahn, 2011.

[66] WRIGHT, Tom, *Glaube*, 66.

[67] WRIGHT, Tom, *Glaube*, 66.

[68] WRIGHT, Tom, *Glaube*, 67, Hervorhebungen W. D.

[69] 1990/91.

[70] Die Westkirchen beinhalten die katholischen und reformatorischen Kirchen, während die Ostkirchen die orthodoxen und koptischen Christen umfassen.

[71] Vgl. Röm 8,29; 2 Kor 3,18; Kol 1,27; Kol 2,2–3; Phil 2,12–13.

[72] Die Bibel spricht in verschiedenen Bildern von diesem Prozess der Neuwerdung: den alten Menschen ausziehen und den neuen anziehen (Kol 3, 9–14) oder die Werke der Finsternis ablegen und die Waffen des Lichts zur Hand nehmen (Röm 13,12).

[73] WRIGHT, Tom, *Glaube*, 35.

[74] WRIGHT, Tom, *Glaube*, 76.

[75] Tom Wright fasst die Aufgabe der königlichen Priesterschaft so zusammen: „Die königliche und priesterliche Berufung aller Menschen besteht anscheinend in Folgendem: Der Mensch soll an der Schnittstelle zwischen Gott und seiner Schöpfung stehen und Gottes weise und grosszügige Ordnung der Welt vermitteln sowie dem fröhlichen und dankbaren Lobpreis der Schöpfung an ihren Schöpfer eine Stimme verleihen." (WRIGHT, *Glaube*, 78)

[76] VOLF, Miroslav, *A Public Faith. How Followers of Christ Should Serve the Common Good*, Grand Rapids, 2011, 16 f., Übersetzung von W. D.

[77] WIRTH, Johannes, mit BIRCHLER Verena, *Gib Nie Auf, Erlebe Gottes Möglichkeiten*, Basel, 2010. Heute bietet die Stiftung 140 psychisch- und suchtkranken Menschen Orte der Geborgenheit und Wiederherstellung. Dies in einer Drogenentzugsstation, Therapie- und Teenagerwohnheimen, diversen begleiteten Wohngruppen und geschützten Arbeitsplätzen mit den unterschiedlichs-

ten Ausrichtungen. Noch immer ist die Stiftung ein Teil der Hegi-Freikirche. www.qhs.ch.

[78] Gefunden auf: www.wende.ch.

[79] „1'000 Franken, ein Mann, eine Idee und ein Gott, und heute, 15 Jahre später, ein Sozialunternehmen, das jährlich 18 Millionen Franken umsetzt, 110 Festangestellte beschäftigt und Platz bietet für 550 Teilnehmende." (Aus der Pressemitteilung zum 15 jährigen Jubiläum, www.wende.ch/de-list_1558.html)

[80] www.laebesruum.ch.

[81] www.salzh.ch.

[82] www.icbs.ch.

[83] www.visionja.ch.

[84] www.schulkooperative.ch.

[85] www.weizenkorn.ch.

[86] www.jobfactory.ch.

[87] www.schwabfound.org.

[88] Grundlagenprogramm der EVP Schweiz: www.evppev.ch.

[89] Gefunden auf: www.livenet.ch.

[90] www.sbgnet.ch.

[91] www.vitaperspektiv.ch.

[92] www.sbcw.ch.

[93] www.miteinander-wie-sonst.org.

[94] Weitere Informationen: www.together4europe.org.

[95] www.schumancentre.eu.

[96] FOUNTAIN, Jeff, *Living as a people of Hope,* Faith, Hope & Vision for 21st century Europe, Rotterdam, 2004.

[97] www.hfe.org.

[98] Jeff Fountain bringt übrigens dreimal jährlich das englische „Hope Magazine" heraus, das sich mit der Geschichte Europas auseinandersetzt. Ebenfalls auf: www.hfe.org.

TEIL DREI

[99] WICK, Peter, *Paulus*, 139.

[100] Zitat aus Vortrag von Ellis Potter, Riehen.

[101] An dieser Stelle ist ein Hinweis angebracht. Wir können nur sehr wenig über das „Innenleben Gottes" sagen, weil in der Bibel nur wenig darüber geschrieben steht. Vieles musste durch die Kirchenväter erst erschlossen werden, durch Meditation der Schrift, durch Nachdenken über die ganze Heilsgeschichte und dann durch das Diskutieren und Definieren auf den verschiedenen ökumenischen Konzilen. Dieser Prozess begann schon bei den Schreibern des Neuen Testamentes und es dauerte einige Hundert Jahre, bis die Grundlagen erarbeitet waren und endgültig schriftlich fixiert werden konnten. Mit anderen Worten: Das Ganze ist viel komplexer, als es in diesen Zeilen dargestellt werden kann.

[102] Ich schreibe das im Wissen, dass auf der menschlichen Ebene durch den Sündenfall auch vieles nicht so ideal läuft.

[103] Hier stossen wir wieder einmal an eine Grenze unseres Denkens. In unserem westlichen „materiellen" Denken ist es schwer zu begreifen, dass die *Einheit Gottes* nicht eine Substanz (ein Ding) ist, aus dem dann sozusagen drei Personen kommen, sondern seine Einheit ist „im Vater" begründet und damit in einer Person, der den Sohn und den Heiligen Geist – in freiwilliger Liebe, nicht aus Notwendigkeit – hervorbringt. Daraus folgt, dass die Beziehungen und das Person-Sein Gottes grundsätzlicher ist als die (westlich verstandene) Substanz, also die materielle Welt. Plump formuliert: Weil Gott (Beziehung) ist, darum gibt es Dinge (Substanzen), die jetzt wieder in einer Beziehung zueinander stehen. Vgl. zum Ganzen, hochinteressant und komplex: ZIZIOULAS, John D., *Being as Communion*, New York, 1993. Dort speziell: „No substance or nature exists without person or hypostasis or mode of existence. No person exists without substance or nature, *but* the ontological ‚principle' or ‚cause' of being – i.e. that which makes a thing to exist – is not the substance or nature but the *person* or hypostasis. **Therefore being is traced back not to substance but to person.**" (Hervorhebung W. D., 42)

[104] Ich kann hier das biblische Menschenbild nicht ausführlich diskutieren. Ich spreche darum der Einfachheit halber in diesem Buch von Leib (äusserer Mensch) und Seele (innerer Mensch).

[105] Das ist in der Kirchengeschichte nicht immer gut gelungen, verschiedenste leibfeindliche Tendenzen sind bis heute an vielen Orten zu beobachten.

[106] ENZYKLIKA, DEUS CARITAS EST, von Benedikt XVI., Teil 1, Abschnitt 12. Zu finden auf: www.vatican.va.

[107] DÜRR, Walter, *Der Zusammenhang von Glaube und Liebe bei Adolf Schlatter*, unveröffentlichte Lizentiats-Arbeit an der Universität Fribourg, 1991. Sodann: SCHLATTER, Adolf, *Der Dienst des Christen*. Beiträge zu einer Theologie der Liebe, hrsg. v. Werner Neuer, Giessen, 2002.

[108] In Anlehnung an: LYONS, Gabe, *NEXT CHRISTIANS*.

[109] WARREN, Rick, *Leben mit Vision*, 17.

[110] FROST, Michael & HIRSCH, Alan, *Zukunft*, 89.

[111] Geschichte erzählt in: LYONS, Gabe, *NEXT CHRISTIANS*.

[112] Vgl. auf www.e-newschannel.de, „Gefährliche Neigung zur Spielsucht auf Facebook" sowie auf: www.derstandard.at, „Strategien gegen Facebook Sucht".

[113] Zum Thema geistliche Disziplinen gibt es einiges an guter Literatur, z. B. von FORSTER, Richard, *Nachfolge feiern,* Geistliche Übungen neu entdeckt*, Brockhaus, 2000 oder: WILLARD, Dallas, *Das Geheimnis geistlichen Wachstums* (engl.: *„The spirit of the disciplines"*), Asslar, 2002.

[114] Gefunden auf: www.lausanne.org.

[115] Vgl. Ökumenisches Heiligenlexikon, auf: www.heiligenlexikon.de.

[116] Gefunden auf: www.unifr.ch. Hervorhebung W.D.

[117] BONHOEFFER, Dietrich, 1944, www.dietrich-bonhoeffer-verein.de.

[118] Die Inspiration zu diesem Kapitel kommt einmal mehr von N.T. Wright, von einer „Chapel-Message" am Wheaton College. Wir halten uns mit Wright an die Autorenschaft von Paulus, im Bewusstsein, dass dies kontrovers diskutiert wird. Vgl. dazu auch WICK, *Paulus*, 158.

[119] Mein Freund Helmut Niklas hat einige Male über dieses Geheimnis von Eph 1,10 gesprochen. Er bezeichnete diesen Prozess als die „grosse Heimbringung", denn es kommt „nach Hause", was nach Hause gehört.

[120] Es gibt ja eine ganze Reihe von „Fürsten und Gewalten", die „Herr" spielen wollen: Geld, Sex, Macht, irgendwelche Strukturen, Politiker oder politische Netzwerke, Sachzwänge, wirtschaftliche Logik, Sklaventreiber, Zeitgeister und unterschiedliche Todesmächte.

[121] Wir Menschen haben einen sehr begrenzten Einblick in die unsichtbare Welt. Eins aber können wir mit Paulus festhalten: Götzen sind Nichtse (1 Kor 8,4). Dies sollte uns davon abhalten, nicht allzu mittelalterlich

über die geistliche Welt zu denken. Mehr dazu: WINK, Walter, *Naming the Powers*, The Language of Power in the New Testament, Philadelphia, 1984.

[122] Eph 2,14.

[123] Lasst uns die Kirche, lasst uns die Gemeinde *sein*.

[124] Juden und Heiden gelten hier als Symbol für zerstrittene kulturelle Gruppen, Völker usw.

[125] Joh 17,3.

ZITIERT

BLUMHARDT, Christoph, *Damit Gott kommt*, Gedanken aus dem Reich Gottes, Hg. von W. Bittner, Giessen, 1992.

KINNMAN, David & LYONS, Gabe, *UNchristlich*, Was eine neue Generation über Christen denkt, Holzgerlingen, 2008.

LUZ, Ulrich (Hg.), *Zankapfel Bibel,* Eine Bibel - Viele Zugänge, Zürich, 1993.

MICHEL, Karl-Heinz, *Die Wehen der Endzeit,* Von der Aktualität der biblischen Apokalyptik, Giessen, 1992.

NEWBIGIN, Lesslie, *Salz der Erde?!*, Fragen an die Kirchen heute, Neukirchen-Vluyn 1985.

POSTMAN, Neil, *Keine Götter mehr*, Das Ende der Erziehung, München, 1997.

POSTMAN, Neil, *Wir amüsieren uns zu Tode*, Urteilsbildung im Zeitalter der Unterhaltungsindustrie, Frankfurt, 1988.

SCHIRRMACHER, Thomas, *Irrtumslosigkeit der Schrift oder Hermeneutik der Demut?*, Nürnberg, 2001.

SCHLATTER, Adolf, *Der Dienst des Christen*, Beiträge zu einer Theologie der Liebe, Hrsg. v. Werner Neuer, Giessen, 2002.

SCHMID, Georg, *Plädoyer für ein anderes Christentum*, Zürich, 1998.

WARREN, Rick, *Leben mit Vision,* Wozu um alles auf der Welt lebe ich?, Asslar, 2003.

WINK, Walter, *Naming the Powers*, The Language of Power in the New Testament, Philadelphia, 1984.

WIRTH, Johannes & BIRCHLER, Verena, *Gib Nie Auf*, Erlebe Gottes Möglichkeiten, Basel, 2010.

ZIZIOULAS, John D., *Being as Communion*, New York, 1993.

DIVERSE RESSOURCEN

BITTNER, Wolfgang, Texte und Vorträge zum vertieften Verständnis der Apokalyptik:
www.wolfgang-bittner.net

Durch die Schmerzen des Lebens hindurch siegreich. Eine Reihe von Vorträgen mit Arbeitsmaterial. Bestellinformationen:
www.walterduerr.profibooks.ch

ENZYKLIKA, DEUS CARITAS EST, von Benedikt XVI:
www.vatican.va/holy_father/benedict_xvi/encyclicals/docume
nts/hf_ben-xvi_enc_20051225_deus-caritas-est_ge.html

Evangelism, Christian Witness in a Multi-Religious World, Recommendations for Conduct:
www.worldevangelicals.org/resources/rfiles/res3_288_link_1
309810228.pdf

Gebetsmeditation (Eine) über Psalm 119, die stark auf die Weisheit der frühen Kirchväter zurückgreift. *Eine Liebe zum Wort Gottes entwickeln.* Herausgeber: Werkstadt für Christliche Spiritualität. Bestellen bei:
info@haeuser-der-erneuerung.de

Schule für biblisch-christliche Weltanschauung von Jugend mit einer Mission: www.sbcw.de/deutsch/index.html

Schule für biblische Prinzipien in der Geschäftswelt" (SBG): www.sbgnet.ch

Strategisches Lebenstraining: www.mbs-slt.bucer.ch

Verpflichtung (Die) von Kapstadt von 2010, evangelikale theologische Grundlage für das Engagement von Christen für diese Welt: www.lausanne.org/de/de/1581-die-kapstadt-verpflichtung.html

WEITERE LINKS UND INFORMATIONEN

Alternative zur Volksschule, Visionja AG: www.visionja.ch

Artikel zu Beat Christen, Beter oder "Lobbyist des lieben Gottes":
www.livenet.ch/magazin/gesellschaft/christen_in_der_gesellsc
haft/204132-das_gotteslob_im_bundeshaus.html

„Gemeinsam für Europa": www.together4europe.org/de

Geschützte Werkstatt Weizenkorn: www.weizenkorn.ch

Grundlagenprogramm der EVP Schweiz:
www.evppev.ch/uploads/media/grundlagenprogramm_01.pdf

Hope for Europe, eine europäische, auf Beziehungen aufgebauten Bewegung, www.hfe.org

Initiative für christliche Bildung (ICB): www.icbs.ch

Job Factory Basel, macht arbeitslose Jugendliche für die Real-wirtschaft fit: www.jobfactory.ch

Jock McGregor zu Madonna:
www.labri.org/england/resources/05052008/JM01_Madonna.pdf

Schule für biblisch-christliche Weltanschauung (SBCW): www.sbcw.ch
Schule für biblische Prinzipien in der Geschäftswelt" (SBG): www.sbgnet.ch

Schulkooperative Biel: www.schulkooperative.ch

Schuman Centre for European Studies:
www.schumancentre.eu

Schwab-Foundation, Stiftung von Klaus und Hilde Schwab: www.schwabfound.org/sf/SocialEntrepreneurs/Profiles

Sozialunternehmen für Randständige und Arbeitslose: www.laebesruum.ch

Sozialwerk Quellenhofstiftung als ein Teil der Hegi-Freikirche: www.qhs.ch

Stiftung Wendepunkt: www.wende.ch

Veränderung der Gesellschaft im Bildungswesen, die SalZH: www.salzh.ch

Vita perspektiv AG, professionelles Coaching und die Beglei-tung der Praxis-Schritte, Umsetzung im Geschäft und in der Wirtschaft: www.vitaperspektiv.ch

Bitte beachten sie auch die folgenden Titel
aus dem Verlag profibooks.

Robert J. Clinton
DER WERDEGANG EINES LEITERS

In diesem Buch identifiziert Dr. Robert Clinton
die Grundmuster, die Gott bei der Heranbil-
dung eines Leiters anwendet. Beim Studium
des Lebens Hunderter von historischen, biblischen und zeitgenössischen Leitern ermittelte
Dr. Clinton sechs Entwicklungsstufen der Lei-
terschaft und vermerkte dabei Kontrollpunkte,
anhand derer Sie Ihren eigenen Stand in diesem Vorgang erkennen können.

192 Seiten, Paperback, ISBN: 9783909131204

Myron S. Augsburger
ICH WERDE DICH WIEDERSEHEN

Die faszinierende Lebensgeschichte von Felix
Manz, einem Zeitgenossen und anfänglichen
Mitarbeiter der Züricher Reformatoren um
Zwingli. Er träumte von einer Kirche von Gläubigen, die unabhängig vom Staat Jesus nachfolgen kann. Damit kam es unweigerlich zum Konflikt...

175 Seiten, Paperback, ISBN: 9783909131099

Fredy Staub
ENERGY DRIN(K)

Schauen Sie hinter die Kulissen eines der origi-
nellsten Theologen unserer Zeit. Einmal spricht
Pfarrer Fredy Staub vor zehntausend Menschen
im Fussballstadion. Ein andermal verbringt er
Tage allein mit einem kranken Menschen. Nun
hat Fredy Staub für Sie die eindrücklichsten
Begebenheiten aufgeschrieben. Ein Buch zum
Weinen und Lachen.

128 Seiten, Paperback, ISBN: 9783909131150

ZUR PERSON WALTER MARTIN DÜRR

Walter Martin Dürr ist im Jahre 1958 geboren. Er ist verheiratet mit Katharina und gemeinsam haben sie drei Söhne. Er ist seit 1994 Pfarrer der landeskirchlichen Gemeinschaft JAHU. Von 1984-94 hat er den deutsch-schweizer Zweig von Jugend mit einer Mission mitaufgebaut und geleitet. Ab 1997 Mitgründer vom IBR (Institut für biblische Reformen) und dem Transforum. Von 2000 bis 2003 Dissertation an der Universität Freiburg.

Walter Martin Dürr mit seiner Frau Katharina und den Söhnen Manuel, Oliver und Simon (alle am Buch beteiligt)